U0925733

价值创造与商业模式

管理案例集

（第2版）

Value Creation and Business Models : Management Cases

吴 何 著

中国计划出版社 中国市场出版社 China Market Press

·北 京·

图书在版编目（CIP）数据

价值创造与商业模式：管理案例集 / 吴何著. -- 2版. -- 北京：中国计划出版社：中国市场出版社有限公司，2024.1

ISBN 978-7-5182-1576-8

Ⅰ. ①价… Ⅱ. ①吴… Ⅲ. ①企业管理－案例－世界 Ⅳ. ①F279.1

中国国家版本馆CIP数据核字（2024）第009603号

价值创造与商业模式：管理案例集（第2版）

JIAZHI CHUANGZAO YU SHANGYE MOSHI: GUANLI ANLIJI（DI 2 BAN）

作　　者：吴　何

责任编辑：杜　冰

出版发行：中国计划出版社　中国市场出版社

社　　址：北京市西城区月坛北小街2号院3号楼（100837）

电　　话：（010）68034118/68021338

网　　址：http://www.scpress.cn

印　　刷：河北鑫兆源印刷有限公司

规　　格：168mm×240mm　16开本

印　　张：23.25　　**字　　数：**313千字

版　　次：2024年2月第1版　　**印　　次：**2024年2月第1次印刷

书　　号：ISBN 978-7-5182-1576-8

定　　价：68.00元

价值创造与商业模式：管理案例集
第2版

在进入组织开展研究时，不论样本数或对象有多小，我们总会试图确定一处定义清晰的聚焦方向，用来指导我们系统地收集特定类型的数据。[1]

亨利·明茨伯格，1979

[1] https://www.jstor.org/stable/2392364.

前　言

案例教学始于 1921 年，到 1924 年已经成为哈佛商学院最成功的教育创新成果。第一个教学案例是名为 General Shoe 的制鞋厂，案例描述了这家工厂所遇到的员工激励不足困难。篇幅只有一页纸，没有图表，没有供教师使用的教学注记。针对案例材料，教授提出两个问题：基于管理决策需要，应当从案例描述的场景中提炼出哪些要素？哪些策略可以用于改进当前企业状况？[1]

100 年之后，在管理学课堂上，我们仍然听到教师向学生们提出相似的问题。这是因为今天管理者们面对的困难和他们的前辈是一样的，必须在复杂、不确定环境下做出决策选择。第一个问题要求学生思考，如何在模糊情境下定义管理问题。他们是不是掌握充分的信息，足以支持决策。第二个问题引导学生理解管理学理论与现实的联系。哪些概念框架可以用于案例分析，支持什么样的管理选择，以及哪些情况是现有理论无法解释的？

和高度结构化的教科书不同，案例学习包含了真实世界中的复杂情境因素，要求学生运用批判性思维，从模糊背景中分离相关要素和关键要素，理解行动和决策的影响，提高管理者的决策信心。

好的案例不仅要提供经验证据，也应当支持学习者借助理论把握现实。正如保罗·萨缪尔森所说："联系现实的模型，哪怕基础并不牢靠，也好过一味等待或依靠基础牢靠却与现实无关的模型。"[2] 管理学的理论框架提供了思考过程一致性的支持，这是实现深度思考的前提之一。参考或引用管理学概念的另一个主要好处是识破捷径式论断，比如为了戏剧性而重新构造一个解释的逻辑，避免出现

“商业顾问”的错误。

本书新版提供了 14 个企业案例，以数字化变革和创业为重点。所有案例在内容上相互独立，只是在管理主题上有所呼应。读者可以自行决定阅读顺序和选择篇目，满足去中心化学习的需要。案例选择与内容设计的基本原则与上一版相同：

- 独立成篇，要素相对完整，包括市场环境、问题诊断、方案设计和管理决策。
- 内容以公开报道为依据，资料来源可核查，提供多视角的讨论和观察。
- 案例企业来源多样化，特别重视新商业模式和国际企业经验。

书中收入的案例曾经以音频形式发布在喜马拉雅和小宇宙“北京读天下”频道，音频文字稿发布在微信“北京读天下”公众号。欢迎读者评论反馈，联系方式为 3278181241@qq.com。

注释

[1] https://hbsp.harvard.edu/inspiring-minds/the-centennial-of-the-business-case-part-1.

[2] Samuelson, P. (1988), What would Keynes have Thought of Rational Expectations? Comments on Axel Leijonhfvud. Collected Scientific Papers of Paul Samuelson, vol. 5, 291-300. Cambridge, Massachusetts: The MIT Press.

目　　录

第一部分　数字化变革与场景

第二部分　创业与商业模式

第三部分 竞争与战略选择

第四部分 领导力与组织设计

PART 1

第一部分

数字化变革与场景

1. 追赶亚马逊：沃尔玛的全渠道战略

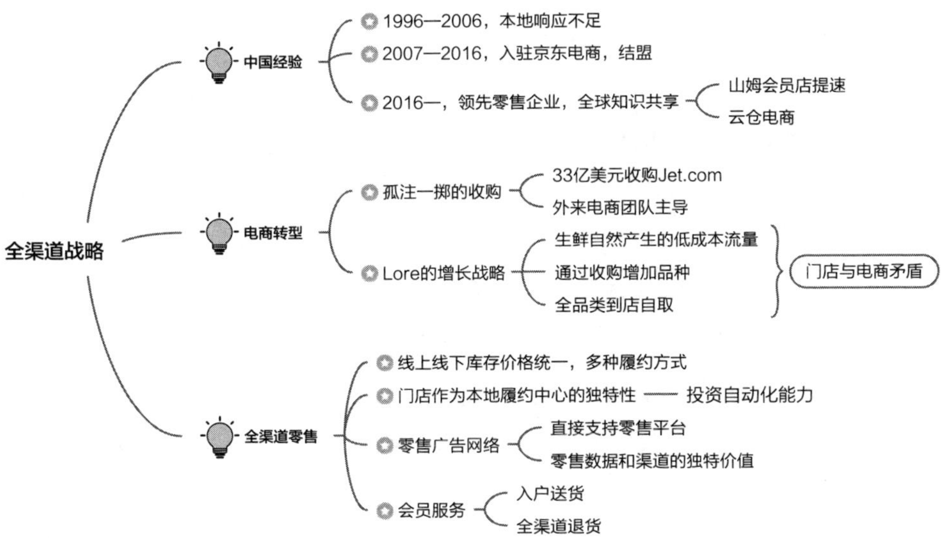

导言：在亚马逊的挤压下，以沃尔玛为代表的传统超市不仅生存空间变得狭窄，连存活本身也出现了疑问。危机面前，沃尔玛管理层不受零售教条和以往成功经验的约束，做出了一系列大胆的战略选择。他们利用门店分布密度优势发展出独特价值主张，实现了对核心业务的保护，并试图在电商业务方面追赶亚马逊。沃尔玛案例展示了在颠覆性创新技术的冲击下，市场上原有企业在转型中遇到的诸多两难处境。比如，沃尔玛主张低价是零售的本分，“天天平价”的意思就是不需要消费者为低价额外付费，任何人都可以享受。而在电商时代，只有成为付费会员，才能获得低价待遇。

今天，沃尔玛的主要利润仍然来自美国的实体店面。五年之后，情况将发生很大的改变，其他收入来源的贡献将会快速增加。

——John David Rainey，沃尔玛 CFO，2023 年 3 月[1]

沃尔玛在中国的学习历程

初期开店经历：本地化难题

2021 年 11 月，沃尔玛关闭了进入中国内地市场后开设的第一

[1] https://www.esmmagazine.com/retail/walmart-seeks-to-derive-more-profit-from-services-ad-sales-234694.

家店——深圳洪湖沃尔玛店，一天之内还关闭了其他三家门店。这一消息在媒体上有不少曝光，认为这是大卖场模式走向衰落的标志。也有媒体指出，沃尔玛在中国市场排名从2011年的第二位下滑到第四位，落后于华润、高鑫零售和永辉。

在相当长的一段时间里，沃尔玛强调超市经营的标准化，其市场战略可以概括为慎重。有时，它的慎重甚至到了在外界看来过于保守的程度。比如，相对于家乐福、大润发和永辉的灵活高调，沃尔玛似乎总是慢半拍，对满足本地顾客要求的改变犹豫不决，企业决策中明显表现出不适应中国市场的缺陷。

强调全球标准化，会妨碍本地响应。追求增长，供应链能力跟不上。

1996年，沃尔玛在深圳开设了第一家沃尔玛购物广场和山姆会员商店。与同期进入中国的家乐福相比，沃尔玛显得比较笨拙。它的开店位置相对偏僻，而家乐福则选择在大城市的黄金地段开店。21世纪初，家庭汽车普及率不高，家乐福的选址更加符合消费者的需求。2004年上半年，家乐福50家门店营收77.61亿元，其中上海的6家店就贡献了差不多30亿元，而拥有39家门店的沃尔玛营业收入却只有37.23亿元。在此前的两年里，沃尔玛甚至出现了累计2.8亿元亏损。

2006年，沃尔玛开始加速开店，新开门店数量超过家乐福。2007年2月，沃尔玛投资2.64亿美元收购了好又多超市35%的股权，在全国范围内一下子增加了100多家超市。但快速扩张导致供应链管理跟不上，出现了产品质量问题。2011年，沃尔玛中国进入调整期，做出连续关店的决策。2011年关店10家，2013年关店14家。时任沃尔玛中国CEO高福澜介绍，关闭的门店占沃尔玛中国门店数量的近9%，它们对销售额的贡献仅占2%~3%。供应链改进和关店取得了很好的效果，2013财年，沃尔玛中国销售增长率达到24.5%。不过，此时中国零售市场的热点已经开始从大型超市转向电商。

从 1 号店到京东

2010 年底，山姆会员网上商店（www.samsclub.cn）上线，在开设山姆会员店的城市提供网购直送服务。2011 年，沃尔玛和京东展开投资谈判，由于沃尔玛方面要求分步骤实现控股，谈判未能达成。2011 年 5 月，沃尔玛入股当时比较有名的电商 1 号店，2012 年成为控股股东。1 号店以食品饮料和快速消费品为主业，据说当时每售出 10 盒进口牛奶中，就有将近 4 盒来自 1 号店。2013 年，1 号店的销售额超过 100 亿元。

沃尔玛收购 1 号店之后，提出的口号叫作“类目打通，仓储共用”，希望运用供应链优势来扩大 1 号店的市场份额。可惜沃尔玛在电商业务上做了错误判断，认为当时主流的烧钱模式是不可持续的，要求 1 号店尽快实现盈利。沃尔玛直接派出人手接管 1 号店重要业务，导致创业团队不满，企业发生严重内耗。

此时，正是电商业务从 PC 端转向移动端的关键期间，1 号店没能抓住机会跳向新的增长曲线。在天猫超市、京东超市、苏宁云商、国美电商的竞争下，1 号店陷入困境。2016 年 1 季度，1 号店市场份额跌破 1%，日均 IP 仅为京东的 1/15，天猫的 1/41。2016 年 6 月，沃尔玛将 1 号店并入京东，以换取京东约 5% 股权。一般认为，1 号店衰落是沃尔玛瞎指挥的结果。实际上，1 号店衰落主要还是不适应电商从 PC 转型移动端的变革。

接受自营电商失败，与市场领导者结盟，成为少有的具备配送优势的实体零售商。

沃尔玛了不起的地方，是在初期错误决策之后并不纠结于如何挽回面子，而是痛快承认 1 号店的失败，同时正确评估了京东的电商能力和线上线下一体化的服务能力。在此之后，与京东结盟，提升端到端的服务成为沃尔玛中国电商业务和未来全渠道营销的基调。2016 年“双 11”前夕，沃尔玛旗下山姆会员商店独家入驻京东，沃尔玛全球官方旗舰店也入驻京东全球购。2016 年末，沃尔玛增持京东股份至 12.1%，成为第三大股东。

2016 年 10 月，马云在云栖大会上首次提出"新零售"。零售商们很快做出反应，盒马鲜生、超级物种、天猫小店、京东小店等一系列新业态相继出现。沃尔玛却迟迟没有拿出相应的对标门店，仍然按既定方案推动其线上线下一体化的解决方案，而它所做的那些投入并不受到特别的关注。

在此期间，沃尔玛在电商布局方面做了重大突破。也是在 2016 年 10 月，沃尔玛出资 5000 万美元战略投资京东旗下本地即时物流和生鲜商超 O2O 平台"新达达"。用户不光可以在京东商城购买到沃尔玛渠道的商品，同时还可以享受到京东到家的配送服务。

2018 年，沃尔玛中国开出第一家社区店，总算对新零售做出了反应。只不过，到这个时候社区店的开店热已经过去。和竞争对手一样，沃尔玛的社区店也难以取得进展。2020 年，针对社区团购业务竞争，沃尔玛从员工中间发展出近万名团长从事拉新引流。还上线"获客推广小能手"公众号与小程序，通过线上补贴为线下门店引流。这些努力效果并不明显，显示沃尔玛对这类缺乏规划指引的脉冲式新零售概念很不适应。

另一方面，在今天零售企业普遍失去市场动能的环境下，沃尔玛却表现出比较强的韧性。2018 年 3 月，新任沃尔玛中国总裁及首席执行官陈文渊推动与京东之间的用户互通、库存互通和门店互通。他的另一项战略是加快前任决策的山姆会员店扩张计划，2018 年开出了 23 家山姆会员商店。2019 年，沃尔玛取得中国市场五年来最好业绩。凭借全渠道营销、京东到家和山姆会员店，沃尔玛成为线下商超中率先走出新零售冲击、恢复有机增长的企业。

山姆会员店的本地增长

在继续讨论沃尔玛数字化变革之前，有必要对山姆会员店在内地的崛起作一个简要的介绍。山姆会员店是会员制折扣超市，会员年费 260 元。非会员在京东可以购买山姆会员店的商品，只是无法享受会员的价格。山姆会员店面积接近大型超市，但商品的品种少得多。大型超市可能有几万个品种，而山姆只有 5000 个左右。在这个意义上，会员店商品类似于电商的优选或严选。

会员制折扣超市在中国市场出现比较晚，加上山姆会员店位置通常远离市区，交通不变，消费者接受度不够高。这些困难导致山姆会员店增长速度非常低，1996—2016 年，内地市场一共只开设了 15 家店面。随着居民收入水平上升，特别是家庭车辆保有量增加之后，会员店消费者接受度显著提高。2016—2021 年，山姆会员店数量增加一倍，达到 34 家。

目前，山姆在 25 个城市运营 42 家门店，并通过电商平台覆盖全国绝大部分地区。发现山姆会员店越来越受欢迎之后，沃尔玛中国还尝试在一二线城市的中心区将具备条件的沃尔玛大卖场改造为山姆城市中心店，吸引没有时间远距离采购的顾客。2023 年，山姆会员店宣布中国付费会员数量超过 400 万，续卡率 80%。

山姆会员店的另一个特点是经常在社交媒体上出现，是所谓的网红打卡地。通常情况下，网红很少将大卖场作为打卡地。山姆会员店进入中国市场已经有 25 年，成为网红打卡地只是近两年的事情。其他超市同样可以动员网红打卡，比如盒马会员店。由此来看，网红打卡并不是山姆会员店增长的原因，反而可能是山姆开始受消费者关注的结果。从不愿意接受高价会费到成为网红打卡地，在这中间发生了哪些变化，使得人们对山姆会员店的看法发生改变？为什么在电商冲击商超形态时，大卖场衰落了，而会员制折扣超市却不受影响，反而逆势增长？

2020 年任职的沃尔玛中国区 CEO 朱晓静谈到，当下消费者的选择呈现出爆炸式增长，个性化需求的权重上升。未能把握消费者的个性化需求，用差异化的商品和服务来满足这些需求，是过去这几年很多零售商遇到困境的核心。大卖场曾经以品种丰富为主要价值，但电商在品种丰富方面远远超过大卖场，破坏了大卖场原有的吸引力。品种优势不再，购物却又非常耗时，年轻消费者逐渐不再愿意到店购买。

零售的基本问题：为谁服务，提供哪些服务，如何提供服务。

山姆会员店能够对抗电商冲击，是因为对三个重要的零售问题准备好了答案：为谁服务，提供哪些服务以及如何提供服务。

首先是定位清晰，服务中国城市中高端消费能力的家庭（Who），会员有比较强的身份认同。

其次是富于前瞻性地洞察消费者需求（What），比如消费者对食品的需求转向新鲜、健康和安全。

最后是关注如何能比别人更好、更有效能地服务消费者（How），比如用线上服务来补充线下到店服务。山姆与京东合作的跨境电商业务，让会员可以买到价格非常有竞争力的SK-II、海蓝之谜等高端美妆商品，提供了额外的服务价值。

牛角包、瑞士卷、谷饲牛肉等都是山姆会员店的招牌商品，竞争对手想要模仿，但非常难。这是由山姆的体量和长期积累下的供应链能力决定的。大规模、优质、稳定的供应，以及在全品类下持续推出爆款的能力，这些靠数字化是无法一键解决的。

山姆产品的吸引力不光来自它的供应链能力，也是消费者需求转变的结果。新一代的中高收入阶层需要与他们的收入和身份认同一致的购买体验，大卖场无法满足这一需求，而山姆会员店则可以承接。

会员店的利润主要来自会费，重要的是提升会员体验，而不是单个商品的毛利。

在选品时，零售商通常关注销售量大、毛利高的商品。作为会员店，山姆却需要不同的思考方式。会员决定购买一款商品时，他不会计算毛利，也不会在乎它是否受欢迎，而只关注这是不是我想买的。因此，山姆在定期复盘中会优先保留会员渗透率和复购率高的商品，而不是销售好、毛利率高的商品。这种对毛利的“舍得放弃”

并不是基于意愿，而是基于商业模式的设计。其他会员店如 Costco 也是一样，Costco 甚至公开宣布商品毛利不超过 15%。

山姆会员店模式中最重要的指标是续卡率，因为会员店的利润主要来自会员费，而不依赖商品加价。为了实现比较高的续卡率，企业必须让顾客有动机办卡、续卡。让山姆会员能够买到其他地方买不到的商品，这就体现出会员的价值。

山姆会员店解决了商品问题，证明顾客仍然对零售抱有期望，企业应当通过创新让顾客有理由反复购买。京东到家提高了端到端的效率，能够充分利用线下店面作为送货仓储的优势。全渠道销售将沃尔玛的供应链能力、战略合作方京东和腾讯的中台与流量管理结合起来，发展出差异化的竞争优势。沃尔玛中国市场已经完成全渠道布局，线下门店由山姆会员店和沃尔玛大卖场组成，线上销售渠道则包括小程序、京东旗舰店、京东到家、全球购和全球电商以及独立的山姆会员店 App。[1]

与京东的合作竞争

沃尔玛中国的销售额只占沃尔玛全球的 2% 多一点，似乎在战略上缺乏重要性。但沃尔玛在中国市场保持着对竞争对手的压力，不仅成为外资零售在中国市场的代表，并且通过与头部电商京东的合作，在世界上最大的电商市场学习线上线下一体化技术。

同为零售企业，沃尔玛和京东超市本来是竞争关系，京东超市的产品和用户与沃尔玛有很多重叠。但双方都有强大的竞争对手，因此有了合作的动机。京东的主要竞争对手是阿里巴巴，沃尔玛则是家乐福、麦德龙和国内其他超市。

京东在线下的活跃度相对不高，主要是京东小店，偏重物流服

[1] https://www.amchamchina.org/navigating-uncharted-waters-walmarts-china-ceo-on-the-future-of-retail/.

务。新形态 7 Fresh 难以大规模复制，而京东投资的永辉超市数字化变革不算顺利。至少在相当长一个时期里，沃尔玛和京东的业务具备线上线下的互补性。

沃尔玛中国和京东的密切合作始于 2016 年，京东物流开始为山姆会员商店与沃尔玛大卖场提供全渠道一站式履约。2016 年向达达投资 5000 万美元后，2018 年沃尔玛又联合京东对达达追加投资 5 亿美元，以支持京东到家业务，并成为达达第二大股东。

零售行业线上线下融合主要有三种形式：一种是供应链效率提高，主要是物流服务；一种是门店体验重构，线下线上会员一体化；第三种是线下门店线上订单服务，如京东到家。

京东到家从客户端需求驱动沃尔玛实现门店、用户和库存互通，发挥供应链管理优势。

沃尔玛本身供应链能力很强，线上线下一体化的重点是打通多家旗舰店的线下服务，推出门店、用户、库存互通的“三通”战略。其中，京东到家的合作效果特别突出。沃尔玛中国大卖场电子商务部副总裁博骏贤（Jordan Berke）称，深圳沃尔玛已经出现线上销售占比超过 50% 的门店。而这个 50% 的数字，绝大部分是由京东到家贡献的。

2018 年初，沃尔玛大卖场启动线上订单拣货区升级，推出全品类拣货区。全品类拣货区设于大卖场，占地面积 80~100 平方米，是店内集中陈列线上所售商品的专区。店员可以一站式完成订单接收、拣货、交付快递员的全部配送流程。

独立拣货区缩短了店内拣货路径，优化了配送流程，可以显著改进京东到家服务。全品类拣货区的库存是独立管理的，也就是独立于卖场库存。独立的实时库存数据支持管理模式动态化，提高库存敏感性，改善缺货率，并提高补货效率。

值得注意的是，沃尔玛的这项选择与盒马鲜生不同。盒马鲜生采用的是店仓一体化拣货模式，线上订单和店面采用同一个库存，用中转仓来解决快速补货需要。两种方式各有特点。盒马模式店仓一体化表现出更高水平的库存管理，减少对店面的占用；缺点则是品种数量相对受限。

为了加快发货速度和覆盖更多的送货地区，沃尔玛采用了前置仓模式。在没有店面的地区设立云仓，沃尔玛门店直接向云仓进行供货补货和仓内管理，由京东到家为云仓附近 3 公里范围内的消费者提供 1 小时送达服务。沃尔玛与京东在供应链和后台技术方面进行了深度合作，实现线上线下库存信息共享。

沃尔玛和京东甚至在两者直接竞争的地方找出了合作机会，例如当顾客在京东自营超市购买沃尔玛门店在售的相同商品，快递人员可以从距离下单顾客最近的沃尔玛门店取货。这样能够优化合作伙伴的配送路径，也加速了沃尔玛门店的商品周转。

沃尔玛云仓采用灵活的机制，比如云仓并不都是沃尔玛自己的仓库，可以是京东物流仓库或顺丰仓库。京东积累的大数据能够指导沃尔玛云仓选址和选品。山姆会员店开店前还会利用云仓先行测试本地市场需求，与潜在用户建立互动，了解用户行为习惯。

沃尔玛方面披露，云仓也就是前置仓为沃尔玛带来了 100% 的线上销售增量。在盒马鲜生开出会员店之后，山姆扩大了全城配送的范围，但没有跟随盒马 30 分钟送货的标准，而是仍然采用一小时和次日达两种。未来沃尔玛会不会像盒马鲜生一样提供 30 分钟送达，值得观察。[1]

据京东方面报道，2021 年“双 11”周末，沃尔玛线上订单增长 110%，小程序销售增长 225%，沃尔玛京东到家平台销售额达到上年同期的 4 倍。在众多合作商超中，沃尔玛的表现是最好的。这样的成绩不仅来自品种和库存优势，也来自与京东的密切合作。据京东集团前任副总裁、京东商城技术委员会主席黎科峰透露，沃尔玛为京东提供了很多专业性的零售知识，让京东在赋能线下的过程中，更加了解传统商超的痛点。[2]

---

[1] http://pdf.dfcfw.com/pdf/H3_AP201811261251679851_1.pdf.

[2] http://headscm.com/Fingertip/detail/id/1392.html.

目前，全国沃尔玛门店均已上线京东到家，为顾客提供 1 小时送达服务。沃尔玛对到家服务的重视与它全球经营的经验有关。电商业务对传统商超的冲击不仅出现在中国，也出现在其他新兴经济地区，比如印度和墨西哥。由于中国电商渗透水平高，竞争激烈，沃尔玛全球能够受益于中国市场的经验。

产业环境驱动的电商转型

大卖场模式的终结

沃尔玛的商业模式是用大型卖场吸引顾客，通过供应链管理实现低价和高速周转。大卖场模式的一个独特之处是用生鲜吸引顾客定期光顾，利用顾客进店的机会销售其他产品。

有意思的是，20 世纪 60 年代沃尔玛开出第一家门店时是不销售食品生鲜的。但沃尔玛很快掌握了生鲜业务的奥秘，此后，食品生鲜业务成为沃尔玛商业模式中一个关键性要素。食品生鲜是住房和交通之后第三大支出，食品生鲜购买呈现规则的周期性，通常每周一次。生鲜是一项自然的重复购买，不需要提醒，不需要消耗流量。相反，电子商务网站如果想让用户养成周期性购买的习惯，就必须投放流量广告。沃尔玛对生鲜引导流量的模式非常自信。

> 大卖场遭遇增长天花板，新的电商业务半心半意。

2015 年前后，沃尔玛遇到两大挑战。首先是市场渗透的边界。经过 20 多年的大卖场建设，已经有 90% 的美国人生活在距离沃尔玛 10 英里范围内，开店密度无法持续增加。其次是亚马逊的蚕食战略取得成效，将非生鲜类产品的销售机会夺走，破坏了沃尔玛利用生鲜吸引顾客到店、再用非生鲜类商品获利的商业模式，原有的规模效应变得不可持续。

在电商领域，沃尔玛已经不可能赶上亚马逊。因为亚马逊的收入是多元化的，云服务收入的利润比电商高得多，可以补贴电商。如果打价格战，沃尔玛几乎不可能有胜算。因此，沃尔玛必须找出亚马逊不擅长的业务活动，用于发展自己独特的价值主张。

沃尔玛曾经以为生鲜是竞争壁垒，但这个壁垒并不是不能克服的。亚马逊收购有机生鲜超市全食食品，还开设线下生鲜门店，称为亚马逊生鲜，与沃尔玛在生鲜市场上正面竞争。一旦亚马逊在生鲜市场上取得主导地位，沃尔玛将陷入极大的困难。

亚马逊的崛起和品类扩张并不是在一天时间里发生的，沃尔玛很早就知道亚马逊的战略。但它的反应受到自身商业模式的束缚，沃尔玛对进入电商领域有许多顾虑。首先，沃尔玛是成熟企业，长期保持盈利。如果进入电商市场烧钱，投资者无法接受。而亚马逊代表新型企业，投资人对于它的亏损可以容忍，美其名曰战略性亏损，仿佛亏损是一项优点。

相反，沃尔玛只能半心半意地开展电商，失去了早期通过大力投资获得领先的机会。如果竞争对手是其他企业家，也许可以侥幸维持一段时间。但沃尔玛遇到是贝佐斯，擅长无情的价格竞争和物流服务竞争，结果是可以想象的。

为什么要放弃有利可图的线下业务，追求不赚钱的线上市场机会？

像沃尔玛这类传统企业不愿意全力投入电商的另一个原因是担心线上交易会影响线下收入。假定顾客习惯了线上购物，那么他很可能会减少线下购物。线上购物的增长需要对客户进行补贴以吸引流量，导致线上销售利润低。这意味着，如果沃尔玛追求线上业务增长，等于放弃有利润的业务，转向不赚钱的业务，违背了基本商业原则。

第三个原因是当时沃尔玛经营情况不错，大卖场销售不断增长。在沃尔玛看来，电商的威胁只是一个遥远的因素，还不是当前的现实。2009—2013 年担任 CEO 的 Mike Duke 在回顾时说，沃尔玛本应更快地转向电子商务。但没有人能够未卜先知，至少在沃尔玛内部，这样的声音没有让管理层听到。

2015 年，沃尔玛销售收入下降，这是 20 世纪 70 年代以来的第一次。从销售减少到利润下降，甚至企业破产，是许多零售企业在电商时代的遭遇。此时，不光沃尔玛，投资人和竞争对手都知道它遇到了严重的麻烦。

2014 年履新的 CEO 董明伦宣布，沃尔玛将实施以电子商务为核心的战略。2016 年，沃尔玛投资 33 亿美元，收购成立不过一年多的电商创业企业 Jet.com。然而市场对此评价不高，认为沃尔玛行事突然。这一决策缺乏清晰的公司管理逻辑支持，并且支付的价格过于昂贵，赌博不是一项好的战略。在亚马逊的贴身逼抢下，沃尔玛似乎乱了阵脚。

33 亿美元收购 Jet.com

沃尔玛 CEO 董明伦在 2017 年接受《哈佛商业评论》主编 Adi Ignatius 采访时解释说，沃尔玛没有快速发展电子商务的原因是当时沃尔玛购物广场的形态还在上升期，公司将关注点放在开设更多大卖场上。[1]

这就是克里斯滕森教授所说的创新者的两难处境，企业在产业环境剧变时发现自己无法放弃原有业务。沃尔玛只是做了一些加法，试图跟上亚马逊的创新步伐，没有意识到数字化变革涉及所有部门的根本改变。

董明伦担任 CEO 之后，给每位高管送了一本书，名叫《无所不卖的商店——贝佐斯的亚马逊时代》，是 2013 年美国商业畅销书。董明伦介绍说，这本书的书名有特殊的来历，它来自 1908 年西尔斯百货商品目录的名称。当时美国人购物主要靠邮购，西尔斯提供了一站式满足，价格低廉，服务好，凭借创新迅速成长为零售巨头。

[1] https://hbr.org/2017/03/we-need-people-to-lean-into-the-future.

线下店的优点是靠近顾客，让他们获得即时满足，而人类喜欢即时满足的体验。零售是古老的行业，历史上多次发生变革，许多零售商的衰落是因为固守原有的商业模式，或者一味模仿和追随而未能掌握新模式的精髓。董明伦认为，在亚马逊电商威胁下，沃尔玛不光要学习，也要发明。

承认自己需要学习，将电商业务交给外部团队，从客户界面到电商供应链一律重置。

购买 Jet.com 时沃尔玛支付了很高的价格，当时 Jet.com 固然增长很快，但亏损也非常严重，没有其他竞争对手参与收购竞价。为什么沃尔玛对这项收购表现如此激进？因为董明伦收购 Jet.com 时的考虑不只是增加资产，更主要的是为了聘用它的 CEO Marc Lore 和整个管理团队。收购完成后，沃尔玛宣布由 Marc Lore 出任沃尔玛电商业务 CEO。

沃尔玛在电商业务上一直不大顺利，似乎表明公司原有的商业模式与电商之间缺乏协同。恐怕只有引入一支完整的团队独立运营，才能建立起具备新兴电商特质的运营机制。为此，沃尔玛在收购合同中约定，Marc Lore 必须在沃尔玛服务满 5 年，到 2021 年 9 月，作为收购条件的一部分。

2005 年，Marc Lore 创建了名为 Quidisi 的电商组合网站，主要销售尿布奶粉等婴儿产品。2010 年时，沃尔玛曾经想收购 Quidisi 网站，但在竞价时输给了亚马逊。收购后，亚马逊要求 Marc Lore 加入公司工作，Lore 在亚马逊工作了两年。2014 年，Lore 离职创建 Jet.com，一家年费制会员电商。

Jet.com 向会员收取的年费为 50 美元，初期免费。它的特点是鼓励大宗购买，如果会员购买的商品属于同一分销中心，Jet.com 会提供更大的优惠。让沃尔玛震惊的是，只用短短一年时间，Jet.com 产品品种就达到 1200 万种，商品总成交金额 10 亿美元。

2016 年，沃尔玛收购 Jet.com 之后，获得后者所带来的大量商品品种，还有 Jet.com 自有的 40 万年轻消费群体以及每天 25000 份订单。这一群体的年收入平均 15 万美元，其中只有 20% 在沃尔玛网站购物。

两家企业用户较少重叠，对于并购双方都是有利的。Marc Lore 既有独立创业的经验，也有担任亚马逊高管的经验，正是沃尔玛打着灯笼找不到的人选。这种急切的心理也许可以解释沃尔玛在收购时的慷慨。

Jet.com 提出的低价促销组合，以及它在供应链管理上所做的创新，与沃尔玛的能力取向是一致的。在 Jet.com 网站，如果用户订两件货，属于同一分销中心并且能够装进同一个箱子，那么就可以享受进一步折扣。相反，如果有一件货不在同一个分销中心，就要支付额外费用。

用户下单面粉，网站会提供鸡蛋和牛奶的折扣吸引购买。在购物时，能够加入现有订单的商品会在网页上呈现减价的商品标记，称为“精明选项”，并且还有标记提醒用户，如果增加购买这件商品可以省多少钱。沃尔玛看中 Jet.com 的另一项本领是电商供应链能力，如此大的品种数量仍然可以做到两日达。

电商增长的收购战略

收购 Jet.com 之后，沃尔玛并没有马上将双方合并，因为要考虑原 Jet.com 会员的感受，还有供应商的态度。双方顾客群体不同，Jet.com 以城市中收入较高的年轻群体为服务对象。网站上有些品牌属于高端市场，它们不希望与沃尔玛品牌联系在一起。

Marc Lore 加入后，担任了沃尔玛电商业务的负责人。为了安排好 Marc Lore 团队，沃尔玛还对原有的电商高管进行了调整。由于沃尔玛在商品品种方面落后太远，Lore 不得不采用收购的方法来快速追赶。

2017 年，沃尔玛以 3.1 亿美元收购电商 Bonobos，2018 年以 1 亿美元收购 Eloquii，这些电商网站上所销售的自有品牌产品在其他地方是买不到的。Lore 的收购战略还包括收购具专业能力的电商，如家庭装修电商 art.com，这属于垂直电商领域。

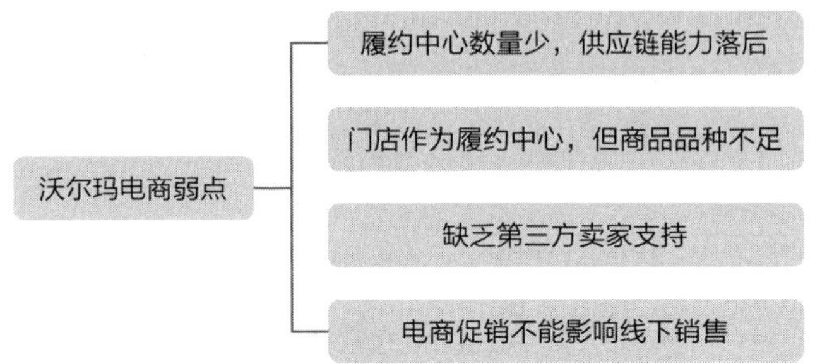

图 1.1　沃尔玛电商业务在竞争中的挑战

Lore 的困难在于，沃尔玛在电商供应链建设上远远落后于亚马逊。对于一家以世界级供应链管理著称的分销商，这是很难接受的现实。2019 年，亚马逊在美国有 110 家履约中心，而沃尔玛只有 20 家。

履约中心的数量和分布决定着送货效率，是电商竞争的核心。沃尔玛曾经考虑将门店作为履约中心，但门店商品只有几万种，无法满足电商订单对库存的数量要求。沃尔玛未能快速建造足够数量的大规模履约中心，让它在竞争中处于不利地位。亚马逊能够长期容忍仓库和物流投资的亏损，它可以寄希望于云服务和广告业务的利润。而沃尔玛没有补贴能力，其仓库面积很快被亚马逊追上。亚马逊利用仓储优势不断扩大送货品种，缩短送货时间，履约服务能力遥遥领先于竞争对手。当亚马逊次日达品种增加到 1000 万时，沃尔玛还只有 20 多万，这是数量级上的差距。

亚马逊品种丰富的来源是第三方商家，沃尔玛当然有类似的机制，只是在效能上比较落后。2009 年，沃尔玛上线了名为 marketplace 的第三方卖家平台。可是沃尔玛初期对第三方商家有比较严格的审核机制，据说因为沃尔玛的企业基因是帮助顾客对商品进行把关，品牌声誉来之不易，毁掉却很容易。因此，沃尔玛不免对第三方商家摆出一副挑剔的面孔，阻碍了第三方商家的快速入驻。

电商负责人 Marc Lore 没有办法，只好收购一些产品种类丰富、品牌独特的电商，比如 Bonobos 是男装，ModCloth 是古着，Eloquii 是大码女装，其逻辑是用亚马逊平台上所没有的产品来吸引年轻群体。Marc Lore 所做的收购并不算成功，后来发起的新项目高端会员制电商 Jetblack 也失败了。

Lore 采用收购而不是内部创业的战略实现增长还有其他原因。他需要设法做增量，避免造成线上涨线下跌的结果。收购之后，这些产品通常不是在沃尔玛主网上，而是在 Jet.com 上面销售。这也和沃尔玛的长期目标不一致，沃尔玛当然希望将它们整合到统一的主网上面。在学会创业公司的经验后，沃尔玛逐渐放弃收购，而开始用内部创业的方法增加产品线。例如新建了床垫品牌 Allswell，与当时流行的可以装进盒子里卖的电商床垫品牌 Casper 展开竞争。

2018 年，董明伦在给股东的信中表示，公司的数字化变革已经取得成就，收入达到 9 年来最高的增幅，电商业务年增长 44%。2018 年，沃尔玛以 160 亿美元收购印度领先的电商平台 Flipcart 77% 的股权。这家电商就是小米当初进入印度时的独家合作伙伴，将小米在中国市场设计的在线销售发挥到极致。在中国，多家京东旗舰店和京东到家成为沃尔玛在线业务增长的主要动力。

据投资咨询网站 fool.com 介绍，在 Jet.com 合并之后的三个财政年度中，沃尔玛电商业务增长了 176%。到店取货扩大到 3300 家门店，免费送货门店达到 2500 家。免费送货方面，沃尔玛甚至做到了比亚马逊时间领先，价格更加优惠。[1] 在销量增长的同时，电商业务亏损也在不断扩大，2018 年亏损 13 亿美元，2019 年亏损 17 亿美元。

门店与电商业务的矛盾

历史上，沃尔玛以大胆的资本开支而知名。在战略管理课堂上，

[1] https://www.fool.com/investing/2020/05/20/jetcom-may-be-history-but-walmart-got-what-it-need.aspx.

通常将沃尔玛列入成本领先的战略类型。但教师会向学生指出，沃尔玛的成本领先建立在大规模投资的基础上，包括投资信息技术、大卖场和物流，资本投资是其成本领先优势的来源。不过，以往在店面、供应链、IT 和仓库设施方面的资本投入可以看到实体性的结果，但收购其他电商网站和发起新的电商服务往往是高风险的决策，这类投资与沃尔玛的保守传统有冲突。

此外，Jet.com 是一家新泽西的创业公司，而沃尔玛是一家位于美国南部的传统企业。传统零售业的文化是谦虚，而创业文化必然高调，双方冲突难以调和。两者的薪酬结构也不相同，2016 年，Lore 的薪酬达到 2.44 亿美元，高于苹果公司的库克，是全美薪酬最高的 CEO。其中有一部分实际上属于收购合约，并且要到 2021 年才兑现。但这些消息出现在新闻上，对电商团队获得内部支持终归是不利的。沃尔玛绝大多数员工来自传统零售业，在他们看来，企业赢利是天经地义的。2019 年，电商收入不过 200 亿美元，亏损却超过 19 亿美元。整个公司 200 万员工辛苦一年的利润也只有 70 亿美元。

线上线下数字化整合过程中，总要做一些实验。有些实验会成功，有些实验则要调整或反复尝试。无论哪种情况，都会增加店面的负担，导致店面人员的不满。电商为了争取竞争优势，经常需要变换策略，比如临时推出深度打折服务以吸引消费者。或者在竞争对手变换价格时，线上价格需要立刻做出反应。沃尔玛产品线非常长，线上调整价格可以很快实现，线下要做到价格变换却并不容易。当顾客质问实体店为什么没有做到和线上价格同步时，店员们的心情自然不会很好。

线上线下整合，有些实验会成功，有些实验则要调整或反复尝试。无论哪种情况，都会增加店面的负担。

此外，实体店本身也面临着巨大的经营压力，他们会警惕电商业务夺取他们的业绩。有人开玩笑说，门店更加警惕的是沃尔玛网站降价，而不是亚马逊降价。以沃尔玛到店自取为例子，这项特色服务沃尔玛美国从 2014 年已经开始采用，时间上早于 Jet.com 收购，只是当时仅限于生鲜商品。Lore 到任后，将服务范围扩大到普通商品。到店自取的业绩归入电子商务，而具体的工作却要店面来承担。门店最重要的指标是利润，而电商最重要的指标是增长。指标不同，业务决策时的考虑自然也不一样。电商为业务增长而牺牲利润所影响的主要是美国门店，时任美国市场 CEO 的高福澜与 Marc Lore 团队不断发生矛盾。零售行业专家 Jason Del Rey 在 2023 年出版的《争夺零售之王》（Winner Sells All）一书中，对沃尔玛美国市场门店业务和电商业务的冲突有详细的说明。[1]

2019 年，沃尔玛将店面和在线供应链与财务完全整合，门店和在线采购也合为一体。合并采购的好处之一是统一的广告销售方案，特别是在线购买广告流程，以及新的数字化方案，如智能搜索助理和一站式购买服务。2020 年，沃尔玛最终关闭了 Jet.com。

2021 年初，Marc Lore 宣布提前离职，距离收购时他的任职承诺还有半年时间。经过 5 年努力，Lore 领导的电商团队将沃尔玛电商市场份额提高一倍，销售品种增长 8 倍，在此期间沃尔玛股价上涨了 80%。电商部门的大笔开支和巨额亏损在沃尔玛内部造成了紧张，可能是 Lore 提前半年离职的原因之一。

Lore 离职之前一年，美国市场 CEO 高福澜宣布离职，转任新西兰航空 CEO。高福澜是行业内受尊敬的零售专家，在职期间对提高沃尔玛实体店单店增长作出了杰出贡献。沃尔玛在电商业务势头良好的背景下失去了两位重要的高管和他们的专业知识。不过，对于董明伦和沃尔玛高层，紧迫的决策是平衡变革和安抚不满的员工。战略必须实施，但节奏的选择同样非常重要。

沃尔玛在和亚马逊的对抗中取得了局部的成功，呈现出健康的追赶姿态，这些成果离不开 Marc Lore 的贡献。他的离开并不令人感到意外。在所有的组织中，情况都是一样的。没有人会公开反对

[1] https://www.fool.com/investing/2023/07/01/amazon-vs-walmart/.

变革，当变革落到自己头上，抵制和反抗却都是正常的反应。高福澜离开后，原山姆会员店 CEO John Furner 继任美国市场 CEO。电商业务改为向 Furner 报告，门店业务和电商业务实现一体化。

Furner 采用的一项措施是要求电商部门搬到沃尔玛总部阿肯色州本顿维尔。按照主流管理理论，内部创业部门最好设在远离总部的地方，避免受到核心业务压制。沃尔玛之前将电商总部设在加州可能也是类似考虑，当然，在加州招募电商专业人员比本顿维尔方便。现在，沃尔玛的工作重心转向一体化，需要加强沟通，电商部门不适合放在外边。

从技术指标来看，沃尔玛的经营效率近年来的确有明显的进步。年库存周转次数先是从 2007 年的 8.08 次提高到 2009 年的 9.3 次，到 2013 年下降为 7.98 次，2020 年再次回升到 9.35 次（2021 年的下降是由于全球供应链困难导致全行业商品积压）（参见图 1.2）。现在，沃尔玛已经确认数字化变革和全渠道战略取得突破性的成果，Marc Lore 不再是沃尔玛必须保留的智力资源。

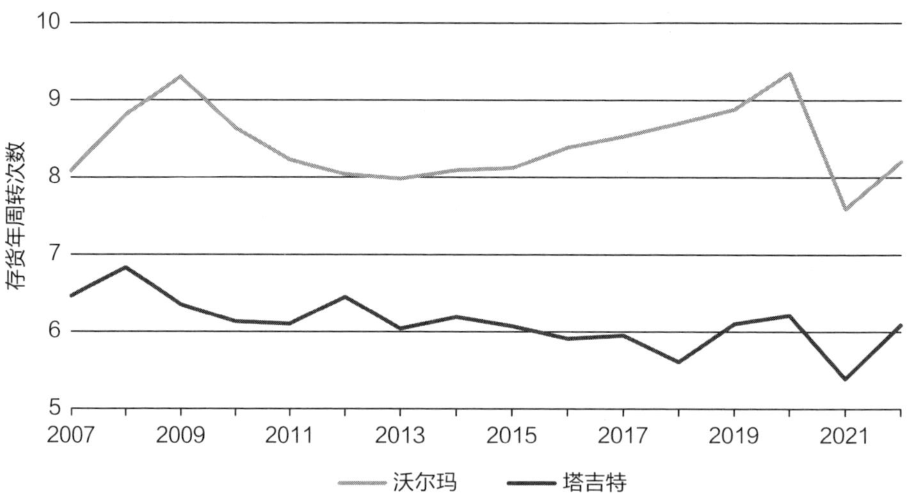

图 1.2 沃尔玛与塔吉特存货周转率对比（数据参考公司年报）

全渠道解决方案

从多渠道到全渠道

沃尔玛总是说，自己的转型战略是全渠道解决方案。全渠道是相对于多渠道而言，多渠道曾经是品牌商所使用的营销解决方案。比如宝洁，既要在像沃尔玛这样的大卖场销售，所谓的KA渠道，也要和省级代理合作，分销到下沉市场。当阿里巴巴兴起之后，需要再建立电商渠道，乃至后来的直播，也是多渠道的组成部分。

多渠道的基本假定是，不同渠道可以触达不同的消费者或不同的消费场景，因此品牌商应当考虑进入所有渠道，并为不同渠道设计不同的营销策略。在多渠道时代，厂商不知道消费者的准确信息，因此需要尽可能覆盖一切机会。

全渠道的目标：顾客可以选择任一渠道发起购买旅程，获得完全一致的体验。

全渠道的理念有所不同。消费者的数量和预算都是有限的，厂商营销的重点是和消费者建立直接联系，创建消费场景，提供有价值的产品和服务，而让消费者自主选择从哪里开始消费过程以及选择消费方式。厂商的任务是让消费者在不同的选择方式间获得一致的体验，保持品牌体验的延续。例如，全渠道消费者只会注意到他们是在沃尔玛购买，而不在乎是线上还是线下，到店还是到家。

盒马鲜生可以作为全渠道的一个例子。和电商不同，盒马与消费者的关系主要是从线下门店开始。但只要消费者有过一次购买，就会成为盒马会员，成为盒马所说的“半熟人”。这样，盒马从一开始就将顾客作为包含完整信息的账户来处理，获得个性化服务的机会。

在传统零售中，零售商获得顾客的信息成本比较高，并且顾客数据库需要专门维护。为了适应电商业务，沃尔玛必须有本领将顾客转化为账户，向顾客提供所有的账户服务，如询价、下单、送货取货以及退货售后等。同时，又要做到上述所有服务让用户感到简便灵活。

与之前的零售方案相比，全渠道是以顾客体验为核心的，所有厂商业务、所有的职能部门都必须做出改革以支持顾客体验的提升。由于掌握了顾客信息，全渠道能够做到提供个性化服务和跨平台、跨设备的服务。

2020 年 3 月，沃尔玛启动 Glass 项目，针对顾客正在向亚马逊聚集的趋势做出反应。沃尔玛认为，必须创建一种简单、易于使用的 App，让顾客能够随时搜索、购买和结账，并且适用任何沃尔玛系统内的商品。沃尔玛还要学习亚马逊快速免费送货，取消最低消费金额限制，一键成交和在线追踪。

沃尔玛发现，顾客在 App 上消费时，下单前通常花两三天时间调整购物篮。购物篮中 67% 的部分属于多次购买，36% 的添加来自一个名为“喜爱”（favorites）的个性化目录。为了改进复购体验，沃尔玛在 App 设计中注重减少顾客需要重复的动作，消除重复订购的一切障碍，顾客省出时间就有可能搜索或查看新的商品。

比如，多次购买的商品列入“预测购买”选项，不需要手工添加。这些项目的数量控制在 16~20 项，让顾客根据预测结果将商品快速添加到购物篮子里面。对于已经购买过的商品，省略商品介绍内容。将“过去购买”项目改为“买过 X 次”，例如“买过 5 次以上”，因为有些购买可能只需要一次。通过对顾客强调次数，减轻了顾客的决策负担。[1]

作为供应链业务极其复杂的零售巨头，转型全渠道自然会带来许多困难，比如让线下门店内的商品出现在线上供用户下单。过去，品牌商和零售商可能利用产品编号在线上线下区别定价以适用不同

[1] https://www.brandontussy.com/projects/walmart-repurchase/.

的成本结构，早期京东销售的电器往往与线下连锁店苏宁等在型号上不一样。尽管许多商品实际上并无差别，但品牌可以用这样的方法来隔离两个市场，形成不同的盈利模式。

全渠道则意味着消费者在线上线下看到的产品是一样的，价格是可以比较的，库存信息是统一的。当然，全渠道带来的优越性也是很明显的。2020 年 3 月，沃尔玛将官网和沃尔玛生鲜两个 App 合并，用户在购买不同类别产品时可以一次完成，不用做跨平台操作，消除了影响全渠道实现的最后障碍。顾客推荐算法也相应调整，提升了推荐效率。顾客在搜索商品时不再区分门店商品和在线商品，线下门店可以直接为线上贡献流量。

在探索线上线下一体化时，沃尔玛仍然会遇到许多困难。2022 年，美国市场首席电商官 Tom Ward 接受 CNBC 时谈到了一个故事。沃尔玛电商团队在准备“周二塔可饼”团队活动时下单购买塔可饼制作材料。活动当天，塔克饼按时送到，可是酱料当天没有到。这是典型的线上购物情景，不同商品从不同仓库发出，到达时间不一样。电商系统后台无法理解这张订单上的商品必须要合单才有意义，而线下购买通常不会出现这种情况。他说，系统现在仍然无法识别合单的需要，但现在顾客下订单时可以选择是否必须合单。如果因为库存原因做不到，至少不会再发生塔克饼酱料这样的送货误解。[1]

根据 Google 公司 2015 年的一项研究，75% 的顾客反映，如果事先能够从网络上了解一家商店的信息，他们将更有可能实际到店。沃尔玛认为，全渠道顾客比单渠道或多渠道顾客增加消费 15%~30%。沃尔玛美国 CEO John Furner 说，沃尔玛的全渠道方案代表公司将打破原有业务的界限。有时货物会先送到门店，与门店货物汇合后再送到顾客家中或自取。所以门店兼有履约中心、自助

---

［1］ https://www.cnbc.com/2022/06/02/walmart-bets-its-stores-will-give-it-an-edge-in-amazon-e-commerce-duel.html.

和进店购物的功能。重要的是，顾客可以在各种履约方式间自由选择，消除了购物时的顾虑。

Furner 认为，沃尔玛的优势在于为消费者提供随时随地满足需求的能力。比如，能不能让顾客不进店仍然可以采购？这样做会不会失去线下门店的陈列效果和广告收入？沃尔玛早期的确会有这方面的担心，但全渠道战略的核心价值主张是以顾客体验为中心，让顾客快速方便地完成交易。变更线下购物的流程和体验环节，可以让顾客获得比单纯电商购买更有价值的服务。

门店适应全渠道时代

消费活动转向线上，似乎创新将主要集中在 App、履约中心而不是门店，这种看法忽视了店面与线上业务协同的重要性。相反，门店在电商时代获得了更多的创新机会，也需要用创新来应对全渠道的挑战。沃尔玛发现，消费者不只关心品质和价格，他们还关心购物所花费的时间和购买过程中的控制感。在这些复杂的需求中，沃尔玛可以找出亚马逊所欠缺的能力并加以利用。2013 年，沃尔玛开始测试到店自取业务，2017 年 4 月在所有门店推广到店自取。

如果在线下单后，用户愿意到店自取，沃尔玛会向他们提供折扣。折扣幅度取决于商品种类，低成本重量大的商品折扣最高。自取商品的折扣政策等于向顾客支付运费，这项服务被誉为全渠道营销战略的典范，表现出对顾客需求的杰出洞察。

多渠道时代，企业到不同渠道中接触不同顾客。全渠道时代让顾客掌握选择的方便。

从公司战略来看，很可能只有沃尔玛会设计出这样的创新。因为它有强烈的动机，首先是缓解线上线下的冲突。在公司内部，门店员工对电商抱有怀疑的态度，担心线上购买导致店内流量下降。在这种情况下，无法实现以消费者体验为中心的全渠道战略。

而到店取货虽然由线上业务发起，但顾客只要到店就有机会进店，有助于增加店面流量，缓解门店对电商的抵制。门店为了让自取顾客到店后进店消费，会在现场提供各种激励和吸引的措施，鼓励了门店的营销创新。

到店自取让顾客体验到的控制感是亚马逊送货服务所欠缺的，并且这项服务是外部可见和简便易行的，对于品牌价值非常有说服力。亚马逊顾客几乎没有线下体验，亚马逊也无法理解这项需求，失去了洞察消费者需求的机会。

这个事例表明，全渠道战略与多渠道战略有着本质上的区别。全渠道必须有超越直觉的、过去所没有的创新设计，而不只是增加渠道或数据共享。品牌商的全渠道战略同样体现为创新机会，比如宝洁在中国市场的全渠道战略。他们在天猫全球购上面测试某些国际品牌，之前由于规模不经济，这些品牌在实体店渠道很难铺货，无法引入中国市场。

在门店自取服务获得成功之后，沃尔玛还在继续探究全渠道的可能性，比如直播以及利用直播下单销售是沃尔玛从中国市场学到的技术之一。在美国，沃尔玛与 TikTok 合作，将中国市场的经验复制到本地市场。

全渠道营销创新是战略性的，它的意思是指创新应当让竞争对手难以模仿或追随。比如沃尔玛到店自取业务增长很快，但亚马逊无法学习或采用，因为它的店面数量很少，这是一个短期内难以克服的壁垒。对于沃尔玛，门店投资早已经完成，到店自取并不增加很多成本。相反，亚马逊如果要增加店面数量，不仅时间上落后，投资风险也会很大。

当初亚马逊从图书进入百货市场时，沃尔玛也曾经陷入相同的战略困境。如果沃尔玛提供在线销售，可能会损害线下门店。如果不回应，对手会侵蚀自己的市场。让竞争对手陷入两难困境，是成功战略的主要标志之一。

为了实施全渠道战略，沃尔玛对店面进行了重新布置，强调门店布置与 App 对应。门口设立巨大的电子标牌，显示产品分区，这些标志与 App 里面的标志是一样的。货架通道以数字和字母结合来标记，与 App 上查询结果可以方便对应。AI 应用的目标是要让顾客有信心，看到记录就一定会在那里找到商品，并且数量正确。App 内置的广告设计能够在顾客经过商品货架时提供签到提醒。

简化通道装置，减少陈列和标志，增加店内广告位，如电视广告墙。过去，店内动线设计的主要目的是让顾客在店内停留更长的时间。现在，顾客的行为发生改变，陈列设计的重点是帮助顾客尽快找到他们想要的商品。

结账排队曾经是常见情景，现在则设置了自助结账台。沃尔玛发现，自助结账的设置有助于鼓励冲动消费，只购买一两件产品的顾客不至于因为顾虑排队而放弃购买。网上下单门店自取服务数量增加，意味着出现了人流量很高的场所，沃尔玛可以在这个空间设置广告位。

全渠道战略将门店商品放在网上，对店内货物库存的准确度和补货速度要求很高，店员经常需要到后仓补货。仓库中的箱子长得差不多，过去员工在后仓需要扫描来确认正确的箱子。现在，利用移动终端显示和 AR 技术在后仓可以快速找到需要移动到店面的箱子，节省 20% 的时间。美国零售业货架库存准确率大约为 88%，其余的要么是标价错误，要么是数量错误，影响销售和需求预测。

将门店作为履约工具

到店自取是沃尔玛全渠道战略的标杆。顾客在手机上下单，然后穿上外套开车到店里取货。这种做法听上去有些荒谬，却是消费者的真实选择。在电商零售场景下，送货上门是主流方式。但是，送货是一种带有不确定性的服务。沃尔玛分析了顾客零售心理，发现门店自取可以向顾客提供控制感。在电商普遍提供送货服务的背景下，什么时候取货，在哪里取货，在顾客心目中变得重要起来。顾客不愿意承担一点不确定带来的焦虑，与其担心货物到了哪里，什么时候可以送到，会不会送错或失窃，不如直接到店取货，获得即时满足。

门店自取是电商时代最重要的零售创新，已经成为实体店对抗无店面电商的有力武器。它将电商购买的便捷与实体店的服务能力结合起来，通过提升消费体验中的确定性因素，为顾客创造零售服务价值。门店自取的成功源自沃尔玛对零售服务需求的深刻洞察，这项业务在其他实体店中也得到了成功，比如塔吉特超市的门店自取业务同样出现了大幅增长。

2019 年，沃尔玛开始扩大自取服务范围，在公司的电商履约中心提供路边自取服务。这些履约中心没有店面，过去只为电商送货服务。现在则开放自取服务，顾客不需要进店，可以在店外路边下车自取。

到店自取将消费者心理洞察与店面服务和本地生活方式结合起来，是最重要的全渠道创新成就之一。

全球零售数据公司 CEO Neil Saunders 认为，提供多种履约选择，包括送货上门、到店取货，利用门店作为履约工具，为沃尔玛提供了灵活的服务选择。到店取货也是消费者购买成本更低的选择，与沃尔玛的低价战略是一致的。同时，这项服务充分利用了沃尔玛的实体店面分布优势，90% 的美国家庭居住在距离沃尔玛 10 英里范围内，竞争对手很难复制这一优势。

德州 A&M 大学梅斯商学院教授 Michael Ketzenberg 等人做过一项研究，他们选择一家超市，观察竞争对手提供到店自取服务之后对本店的影响。研究发现，竞争对手提供到店自取业务之后，本店销售下降 1.8%，在线销售下降 4.7%。距离竞争对手越近，本店销售下降越明显。

从结构上看，高利润高价格商品下降幅度更大。因为这类产品在到店自取时可以方便退货，相当于向顾客提供了保障。85% 的顾客会在到店取货时增加事先没有计划的购买，对于实体门店是有利的。此外，自取是利润更高的全渠道销售方式，门店所做的折让相对很少，而节省的成本却比较多。

Ketzenberg 建议，零售商开展门店自取业务时，要保证退货程序流畅，这样可以让顾客更加放心地选择门店自取服务。在美国市场，送货到家的一个主要不便是退货很麻烦，门店自取在退货时的便捷有可能成为独特的价值主张。[1]

疫情期间，门店自取受到消费者特别的欢迎。据沃尔玛方面报告，2020 年 2 月，只有 7% 的消费者听说过到店自取服务。到了当年 6 月，使用这项服务的消费者达到 22%，成为增长速度最快的送货方式。据市场调研公司 eMarketer 的数据，2021 年，沃尔玛到店取货订单量的市场份额达到 25%。[2]

CEO 董明伦说，美国人喜欢驾车，既然他们可以开车取餐，当然也可以开车自取超市商品。自助取货为消费者提供了可控日程、安全和送货的确定性。很少有人会想到，在今天的电商业务中，确定性对于顾客是如此有吸引力。专家认为，这反映出消费者对电商的真实需求。

2021 年，根据 Glass 项目规划，沃尔玛宣布对 100 家门店进行改造，设立微型本地履约中心 local fulfillment centers（LFCs），后来改名为市场履约中心。市场履约中心面积不大，有 2000~3000 平方米，可以存放数千种商品。履约中心就在门店里面，但它的库存和店面是独立的。

沃尔玛数字战略业务高级经理 TJ Stallbaumer 认为，市场履约中心代表店面整合和演化的新阶段。为了适应到店取货和送货等新的市场需要，必须对店面进行重大变革。利用店面数量和规模优势，沃尔玛可以做到行业中其他人做不到的事情。使用机器人和人工智能技术，沃尔玛店面可以极大地提高数字订单处理能力，在最后一

[1] https://hbr.org/2021/05/how-buy-online-pick-up-in-store-gives-retailers-an-edge.

[2] https://www.cnbc.com/2021/12/30/walmart-drew-one-in-four-dollars-on-click-and-collect-market-researcher.html.

英里的竞争中赢得有利地位。[1]

沃尔玛和四家技术公司合作测试市场履约中心自动化，目前的主要技术支持来自 Alert Innovation。它的专长是微型履约中心的自动化技术，拥有名为 Alphabot 的货物存储和提取系统。比如在门店，仓库到货后，仍然需要员工收货并放入移动传送带。传送带配有视觉识别设备，可以判断应当将货物送到哪个区，之后将箱内货物分解，再由移动机器人送到指定区域存放。顾客在网上下单，移动机器人会按照订单项目在仓库中收取货物送到包装工作站员工手边。根据订单货物，包装站自动提取适当尺寸的包装箱。员工在机械臂帮助下完成取货打包，打包好的货物箱自动送往指定区域等待到店取货或送货。

顾客在网上下单后，只要几分钟时间就可以准备好货物。市场履约中心生产效率高，还可以帮助其他店面执行订单。在以色列的一家本地履约中心，一天可以准备好 300 份订单，每单包括 50 项商品。如果只依靠人工，一天只能完成 100 份订单。机器人可以很轻松地将订单数量增加到每天 1000 单，不需要增加额外面积。沃尔玛将这项设计称为“机器人作为服务”的模式，它的原理类似“软件作为服务”（SaaS），能够提高效率和灵活性。

市场履约中心对于沃尔玛特别有价值，因为这种履约方式对生鲜产品的价值感最强，而生鲜正好是沃尔玛的优势所在。市场履约中心不仅支持沃尔玛的价值主张，还有利于增加重复购买和店内流量。沃尔玛有 4700 家店面，市场履约中心改造的空间很大，成本则不高。亚马逊当然也可以设置店面履约中心，可是它的电商基数太大，效果不会特别明显。沃尔玛电商规模相对较小，本地履约中心对沃尔玛的利润贡献更直接。2022 年，沃尔玛收购 Alert Innovation。收购后，沃尔玛保留了 Alert Innovation 的独立

[1] https://corporate.walmart.com/news/2022/02/28/working-as-fulfillment-centers-walmart-stores-are-the-star-of-the-last-mile.

品牌，未来这一品牌将成为沃尔玛向市场输出零售自动化技术的实体。

如果说沃尔玛的全渠道方案和中国同行有一定的区别，主要是沃尔玛对自动化技术更加依赖，比如京东到家在店面拣货打包环节并不像沃尔玛那样强调自动化，由人工完成拣货打包，无论速度还是准确性都是可以接受的。为了和亚马逊竞争，沃尔玛在自动化方面仍然需要继续投入。公司预测说，通过采用自动化技术，可以降低成本 20%。

零售媒体网络推动广告收入

零售广告的收入潜力

沃尔玛的广告收入引起了市场的关注。2022 年，沃尔玛广告收入为 22 亿美元，增长 30%。其中，第四季度增幅高达 41%。虽然广告收入只占沃尔玛总收入的 1.4%，但这个金额本身还是对整个市场有所触动。22 亿美元当然不是小数目，2021 年，社交媒体 Snap 的广告收入为 41 亿美元，Pinterest 为 26 亿美元。虽然仍有差距，但沃尔玛正在快速追赶。

像亚马逊、阿里巴巴这样的零售电商，它们的收入主要来自广告，人们也早已经习惯。像沃尔玛这样比较传统的实体零售店，尽管也会有一些广告位，通常大家并不会觉得他们在广告收入方面会有很大的潜力，这是沃尔玛公布广告收入之后人们普遍感到吃惊的原因。

在公布广告收入的同时，沃尔玛也在宣扬零售媒体广告的概念。这当然不是特别新的概念。市场对沃尔玛广告业务增长有所期待，只是最终增长的幅度和前景超出了他们的预期。很少有人想到，经过这么多年充分的市场发展，沃尔玛仍然能够在广告市场夺取一个很大的金额，并且表现出很强的增长动力。人们自然会想，除了沃尔玛之后，其他带有电商特色的零售店是否也会有这样的收入预期，比如盒马鲜生。

沃尔玛广告业务职能部门称为沃尔玛连接（Walmart Connect），主要业务是传统广告加上新的沃尔玛第三方卖家平台广告销售，后者类似于阿里妈妈。这个部门在 2020 年进行了重大调整，沃尔玛决心向亚马逊学习，开发零售媒体的广告收入潜力。他们从亚马逊挖来高级管理人员，开发自动广告销售平台 DSP。广告商可以借助 DSP 平台自助购买和发布广告，极大地提高了广告发布效率。2020 年 1 月开始，沃尔玛允许广告商从第三方媒体平台购买沃尔玛的广告。

DSP 平台上市后，沃尔玛的广告收入开始快速增长，据说程序性广告销售收入已经达到整体的一半。2021 年 2 季度，沃尔玛披露说，广告业务增长了 95%。[1]沃尔玛美国区 CEO John Furner 当时说，预计 5 年内我们将成为美国排名前 10 位的广告平台。开始时沃尔玛没有公布广告收入的金额，所以市场反应不大。2022 年沃尔玛第一次公布了广告收入，希望吸引更多广告商。

> 很少有人想到，沃尔玛能够在高度成熟的广告市场中夺取一个很大的份额。

行业分析师普遍认为，2023 年沃尔玛的广告收入增幅将显著高于 Google 和 Meta，很可能也会高于亚马逊。在数字化广告市场增长迟缓的背景下，沃尔玛的广告业务成为一个显著的反差。

有人甚至认为，Google 和 Meta 广告市场双寡头格局将被打破。因为有了沃尔玛的示范效应，大批传统零售企业将进入零售媒体广告市场。目前，沃尔玛广告收入在所有零售商中排名第二，也是亚马逊之外唯一一家广告收入超过 10 亿美元的零售商，市场份额为 5.9%。市场调研公司 Inside Intelligence 预测，2024 年沃尔玛广告收

[1] https://www.ebrun.com/20211015/456439.shtml.

入将达到 45.2 亿美元，份额提高到 8.2%。在整个数字广告市场上，沃尔玛将超越 Snap、推特和 Yahoo，成为市场第 8 名，份额达到 1.5%。[1]

沃尔玛的广告服务主要有四种类型。第一类是搜索广告。过去，顾客在做出购买决策前可能在 Google 搜索。沃尔玛通过提供一些激励，尽可能让顾客直接在沃尔玛网站里面搜索。这类搜索广告的销售采用与 Google 类似的关键字投放和竞价。第二类是展示广告，以顾客的购买历史数据为依据，当顾客浏览时将广告内容呈现在页面的某些位置上。第三类是店内广告，比如结账台屏幕和店内屏幕广告。沃尔玛有 4700 家店面，共有 17 万块展示屏可以发布广告。过去店内屏幕广告内容往往是内容不变的，需要定期更换，只有大品牌才有能力购买。现在，这些屏幕上广告内容的灵活性极大地增加了。广告商可以选择时段，可以方便地变换内容，也可以和其他媒体上的广告取得协同效应。第四类是品牌交互广告，提供交互功能，用于帮助品牌联系用户。

广告商可以选择投放渠道，包括通过社交媒体投放。比如店内电视墙，自助结账台的屏幕，和店内活动、样品赠送相结合。功能方面则包括提高品牌认知、新产品上市推广等，能够自动生成效果报告。沃尔玛还能够根据广告商的需要进行优化，比如提供内部搜索优化。2022 年 9 月，沃尔玛开始提供直播视频广告服务。视频不只在数字工具上呈现，也在店内播放。

通过和数字广告技术企业 Trade Desk 合作，沃尔玛的广告投放不限于自己的网络媒体，也可以在其他媒体上使用。其他媒体也有广告服务，为什么广告商会选择沃尔玛？因为沃尔玛在广告投放之外，还可以提供零售服务，有条件一次性实现完整的购物旅程。

2022 年，沃尔玛宣布和 Roku 合作流媒体带货。尽管比亚马逊

---

[1] https://www.insiderintelligence.com/content/taking-look-5-year-outlook-walmart-connect-s-ad-business.

晚了三年，沃尔玛仍然是大型零售品牌中第一家提供这项服务的企业。用户可以在 Roku 流媒体广告播放过程中通过遥控器直接点击购物，接入沃尔玛的结账服务。Roku 将用户的付账账户与沃尔玛订单系统联接起来，用户不再需要提供银行卡信息。后续的送货售后等流程由沃尔玛承担，转入电子邮件销售处理流程。

沃尔玛作为独家合作零售商，为 Roku 用户提供了最简捷方便的购买服务体验。据沃尔玛介绍，通过双方技术能力的优化，比单纯通过沃尔玛 DSP 平台购买的视频点击率高三倍。在测试中发现，有 57% 的用户通过播出的沃尔玛广告购买产品。在广告制作方面，用户可以使用 Roku 提供的广告发布和制作平台，Roku 的广告分析服务可以将反映广告效果的技术指标反馈给顾客。[1]

沃尔玛的其他媒体合作方包括 NBC 环球和 TikTok 等，由媒体提供广告空间，沃尔玛提供销售服务。沃尔玛由此将电视广告从展示为主导入一个封闭的购买流程，将其他媒体的广告能力和自己的零售服务技术结合起来。这意味着在沃尔玛自有网络空间之外为品牌提供从广告直接生成销售的巨大机会，光是 Roku 一家就有 6100 万会员。传统零售受实体空间限制。零售媒体广告打破了这项限制，不仅可以利用本企业的网络空间，还可以利用其他媒体。这类合作支持 Walmart Connect 未来的广告增长潜力，也意味着商品销售增长的潜力。

零售媒体的主要优势

从沃尔玛的经验来看，与传统数字平台 Google 和 Meta 相比，零售媒体的主要优势是在消费者考虑购买时或购买旅程的各个环节发布广告，影响更加直接。对于沃尔玛这样的大卖场，广告商往往

[1] https://www.forbes.com/sites/joshwilson/2022/09/12/unique-roku-and-walmart-e-commerce-partnership-developing/?sh=df467e81f207.

就是平台上的第三方商家，这意味着作为广告影响结果的购买行为很可能发生在沃尔玛的全渠道系统中。广告投放越多，零售业绩越好。零售媒体广告和零售平台销售业务相互支持，达成一个正向激励。沃尔玛由此获得了一项新的基于广告与零售服务相结合的竞争壁垒，这是其他媒体所不具备的。

今天，广告竞争不只是品牌竞争，也是零售企业增加销售机会的竞争。零售媒体广告竞争代表市场竞争从零售商的品种、价格和服务延伸到顾客时间，如何尽量占用顾客时间，如何引入更多的应用场景，成为广告竞争的主要挑战。这和实体店时代广告位受到严格限制的情况形成对比，显示了全渠道时代零售商顾客关系管理的新机会。

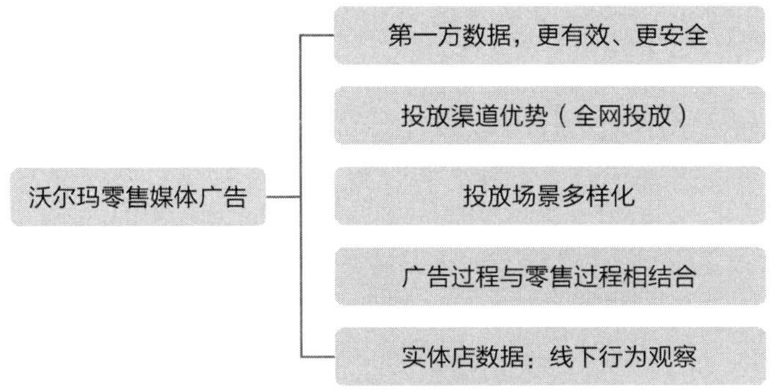

图 1.3　零售媒体广告的独特优势

沃尔玛零售媒体广告的一项优势是第一方数据市场服务。沃尔玛联接总经理 Rich Lehrfeld 说，过去，广告商需要依靠尼尔森等第三方数据，我们可以提供第一方数据。沃尔玛数据属于私有流量，能够跟踪用户以往的行为数据，能够快速反馈效果指标。每位用户都有一个专属的匿名 ID，无论是顾客用银行卡支付，还是用会员权益，无论线上还是线下行为，都会有记录。通过对用户行为的分析，可以向广告商提供更精确的投放服务，比如是第一次购买某品牌商品还是忠诚用户。尼尔森在 2019 年有一个报告，认为第一方数据的效果是其他数据的三倍。所谓效果是指顾客看到广告之后的行为，比如是点击，还是过一段时间点击，或完全不理睬。[1]

沃尔玛强调的零售媒体第一方数据广告优势包括三大支柱：顶部漏斗广告形态（原生广告）、线下销售归因数据和店内数字媒体。还可能借助流媒体广告的形式，比如在会员服务中增加“派拉蒙 + 流媒体”服务。

广告商欢迎购买场景中的广告。有助于追踪广告效果，并且广告环境相对安全，比如广告的位置和收集数据都比较安全。[2]其他超市当然也有第一方数据广告，但沃尔玛以数据量胜出。在美国，沃尔玛网站浏览量排名第九（亚马逊排名第四）。整个零售空间每周访问量 2.5 亿人次，包括线上线下，其中美国用户 1.5 亿。90% 的美国家庭每年至少在沃尔玛购物一次，送货范围达到 3000 万户。

实体店场景生成独特的顾客交互，显示零售媒体价值与沃尔玛全渠道战略之间的关系。

和其他第一方数据市场如《纽约时报》等不同，沃尔玛还拥有全渠道零售的优点，可以将第一方数据服务与实体店的特点结合起来形成竞争优势。比如顾客的店内行为数据是线下店所独有的，通常认为，线下行为数据比线上数据更加准确。这也是亚马逊急于开设实体店的原因之一，补充线下场景的行为数据。在广告销售方面，用户在店内的行为数据则是广告投放的依据。全渠道广告方案可以让品牌投放的广告在线上线下同时出现，成为门店收入的增长空间之一，使得沃尔玛区别于以线上投放广告为主的亚马逊。

由于第三方数据营销受到越来越多的监控和审查，第一方数据的优越性正在显现。当苹果宣布改变政策，限制媒体跟踪用户行为之后，Facebook 广告收入受到很大影响，2021 年利润下降 36%，

[1] https://www.marketingbrew.com/stories/2022/03/08/walmart-made-usd2-1-billion-in-advertising-last-year-here-s-how.

[2] https://www.insiderintelligence.com/content/walmart-connect-exec-dishes-on-retail-media-gains.

显示出第三方广告的风险。[1]有评论认为，受 Cookie 禁用以及顾客隐私保护的影响，零售媒体属于更好地代表未来个性化营销的方向。

在广告销售竞争中，亚马逊当然是最大的障碍。好在沃尔玛和亚马逊在竞价设计方面有共同点，它们都是低价电商。价格权重比较高，在沃尔玛投放广告和在亚马逊投放同样简便，降低了用户转移成本。为了争取市场份额，沃尔玛仍然会用价格作为主要工具。

根据最新财报，亚马逊第三方商家市场次点击成本 CPC 为 0.85 美元，略有上升；沃尔玛为 0.38 美元，比前一年下降了 26%。沃尔玛 CPC 价格低的原因之一是平台上第三方商家数量比较少。2022 年，亚马逊平台有 200 万第三方商家，而沃尔玛只有 15 万。[2]2022 年，沃尔玛在报告广告业务时，特别提到美国广告投放商数量增加了 136%。

广告商数量为什么重要？因为这项数字其实就是购买广告的第三方商家数量。沃尔玛在招商方面已经加大力度，但由于它的第三方卖家平台准入标准与亚马逊不同，目前来看在数量上很难追赶。沃尔玛强调第三方卖家的广告收入，实际上也是试图向商家发出信号，希望能够吸引他们进入第三方卖家市场，以利用当前市场尚不拥挤的优势。

对于大型品牌商，山姆会员店的广告机会更有价值。比如山姆可以提供销售归因功能，帮助品牌商分析广告效果。沃尔玛由此可以利用全渠道销售中不同市场结构带来的优势。第三方商家广告业务的一项好处是沃尔玛很快可以知道哪些商品销售得比较好，要不要将这些商品摆上自己的实体店货架，就像亚马逊所做的那样。这种用户行为观察和行动空间为广告业务增加了额外价值。

---

[1] https://www.fastcompany.com/90772916/amazon-walmart-retail-advertising-amzn.

[2] https://www.forbes.com/sites/garydrenik/2023/03/13/walmart-v-amazon-advertising-inflation-and-the-battle-for-ecommerce-brands/.

广告驱动收入

在技术方面，沃尔玛也是后来者。开始时，关键词竞价只能采用第一出价竞价模式。2022 年，开始采用主流的关键词第二出价竞价模式。竞价选择时不仅考虑价格，还要考虑相关性。简单的第二出价竞价规则是以出价最高者为胜，执行价格则是第二出价加 0.01 美元。比如前三名客户 A、B、C，分别出价 5 美元 6 美元和 7 美元，竞价成功者为 C，价格为 6.01 美元。但是，在加入相关性权重后，计算结果就会比较复杂。

客户 A、B、C 分别出价 7 美元，相关系数 98%；7.75 美元，相关系数 60%；5.5 美元，相关系数 80%。此时，获胜者为 A，因为它的相关系数最高，而价格将设定在 5.5~7 美元之间，具体数字由沃尔玛的算法决定。竞价系统中相关系数的设置主要是为了实现广告位收入最大化，照顾用户体验。相关系数的数值取决于四个因素，即顾客的意图与广告是否匹配、广告的情境相关性（如教育或医疗）、广告内容质量、产品在沃尔玛的历史表现。[1]

沃尔玛的广告业务还得益于新的顾客忠诚项目。沃尔玛一度反对顾客忠诚项目，因为它的主张是每日低价，希望在顾客心目中建立长期预期和购买习惯，不强调短期促销。不过有了“沃尔玛 +”会员服务之后，当然也需要顾客忠诚项目支持。现在“沃尔玛 +”向会员提供积分或返还服务。在线下结账时扫描二维码可以兑现奖励，线上则更加简单。这项服务为广告业务打开了新的市场，广告商可以在沃尔玛店内或 App 与网站设置广告内容，在顾客搜索时给予展示，向目标顾客提供折扣或奖励。所有的业务广告商都可以自行购买投放，并且由平台提供全渠道服务。

---

［1］ https://www.channeladvisor.com/blog/marketplaces/what-walmarts-second-price-auctions-mean-and-how-to-win/#:~:text=Walmart%20says%20the%20new%20auction,on%20advertising%20spend%20（ROAS）.

零售媒体广告的前景如何？可以参考亚马逊的数字。2022 年，亚马逊的广告收入为 377 亿美元。沃尔玛 CFO John Rainey 对广告收入非常期待，他将零售广告称为颠覆性创新，以亚马逊和沃尔玛作为领先企业。沃尔玛的独特机会在于，第三方商家仍然有很大的增长潜力，是广告收入的重要贡献渠道。据他披露，广告的毛利为 70%~80%，公司总体毛利水平只有 24%。Rainey 认为，今天沃尔玛的收入主要来自实体店，五年之后，这种情况将会发生很大改变。第三方商家服务、广告和以快递服务为代表的 B2B 业务将极大增加。[1] 广告的驱动作用是多方面的，当广告商看到实际效果，他们更有可能进入第三方卖家市场，也更有可能使用沃尔玛的快递服务。[2] 另一个积极信号是广告收入增长不限于美国市场，比如在印度，Flipkart 的广告收入增长了 50%，在墨西哥和中美洲增长了 64%。[3]

对分析师来说，广告收入还是沃尔玛电子商务发展潜力的一项观察指标。因为广告业务和电商业务的几项核心构成都有密切关系，包括到店取货和上门送货、第三方商家活跃程度以及履约中心的服务能力。比如，沃尔玛的广告增长高于 Target 等竞争对手，其中一项重要原因是 Target 第三方卖家业务弱小，无法支持广告。通过将广告、电商、第三方卖家和履约服务结合起来，沃尔玛力求形成一个更清晰的和可持续的竞争壁垒。

---

[1] https://www.esmmagazine.com/retail/walmart-seeks-to-derive-more-profit-from-services-ad-sales-234694.

[2] https://www.adexchanger.com/commerce/walmart-ad-revenue-grew-30-to-2-7-billion-in-2022-and-is-buoying-its-profit-margin/.

[3] https://www.marketingdive.com/news/walmart-advertising-growth-q1-2024-outpace-rivals/650854/.

如何建立未来的竞争优势

迟到的会员服务

2021 年 9 月，沃尔玛终于推出了自己的会员服务，“沃尔玛 +”，比亚马逊整整晚了 16 年。“沃尔玛 +”年费 98 美元，提供 1600 家店面的当日达，还有特别受欢迎加油站折扣。这个价格低于亚马逊的 120 美元，不过亚马逊的优点是会员还可以享受媒体服务，如视频和音乐。此外，亚马逊在商品品种方面仍然保持压倒性优势。

为什么沃尔玛需要如此长的时间来模仿竞争对手的一项服务？2005 年，亚马逊推出了会员服务，79 美元。2011 年开始，亚马逊会员增加视频服务和 Kindle 电子书借阅。之后逐渐增加服务项目，除了视频、音乐的内容升级，送货方式也更加丰富，有当日达和次日达，品种则从 2000 万增加到 1 亿，呈现出飞轮效应。

会员服务开展初期，对业绩的飞轮效应并不明显。亚马逊会员人数要到差不多 10 年之后的 2014 年才实现突破，在此期间，亚马逊主要投资履约中心的建设，提高送货效率。很多观察家都没有想到，未来履约中心会成为给亚马逊带来绝对优势的竞争壁垒。沃尔玛知道亚马逊在进行巨额投资，但它没有充分理解这些投资的意义。相反，沃尔玛高管对大卖场始终抱有信心。他们的看法是有道理的，当时新开大卖场的销售持续增长，显示顾客仍然支持这一模式。

沃尔玛没有对亚马逊会员做出快速反应的另一个原因和它的经营原则有关。零售行业早就有成熟的会员制，沃尔玛认为，山姆会员店足以胜任竞争的需要。而沃尔玛主品牌的价值主张是天天平价，不需要额外支付会员费用，让顾客相信沃尔玛总是提供便宜商品。这样做的好处是降低消费者进店购物的风险，是沃尔玛基于消费心理洞察建立起来的竞争特色。

亚马逊对会员制的数据进行保密，希望尽可能延续无竞争增长。今天，亚马逊会员人数已经超过 1 亿，并且续费率超过 90%。贝佐斯将第三方卖家、会员和云服务称为亚马逊的三大支柱。对沃尔玛来说，最大的威胁来自亚马逊会员构成的改变，从过去的高收入群体向下进入低收入群体，这是沃尔玛的核心市场。现在，沃尔玛只好在极其痛苦的状态下放弃天天平价的理念，采用会员服务来挽留顾客。

亚马逊 2005 年推出会员服务，阿里巴巴和京东在 2016 年发起会员服务，“沃尔玛 +”会员服务上市时间为 2020 年。

了解到亚马逊会员制的成效后，阿里巴巴和京东在 2016 年也推出了各自的会员计划。然而在中国市场，电商会员制的效果似乎不像亚马逊在美国那么好。业务间相互促进的飞轮效应不够明显，用户看不到加入会员带来的价值。

观察阿里巴巴和京东会员制项目上线的一个启发是，电商发起会员制项目速度可以非常快。拥有大量门店的沃尔玛却没有这样的条件，它需要整合线上线下库存，建立统一的服务流程，扩大产品线，增加履约中心。从 2015 年下定决心，到完成会员制上线，5 年已经是非常快的速度。

为了抵消亚马逊的送货优势，沃尔玛曾经推出一项名为 Shopping Pass 的送货服务，用户支付 49 美元，可以享受无限次送货。但用户反应不好，后来停止了。2019 年，沃尔玛开始向用户提供免费次日达服务。沃尔玛要求订单金额达到 35 美元才能享有这项服务，并且只有 5 万种商品，而亚马逊当时已经有 870 万种。

当沃尔玛 2018 年启动 Plus 会员项目建设时，它的处境看上去很不妙。调查显示，91% 的沃尔玛网站用户在亚马逊购物，但只有 57% 的亚马逊用户在沃尔玛网站购物。好消息是，有研究表明，2/3 的会员愿意同时加入另一个会员。也就是说，只要知道亚马逊用户在哪里，并且投放广告，就可以吸引亚马逊用户加入“沃尔玛 +”。

另一项有利于沃尔玛的发现是，81% 的人加入亚马逊会员是为了免费送货服务，只有 2% 是因为生鲜产品。这是沃尔玛的机会，亚马逊生鲜服务能力比不上沃尔玛。在线生鲜市场份额两者大致相似，各占 30%。

2019 年，沃尔玛率先推出生鲜入户送货的服务。顾客线上下单，但不需要在家等。沃尔玛送货员可以直接进入住户家，将商品放入冰箱或其他固定位置，同时取回退货，甚至可以帮助顾客遛狗或取垃圾。[1] 无限量入户送货年费 148 美元，虽然价格不低，但受到顾客普遍欢迎。有资料显示，在提供生鲜入户服务的市场，到店自取出现了下降，因为顾客更多转向购买入户服务。这是一个明显的趋势。过去，顾客主要关注省钱。现在，很多顾客，特别是亚马逊会员顾客，更关注如何节省时间精力，方便第一。亚马逊也有入户服务，但不提供生鲜入户。生鲜入户是少有的由沃尔玛领先发起，并且持续领先亚马逊的电商业务形式。通过投资门店市场履约中心，提高自动化水平，沃尔玛试图在生鲜入户市场长期占据主导地位。

“沃尔玛 +” 会员服务的上市时间曾经两度推迟，不过沃尔玛遇到了一个好的时机。据《财富》杂志和 Recode 针对 1000 人群体的一项重复调查，对亚马逊印象好的消费者比例从 2020 年 1 月的 74% 下降到 5 月的 58%。[2] 这主要是因为疫情初期亚马逊出现了大面积的延迟，特别是在 3 月和 4 月，而沃尔玛则没有。当时亚马逊将基础物资作为优先配送，甚至不鼓励消费者下单。连最基本的图书订单也转让给传统图书分销商 Ingram。沃尔玛遇到的另一个机会是全球供应链问题导致商品供应紧张，“沃尔玛 +” 会员享受的优惠包括可以提前四小时在线参加黑色星期五，吸引了许多抢购折扣商品的顾客。

---

[1] https://www.cnbc.com/2022/06/02/walmart-bets-its-stores-will-give-it-an-edge-in-amazon-e-commerce-duel.html.

[2] https://www.vox.com/recode/2020/6/29/21303643/amazon-coronavirus-warehouse-workers-protest-jeff-bezos-chris-smalls-boycott-pandemic.

2020年12月，沃尔玛宣布顾客可以采用多种方式退货。顾客可以在网站或App填写退货，由联邦快递按约定时间来取货，也可以直接送到联邦快递收货点。退货是免费的，对于网上购物，方便和便宜的退货选择非常重要，它是购买过程的保证服务，能够促进顾客的购买意愿。亚马逊有类似的做法，比如在Kohl's店面、UPS收货点和亚马逊收货箱都可以办理退货。

全渠道退货则是沃尔玛的优势。亚马逊提供单一退货选择，商家收到退货后才会返还金额。沃尔玛允许顾客在门店内用App退货，退款时间只要30秒。2017年开始，在官网上购买的商品也可以使用App快速退货。

顾客将货物带到店面退货，只要在退货台扫描一个二维码，就可以完成退款。不可重复使用的商品如洗发水等则免除实物退货，只要在App上完成退货就可以退款。当然，沃尔玛会跟踪用户的退货习惯以防滥用这一权利。

据金融媒体Pymnts分析，2022年美国消费者中亚马逊会员比例为70%，沃尔玛的比例为23%，大致对应人数为1.82亿和5900万。"沃尔玛+"的亮点在于，2022年Z世代（90后）和年收10万美元以上订户比例分别比前一年提高了10个百分点，"沃尔玛+"在年轻人市场和相对高端收入市场的渗透有了比较大的进展。[1]未来，"沃尔玛+"会员服务能否利用全渠道战略实现追赶，值得关注。

未来的竞争优势

亚马逊只公布收入，不提供销售额数据，无法对两家进行直接比较。2018年，亚马逊分销网络的规模超过了沃尔玛，这是沃尔玛花50多年才建成的。之后，亚马逊继续追加投资，试图将仓库面

[1] https://www.pymnts.com/consumer-finance/2023/67-percent-fintech-issuers-say-account-holders-still-struggle-with-money-mobility/.

积再次翻倍。亚马逊的策略是物流闪电战，送货速度越来越快，让用户不再需要去实体店。据多家媒体分析，2021 年亚马逊的销售额已经超过沃尔玛，成为中国市场之外最大的零售商。从电商市场份额来看，一般估计，沃尔玛只有亚马逊的 1/8。

但沃尔玛仍然保持两项优势。首先是增长速度比较快。过去 5 年里，沃尔玛在美国电商市场的份额增长了一倍。在竞争极其残酷的电商市场上，这算是一项奇迹。另一项优势是电商的商品结构。亚马逊的优势更多体现在长尾商品，沃尔玛在生鲜品类上和亚马逊没有多大差距。2023 财年，沃尔玛电商销售达到 820 亿美元，在总收入中的比例为 13%。电商业务增长 12%，而同期店面销售增幅为 6%。沃尔玛方面将电商增长归功于店面履约和送货服务改进，公司预计未来几年电子商务收入很快将达到 2000 亿美元。

有评论认为，沃尔玛在电商方面的成就并不是以亚马逊为代价的，而是夺取了其他企业的市场份额。2022 年沃尔玛电商增长 12%（包括第一方、第三方和广告业务），高于美国统计局公布的 6.5% 平均水平。同期亚马逊第一方业务没有增长，但它的第三方和广告业务增长幅度比较大。沃尔玛广告业务 2022 年增长 30%，亚马逊增长 21%。[1]

送货速度、第三方销售商和会员服务是亚马逊的核心能力，沃尔玛很难追赶。亚马逊在美国有 111 个履约中心、1285 个分销中心，面积比联邦快递和 UPS 加在一起还要大，而它的资本投资也远远超过沃尔玛。沃尔玛加上山姆也只有 185 个履约中心，其中用于电商的才 33 个，差距非常大。从差距的形成来看，和亚马逊采用第三方销售商有关系，这也意味着沃尔玛没有办法快速追赶。沃尔玛的对策是利用大卖场履约，这样做消费者体验好一些，但从效率方面来看显然落后于亚马逊。[2]

---

[1] https://www.fool.com/investing/2023/03/08/is-walmart-taking-market-share-from-amazon/.

[2] https://seekingalpha.com/article/4571027-walmart-plays-catchup-as-amazon-pulls-ahead-of-competitors

全渠道战略需要大量的技术投资。据商业媒体 MarketWatch 的数据，沃尔玛资本开支近年来出现大幅增长。2018—2020 年沃尔玛资本开支保持在 100 亿美元，2021 年增加到 131 亿美元，2023 年进一步提高到 168 亿美元，70% 以上的投资用于技术升级与供应链改造。2018 年之后，沃尔玛在美国没有增加店面数量，山姆会员店数量还减少了。沃尔玛前任 CFO Brett Biggs 介绍说，公司将增加对履约能力、供应链、自动化和技术的投入，增加商品种类，降低送货成本，提高送货速度。为了加快回收巨大的基础设施投资，沃尔玛还需要判断如何提高全渠道战略中的收入潜力。

数据可能是全渠道战略下另一个收入来源。CEO 董明伦说，沃尔玛一直向供应商开放数据，这些数据仍然是免费的，因为它们有助于供应商发起促销活动，服务于我们共同的顾客。但沃尔玛在考虑利用这些数据开发数字化产品并实现货币收益。[1]

2021 年，沃尔玛宣布向其他中小零售商开放其技术与能力。它们可以使用相同的软件和系统，当订购产品没货时推荐其他相似产品（顾客无论选择接受还是拒绝，都是有用的数据），告诉顾客可以在哪些店面自取网络订单，是店内取货还是停车场取货，如何让店面知道顾客到达的时间。像亚马逊一样，沃尔玛也开放了本地物流和仓储服务，希望未来能够成为收入增长的一个来源。

为了在产品种类上追赶亚马逊，2020 年，沃尔玛宣布与百万小商户聚集电商平台 Shopify 合作，扩大产品线，与亚马逊竞争第三方卖家。这是一个很好的时机，因为此时亚马逊已经成为零售行业公敌，人们怀疑它利用第三方商家的销售数据来支持自有品牌。沃尔玛也曾经是零售行业的公敌，但在今天，小商户们却不得不和沃尔玛合作，减轻亚马逊带来的压力。

国际业务也一个有潜力的方向。在所有的预测模型中，国际业务的增长速度都超出了整体增长的速度。值得关注的是，沃尔玛电

---

[1] https://progressivegrocer.com/walmart-disrupting-grocery-again.

商业务在国际市场上表现比较好。比如印度市场，沃尔玛大部分收入来自电商。沃尔玛旗下的 Flipkart 在印度的市场份额为 48%，而亚马逊的市场份额只有 26%。在中国，通过与京东的合作，沃尔玛能够做到 50% 以上的收入来自电商。据沃尔玛方面介绍，印度市场即将取代中国市场成为这家企业最大的海外市场。[1]

对于沃尔玛，主要的挑战是提供快速送货服务和足够多的品种选择，这也是沃尔玛未来变革计划的核心。全渠道则是沃尔玛变革中能够表明自己独特价值的部分，它从线上线下一体化开始，逐渐发展出依托门店的特色服务，最终形成与亚马逊全面对抗的会员制。

CEO 董明伦则认为，未来沃尔玛的门店属性可能减弱。消费者会将沃尔玛作为一项服务来看待，一项能够帮助他们节省时间和精力的服务。沃尔玛希望利用线下门店带来的更多机会，例如广告、医疗服务、金融服务，甚至旅行预订。

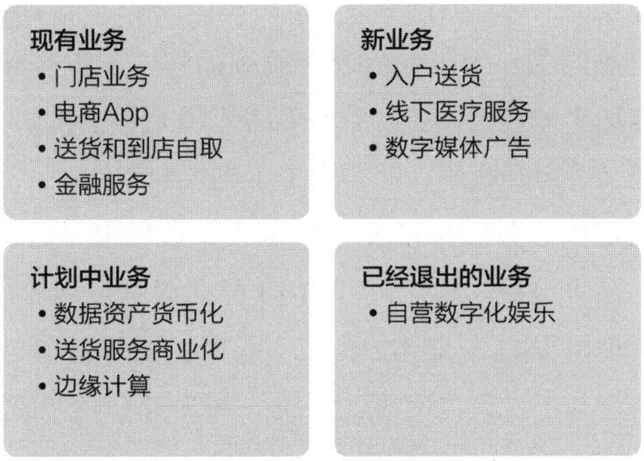

现有业务
- 门店业务
- 电商App
- 送货和到店自取
- 金融服务

新业务
- 入户送货
- 线下医疗服务
- 数字媒体广告

计划中业务
- 数据资产货币化
- 送货服务商业化
- 边缘计算

已经退出的业务
- 自营数字化娱乐

图 1.4　沃尔玛如何看待业务组合

零售仍然是一项满足消费者需求的基础服务。但在电商时代，如何重新定义零售的价值主张，沃尔玛还需要提出新的方案，以吸

[1] https://talkbusiness.net/2023/06/walmart-sees-international-growth-potential-better-margin-growth/.

引相对高收入的以及年轻的群体。同时，对于顾客在全渠道销售中的行为倾向，也有施加更大影响的空间。

市场调研公司 Numerator 研究发现，在沃尔玛到店的顾客中，有 53% 会在一天内再到亚马逊网站购物。而在塔吉特超市和 Costco 超市，这一比例只有 38%。可以想象沃尔玛看到这些数据的感受，让顾客到店并不容易，可是顾客到店的结果却是有一半人被引导到亚马逊网站。

从零售角度来说，显然是因为顾客在沃尔玛店内没有获得充分的购物满足。为了实现这种满足，顾客没有选择去沃尔玛网店，反而选择去亚马逊来获得延迟的满足。这样的选择反映了顾客心目中沃尔玛与亚马逊的对比。

沃尔玛在价格方面应当是有优势的，顾客很可能是由于其他原因而需要访问亚马逊网站以获得满足，比如缺货或商品选择不足。从积极的方面来看，这些研究为沃尔玛提供了改进的方向。[1]

在数字化娱乐的内容方面，沃尔玛很难与亚马逊竞争。2010 年，沃尔玛收购了一家点播流媒体服务品牌，名为 Vudu，目前已经连接了市场上 1 亿台设备。它曾经考虑设立一个独立的流媒体业务部门与亚马逊展开竞争，甚至投资了电视剧制作。

但这项业务的难度变得非常大，市场上早已经有 Netflix 和亚马逊，苹果电视、迪士尼和 HBO 都在提供自己的流媒体。新的剧集投资规模很高，风险也很大，而没有自己的剧集也就失去了竞争力。也许是考虑到没有多少胜算，2020 年沃尔玛将 Vudu 品牌出售给 NBC 环球旗下的电影票务公司 Fandango。沃尔玛剥离 Vudu，一方面是考虑到风险；另一方面也需要观察，是继续与 Fandango 合作 Vudu，还是与 Netflix 等流媒体合作，通过战略联盟来对抗亚马逊。

2022 年，沃尔玛与“派拉蒙 +”达成协议，向“沃尔玛 +”订户提供免费（带广告）流媒体服务。“派拉蒙 +”提供基本款流媒

[1] https://www.numerator.com/cross-shopping-behaviors.

体服务，其市场价格为每月 4.99 美元，现有订户 4300 万。作为传统的影院电影发行商，派拉蒙在今天的市场上不算是很强的外援。沃尔玛和派拉蒙的联盟很难让亚马逊用户放弃他们的会员，但新的流媒体服务可以提高“沃尔玛 +”的吸引力，增加同时订阅两者服务的会员人数。

Marc Lore 离开沃尔玛之前曾经向董事会提交过一份备忘录，名为“沃尔玛 2040”。在备忘录中，Lore 描述了未来 20 年沃尔玛和亚马逊的竞争前景。他认为，亚马逊所主张的三大竞争要素是价格、品种和便利。沃尔玛不大可能在价格和品种上与亚马逊竞争，因为亚马逊可以采用交叉补贴的方法支持价格战，沃尔玛没有这样的条件。便利方面，亚马逊履约中心的主导优势也是很难动摇的。

Lore 认为，在亚马逊拥有优势的竞争要素上对抗不利于沃尔玛。也就是说，沃尔玛当前所执行的追赶和对抗战略前景并不理想。相反，沃尔玛应当寻求新的价值主张，在新的竞争要素上争取优势。他给出的建议是“对话式电商”，以品牌信任为前提，通过人工服务发挥沃尔玛帮助顾客选品的特殊能力，做零售行业的策展人。沃尔玛电商内部研究表明，选品的优势可以消解亚马逊海量产品的优势，因为顾客所需要的始终是最适合自己和价格最低的产品。[1]

---

[1] https://www.wired.com/story/gadget-lab-podcast-602/.

2.SoFi：早期精英群体的金融服务

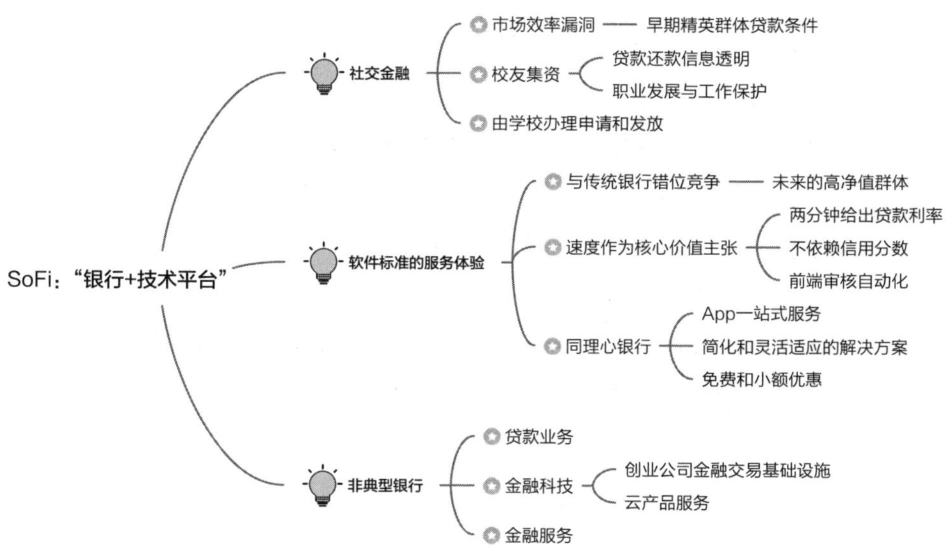

导言：学生贷款是美国金融市场上一类比较特殊的产品。这是一个几乎由政府垄断的市场，美国教育部是最大的出借人。由于就业市场环境改变，学生贷款规模迅速上升，已经达到1.8万亿美元。学生贷款现在是联邦政府最大类的金融资产项目，占比40%。高额债务影响学生入学申请和毕业后的生活计划，政府、大学和家庭都对此感到担心。SoFi创始人注意到，从风险定价角度来看，无差别学生贷款利率明显是一项不合理设计。由此出发，SoFi发展出一种借助社交力量降低风险的贷款模式，帮助学生、家庭和学校缓解贷款压力。利用大银行对学生族贷款需求的忽视，SoFi逐渐成长为一家非典型的数字化银行。

来我们这里借钱的也许现在不是有钱人，但他起码以后会是有钱人。

——Mike Cagney，SoFi创始人

SoFi是一家美国金融科技公司，它的业务特色是向早期精英群体提供贷款服务。我们将讨论SoFi如何在成熟的美国金融体系中发现未能得到满足的顾客需求，如何从边缘性的学生贷款再融资服务开始，发展出独特商业模式。

作为金融服务市场细分的早期精英

早期精英的贷款需求

20 世纪 90 年代，Mike Cagney 加入富国银行，担任金融产品交易师。21 世纪初，他参与创建了一系列基于软件技术的金融科技公司。2010 年，Cagney 进入斯坦福大学商学院就读 MBA 学位。斯坦福大学是私立学校，学费比较贵。在学校期间，他发现同学中有 60% 需要贷款来支付学费。其中很多人在本科阶段已经背上贷款，读 MBA 还会让他们增加更多的债务。

不仅 MBA，其他像医学院、法学院的学生也有类似的情况，在工作之前积累起金额很高的债务。人们经常会提到的一个例子是奥巴马，他直到当选总统之前四年才还清学生贷款。2008 年金融危机导致失业率上升，越来越多的人选择上大学或继续攻读研究生学位，催生出庞大的学生贷款市场。随着学生贷款债务总额快速增加，违约率也不断升高，学生债务负担开始引发社会关注。

作为金融行业专家，Cagney 发现当时的学生贷款市场上存在着一个定价缺陷。从金融服务角度来看，利率就是贷款的价格。信用水平高的优质客户应当享受低价，也就是优惠的低利率。斯坦福大学商学院 MBA 未来就业前景很好，他们显然属于优质客户，应当有资格享受低利率贷款。而实际情况却相反，斯坦福大学 MBA 的贷款利率和其他学生没有区别。

造成这一现象的原因是学生贷款主要由联邦政府提供。为了降低管理成本，政府对学生贷款只分几个大类。政府服务以公平为前提，不可能偏向某些学校或某些专业。在发放贷款时，不考虑专业前景和毕业后的收入，而是简单地规定一个统一的利率。

学生贷款市场细分的前提是市场规模足够大，不同类型贷款者未来的收入有显著的差异。

2010 年，联邦政府主导的几类学生贷款利率都比较高，Stafford 学生贷款利率为 6.8%，（家长参加的）Plus 贷款为 8.5%，私人机构的学生贷款利率更高。简言之，学生贷款市场细分程度不够。如果市场整体规模不大，当然不需要细分。可是当时学生贷款余额已经达到了 1 万亿美元。

Cagney 认为，这是一个创业机会。既然大家都承认某些学校某些专业的收入前景比较好，那么就读这些学校和专业的学生就是优质客户。为他们提供低于市场水平的利率，可以发展出一个细分的高信用学生贷款市场。

2011 年 8 月，Cagney 联合其他三位斯坦福大学商学院 MBA 毕业生共同发起 SoFi，公司名称来自 Social Finance，也就是社交金融服务。由于学生缺乏信用记录，私人金融机构要么不愿意提供学生贷款，要么收取很高的贷款利率。

Cagney 首先要解决的问题是贷款资金来源，SoFi 团队的创意是将校友因素引入贷款服务。这样的设计，让贷款服务变成不只是商业活动，同时也是校友支持母校和后辈学生的行为，这就是 SoFi 独特的社交金融模式。他们向校友介绍商业计划，募集了 200 万美元种子资金，在 40 名校友和 100 名学生间建立起配对关系，学生贷款利率为 6.24%，低于 6.8% 的联邦学生贷款利率。

完成初期交易后，Cagney 将这一模式逐渐拓展到哈佛大学、哥伦比亚大学、麻省理工学院等知名高校。一年后，SoFi 学生贷款业务扩大到全美排名前 50 位的大学，贷款规模 1 亿美元。SoFi 规定，每所学校的资金池由校友与 SoFi 管理，学生通过学校而不是 SoFi 申请贷款。贷款由学校学生资助办公室发放。校友不能干预哪名学生可以获得贷款，但可以获得学生偿付贷款的信息。

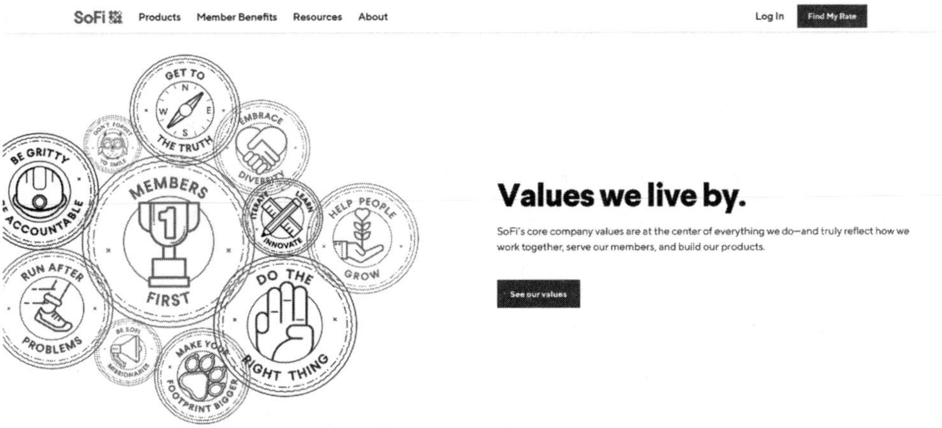

图 2.1　SoFi 的企业价值观强调互助

SoFi 的商业计划考虑了学生、校友、学校和企业几方面的利益，响应了社会上对学生贷款问题的关注。学生自然是受益人，可以获得低息贷款。校友通过借出资金获得的投资收益为 5%~8%，违约率相对较低，只有 1%。在公开市场上，这同样是非常有吸引力的投资。

校友参加学生贷款项目，不仅获得收益，本身也是对学校和后辈学生的支持，体现出助学的社会效益。学校是多方面的受益人，学费收入更有保障，校友支持体现了学校对学生的关心，提升了学校的品牌声誉。SoFi 借助校友关系获得低成本的资金来源。同时，校友和学生之间形成的圈子信任度高，有机会发起产品推荐，营销成本比面向社会营销的成本低得多。[1]

社交金融

SoFi 采用 P2P 贷款模式，但它的做法和大多数市场上的 P2P 公司不同。P2P 本来是为在市场上借不到钱的群体设计的金融产品，比如借款人没有抵押物，没有信用历史，导致他们无法从正规金融

[1] https://www.forbes.com/sites/petercohan/2012/04/02/sofis-new-take-on-1-trillion-student-loan-market/?sh=33ee738a79f4.

机构获得贷款，P2P 可以满足这类群体的需要。也因为顾客群体的这一特性，P2P 是一种高风险的投资。SoFi 成立时，美国 P2P 行业中已经有两家比较大的企业，即 Lending Club 和 Prosper，它们的思路都是向低信用群体提供贷款服务。

SoFi 采用了相反的路线，它只为高信用的早期精英人群服务，专注于未能得到充分满足的细分市场。Cagney 说，“来我们这里借款的也许现在不是有钱人，但他起码以后会是有钱人”。对于借款人，它的价值主张是低息。对于投资人，它的价值主张是早期精英群体违约率低，并且可以通过社交网络进一步控制违约率。

基于学校网络的社交金融吸引学校、校友、学生、金融机构等多个利益相关方。

Sofi 曾经规定，借款人必须毕业于其选定的美国排名前 50、100 和 200 位的优秀大学。这些大学是各行业精英人士的发源地，用户违约率远低于平均水平。SoFi 还进一步限制借款人的专业，集中于少数热门的、收入相对稳定的专业，如法律、医学、商业、工程等。早期 Sofi 接受的本科专业只有 8 个、硕士专业 14 个。这些奇怪的甚至有些苛刻的规定，让 SoFi 在学校和学生中间获得特殊的名声。挑学校，挑专业，目的只有一个，服务高信用群体，降低贷款违约风险。

SoFi 关于名校生违约率低的看法得到业务数据的支持。在前几年里，贷款违约一共只有两次。原因不是无法偿付，而是当事人身故。贷款履约状态在社区内部是透明的，当发现有人可能出现违约时，其他成员和投资人会得到通知。他们可以采取行动，最有效的行动之一是帮助借款人找工作。名校校友通常掌握较多的社会资源，增加了帮助学生找工作的成功率，而受益学生则会提升对 SoFi 的品牌忠诚。

这种向毕业校友筹资、向在校学生贷款的模式称为“基于学校社交网络”的学生贷款。SoFi 是首家将学校社交网络导入学生贷款业务的公司。除了贷款，社交金融还提供了在校学生与毕业校友交流沟通的机会。校友能够借此了解有发展潜力的毕业生，为自己所在的组织招募新人，在校学生可以学习校友的工作经验和就业建议。

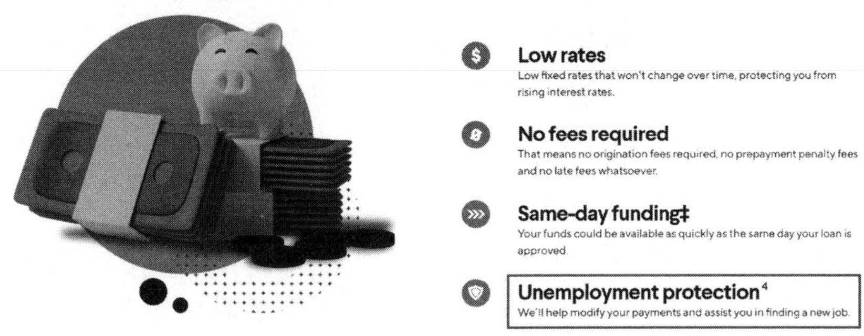

图 2.2 SoFi 个人贷款宣传页上将“失业保护”作为产品的一项优点

社交金融模式受到学校的欢迎，它让普通校友也有机会为学校做贡献，而不只限于富人校友的大额捐赠。由于贷款帮助对象从学校转向具体的学生，提升了校友参与学校活动时的情感满足。学校社交金融的另一项优点是，参与项目的校友自然更加关注学生的学习成绩和就业前景，更愿意帮助学生找工作。不仅降低了学生贷款的违约风险，也能够帮助学校为学生找到更好的就业机会。SoFi 聚焦于名校，是细分市场选择的必然，其结果却是提升了贷款项目本身的含金量，让参与者和支持者获得社区身份认同，为未来将业务推向大众市场营造出光环效应。

当然，社交金融是有业务边界的，它与 Facebook 这样的社交媒体不一样。2016 年，SoFi 曾经设计了一款约会 App。经过试验，这款产品最终没有上市。SoFi 团队由此测试出社交金融的边界。用户需要解决财务问题的方案，校友社交能够促进职业发展，受到欢迎。但约会服务与摆脱财务焦虑无关，因此不受欢迎。

2013 年 6 月，联邦学生贷款利率突然大幅度下调，本科生贷款利率由原来的 6.8% 下调至 3.9%，导致学生贷款市场无利可图，SoFi 只能退出这一市场。好在 2012 年 5 月 SoFi 已经进入一个新的市场，从事贷款再融资业务。

贷款再融资是指以利率比较低的贷款来置换现有的利率比较高的贷款。再融资服务于已经背上学生贷款的毕业生，向他们提供利率低于原有贷款的新贷款。毕业生可以从 SoFi 借入资金，一次性偿还以前高息的学生贷款，由此节省一笔利息。

随着贷款再融资成为 SoFi 的主要业务，它也从单纯的贷款机构转型为以再融资服务为特色的贷款机构。再融资也是一种贷款业务，SoFi 沿用同样的社交金融模式经营再融资，挑选借款人以控制违约风险。

人们也许会奇怪，为什么有那么多学生需要再融资？除了大学录取率上升，这一现象和专业学位市场的增长也有关联。许多大学毕业生为了提高职场竞争力，选择继续读研。而读研时专业选择有可能发生改变，在 SoFi 看来会影响他们的信用水平。

比如一名学生过去是历史专业，就业前景一般，信用比较低。大学毕业后，他决定转行攻读医学、法律或商科学位。这时，他的身份就从过去的低信用客户变成了早期精英人士，符合获得低利率贷款的条件。读研往往意味着贷款增加，因为本科时的贷款很可能还没有还完。在这种情况下，学生会很积极地寻找再融资服务。

同理心银行服务

理解用户与同理心银行服务

2021 年，咨询公司埃森哲发布了一份名为《同理心银行服务》的报告。报告指出，在数字金融时代，银行应当学会向顾客展示同理心，表明自己的目标是和用户建立长期、深入的关系。[1]

---

[1] https://www.accenture.com/us-en/insights/banking/prioritizing-customer-empathy.

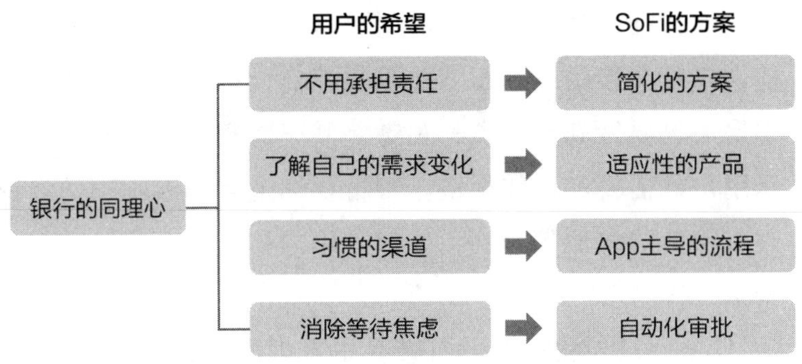

图 2.3　SoFi 如何理解“有同理心的银行”

什么是同理心？埃森哲的解释是，顾客不喜欢需要自己费力气的财务工具，他们想要的是能够站在顾客立场上的决策工具。像如何减少负债，增加储蓄，怎样支付账单最有利，如何避免收费，等等。顾客希望金融机构能够体谅他们的这些个人需求，尽量不要让顾客为财务决策烦恼。

银行都知道，同理心服务是有价值的。SoFi 的本领是将同理心洞察与技术能力联系起来。

由于生活的压力，顾客不喜欢需要承担责任的财务决策。他们欢迎银行提供简化的方案，包括自动化的金融服务。比如，用户不想要通用的预算工具，这类工具在任何金融机构都可以获得，他们想要的是基于自己花费习惯的预算工具。

SoFi 认识到，在用户发生生活状态改变时，比如读研或结婚，他们希望金融机构能够了解自己财务需求的改变，并且能够马上提供财务工具来帮助他们。用户在读研后往往需要申请暂停偿付贷款，因为读研代表用户无法全职工作，自由现金流萎缩。SoFi 不光要提供这项政策，还要让用户以简化的步骤来获得批准，并且让用户在还款时有更多的选择。

有些金融机构不鼓励提前还款，甚至可能收取违约金。SoFi 鼓励用户提前还款，因为这不仅对用户的财务健康是有利的，也意味着用户可以早日摆脱债务，提高信用等级，升级为 SoFi 平台其他产品的用户。

埃森哲报告提出，个性化参与的一个要点是让用户自己选择他们喜欢的接触点，而不是强迫他们前往线下店面或某一特定数字渠道。要做到这一点，关键是基于大数据的用户洞察，能够预测用户的需要和最佳渠道。银行要知道如何在不同的情况下选择人工服务或机器人应答，如何让用户体会到不同渠道间的服务质量是一样的。

Z世代（1995—2009年出生的人群，也称网络世代）对实体银行不熟悉，也不大喜欢银行的气氛。只要手机应用能够提供足够的功能，他们很可能不会主动寻求银行服务。SoFi是App主导的金融服务，CEO Anthony Noto说，必须在同一件设备上提供用户所需要的全部服务。

在服务流程中，SoFi最重视速度。无论是贷款再融资还是住房贷款，甚至财务咨询，客户的期望都是速度优先。SoFi力图通过流程优化，让用户可以方便地申请贷款，尽快得到批准并收到资金。在这一主张背后是对用户群体财务行为的认知，早期精英群体往往对自己的财务前景比较有信心，他们也期待银行方面在双方接触过程中认同他们的这种自信心。对于SoFi，服务速度表面上是技术问题，实际上是用户体验，是企业的战略选择。

在金融服务过程中，将顾客看作软件用户，作为设计顾客体验的出发点。

作为在线金融公司，SoFi的竞争优势不是来自产品。无论它提供怎样的创新产品，一家大型金融机构都可以很快复制，并且做到价格更低。在线金融的优点是基于数据分析理解用户情绪状态，为满足顾客当下需求提供便捷的渠道选择。像SoFi这类在线金融服务商会将顾客看作软件用户，注重从用户体验角度做出创新，而不是只关注金融服务，这是传统银行所欠缺的能力。

找出帮助用户的商业逻辑

美国金融机构在决定贷款利率时通常参考FICO信用分[1]，由于毕业生的信用历史不长，他们在信用分上面会吃亏。SoFi认为，考虑到精英院校学生的职业前景，FICO显著低估了他们的信用水平。2016年，SoFi宣布不再使用FICO指标作为评判贷款资格的依据。

联合创始人Dan Macklin解释说，FICO的数据主要来自三大信用评级机构，依据是用户的信用历史、信用数量与类型、支付账单的速度，然后生成300~850之间的一个数值。数值越高，风险越低。依据一个人的信用历史判断风险有合理性，但也有缺陷。比如，Macklin从英国来到美国，之前的信用历史就归零了，他不得不申请自己不需要的信用卡和贷款来积累信用。

此外，FICO信用分没有考虑顾客的储蓄、现金流，没有考虑未来收益的影响。假如毕业生刚好获得一份收入丰厚的工作，那么他的贷款条件就应当体现这样的变化。此外，许多80后不再使用信用卡，因此没有信用分。放弃FICO之后，SoFi仍然会考虑信用分数，但也会考虑其他FICO忽视的因素。例如，工作经历、月度现金流减去费用的剩余。[2]

FICO是最重要的贷款审批工具，SoFi的决定并不影响FICO信用分在金融市场上的地位，而且SoFi的替代方案也并不完善。但它做出的这项选择表明，SoFi在设计贷款审批流程时充分考虑了服务对象的特点，是用户导向的战略选择。

SoFi有一项失业保护计划。考虑到学生就业初期收入可能不够

[1] FICO即个人信用分数，由Fair,Isaac and Company提供，主要用于金融机构个人贷款审批。FICO的数值在300~850之间，评分依据来自美国三大征信机构的信用报告。信用分数高，代表信用水平高，更容易通过贷款审批，贷款利率也会比较低。一般认为，740分以上属于比较高的信用分。

[2] https://www.businessinsider.com/lenders-dont-care-about-fico-scores-2016-1?render-embed=video.

稳定，当用户并非由于个人原因而失去工作时，可以暂停偿付贷款，期限为 3 个月，整个贷款期间暂停不超过 12 个月。为了降低风险，加入失业保护计划需要满足一些条件。比如用户必须申请失业救济，参与 SoFi 的免费就业指导项目。在此期间，SoFi 会主动向失业者提供面试机会，还会动员社区力量帮助用户重回正常职业发展路径，这比单纯的还贷宽限更加重要。与粗暴催收相比，帮助用户找到工作显然更有利于减少违约，增加品牌忠诚和用户粘性。

SoFi 的用户体验应当像是加入某项以成就为目标的事业小组，产生身份感和获得感。

前任 CMO Joanne Bradford 说，我们提供的是伴随服务，而不是计较针头线脑。SoFi 的用户体验应当像是加入某项以成就为目标的事业小组，产生身份感和获得感。SoFi 最有特色的营销是向成员提供的职业发展活动，在许多城市定期举办线下会员聚餐、小组讨论、红酒品尝会等。这些活动规模不大，但效果很好。接受职业发展咨询的用户额外购买 SoFi 产品的机会是其他用户的三倍，也比其他用户更乐于推荐 SoFi。

紧急备用金不足是用户经常会遇到的问题。在美国，能够不靠信用随时支付 1000 美元意外开支的消费者不到 40%。由于用信用卡借现金的利率可能高达 14%，很多人在现金短缺时希望向银行申请较低利率的个人贷款应急。传统银行的做法是让顾客填写申请，等待审核。银行向用户回复适用的贷款利率，用户再根据利率决定是否申请贷款。

SoFi 认为，复杂的审核流程与用户的急迫需求是不相容的。在 SoFi 平台咨询个人贷款服务时，只要在线回答几个问题，两分钟就可以知道申请贷款的利率，不需要额外等待。查看利率之后，顾客可以立刻决定是否发起贷款申请。

SoFi 服务对象主要是刚毕业的学生，他们通常具备一定的财务知识，希望参与金融市场，但不愿意为服务付费。2019 年，SoFi 发布了免费 ETF 基金投资服务，投资金额最低只需要 10 美元。免费是 SoFi 最常用的营销策略，它的起家业务学生贷款再融资就是免费的。

与成熟用户相比，年轻用户对免费更加敏感，他们也更容易受到小额优惠的吸引。SoFi 在营销住房贷款再融资时，邀请用户通过简单输入一组数据来测试自己的利率，测试者将获得 10 美元甚至 20 美元的现金返还。为了吸引用户开设投资账户，SoFi 的做法和金融科技公司罗宾汉一样。只要用 App 开设股票投资账户，SoFi 就会赠送股票。针对年轻人急于收取投资收益的心理，SoFi 在 2020 年上线了一款名为每周收益的基金。这款基金投资美元债券，每周五分配收益，在市场上是第一家。当然，所有创新服务不仅来自用户洞察，更重要的是能够发挥 SoFi 在线服务的能力，形成差异化的用户体验。

埃森哲的报告指出，金融机构必须将顾客的财务健康放在关心的首位，通过数据采集了解他们的动态和心理压力。向顾客提供的解决方案应当将顾客的个性化数据分析纳入其中，表现出组织对顾客的理解和愿意参与到顾客的决策中来。

SoFi 是市场上第一家专注于学生贷款再融资业务的企业。贷款再融资不是传统银行重视的业务。但对于刚刚毕业、背负债务的学生，再融资所节省的几千美元却有着重大的意义（SoFi 声称再融资平均可以节省 14000 美元）。为学生提供相对便捷的再融资服务，有助于品牌在学生心目中建立积极的形象。SoFi 进入这一细分市场，与未来的精英人群建立联系。它所选择的用户生命周期节点正是这一群体最需要帮助的时候，因此使得品牌联想与一般的商业交易不同，包含了情感因素。

只有 30% 的银行表示，不需要询问顾客就可以知道他们的情绪状态，这也是同理心银行的能力壁垒。

在疫情期间，用户对自己财务状况变得更加担心。但每个人的具体情况是不一样的，有的需要增加储蓄，有的需要提高信用额度或寻找其他贷款途径。埃森哲的调查发现，只有 30% 的银行表示不需要询问顾客就可以知道他们的情绪状态。

用户知道银行有解决方案，但在疫情期间他们不光需要方案，还需要银行能够将解决方案与个人数据结合起来提供服务。在这一方面，SoFi 表现出差异化的品牌能力，所有业务都可以在 App 上完成。数字金融服务的优势之一是能够低成本地实现大规模的个性化解决方案设计，并且能够提供实时响应。

市场潜力和增长

增长与融资

SoFi 的商业模式曾经引发过争议。批评者认为，SoFi 服务的细分市场规模太小。有人说，符合 SoFi 要求的毕业生只占 6.7%。虽然学生贷款市场规模超过 1 万亿美元，但如果 SoFi 只能服务其中很小部分，它的市场前景并不乐观。

批评者的看法有一定的道理，SoFi 很快就不得不面对增长难题。它的办法是放宽用户条件，增加产品线。现在，只要是得到认证的大学和研究生项目，学生毕业就可以申请贷款。申请人 FICO 信用分要求则从早期的 750 分以上放宽到 650 分。

对工作证明和收入，SoFi 仍然有比较高的要求，申请人必须处于受雇状态或 90 天内保证可以入职。在收入方面，年收入 10 万美元是基本要求。与其他 P2P 公司不同，SoFi 在转向大众市场的过程中多少受益于之前的光环效应。

作为新企业，SoFi 没有市场控制地位，只能选择低价路线。它的贷款项目没有手续费，用户只需要支付利息。低定价意味着 SoFi 必须获得低成本的资金才有可能实现利润。规模较小时，SoFi 采用 P2P 模式，资金来自校友，成本比较低。当业务范围扩大到大众市场之后，它需要新的、可持续的资金来源。

SoFi 一直在增加股权融资，但与贷款增速相比，股权资金的增加速度太慢。因此，SoFi 不得不在金融市场上向其他机构融入资金。一些大型金融机构提供资金批发业务，SoFi 向这些机构贷入资金用于发放贷款。贷款发放后，SoFi 会持有一段时间，有半年多，然后将贷款在市场上出售，回收资金。

出售贷款的方式主要有两种：贷款转让和 ABS。有些金融机构如银行和养老基金从市场上收购贷款，作为现金流管理工具。SoFi 将贷款销售给这些金融机构，收取一定费用。它的增值服务包括将零散贷款集成为批发贷款，以及发放贷款时的信用审查。ABS 就是资产证券化，是指以贷款组合的未来收入流为抵押物，发行可交易的证券（ABS）。单笔贷款，由于金额和期限条件都不相同，很难上市转让。资产证券化可以将大量贷款组合为一项标准化的资产，有明确的规模、期限和收益率，供机构投资人购买和交易。

ABS 产品的缺点是透明度不高，难以评估风险。在 2008 年金融危机中，出现问题的就是 ABS，大量违约导致资产价格暴跌。我国的蚂蚁金服早期能够以比较少的资本发放巨额贷款，靠的也是 ABS。由于 ABS 的名声不太好，SoFi 想利用 ABS 获得资金，必须证明它的 ABS 是优质资产。2013 年底，SoFi 首次发布资产证券化产品，共计 1.52 亿美元，

SoFi 向投资者出售的学生贷款组合中全额偿付的比例为 90%，而一般学生贷款只有 30%。所有借款人都已经找到工作，年平均工资为 12.4 万美元，每一位借款人的收入证明都经过了审核。借款人 FICO 信用分平均为 753。按照 FICO 的分级，750~850 分属于信用最高的人群，违约率低，在申请住房贷款时可以享受最低利率。加拿大信用评级公司 DBRS 对这支 ABS 给出的评级为 A 级，是比较好的投资级产品。ABS 成功发行补充了 SoFi 所需要的巨额资金来源，之后又再次发放 1.5 亿美元贷款组合产品。

2014 年 7 月，SoFi 发行 2.5 亿美元 ABS，标准普尔给出评级为 A 级，这是 P2P 公司证券化资产首次获得这一评级。良好的信用评

级意味着 SoFi 可以从市场上借入低利率资金，跨过了金融机构成长过程中最危险的关口，形成良性循环。

当然，资产证券化并不要求所有的 ABS 都要达到高等级信用评级。当 SoFi 进入大众市场之后，资产结构会变得复杂，有高等级资产，也有低等级资产。重要的是让金融市场相信，SoFi 有能力对资产进行定价，以及具备风险控制的专业能力。

在细分市场上扩张

近年来，金融科技投资比较热门，但成功的案例并不多。金融科技公司想要颠覆传统银行，但传统银行并不会被动等待出局。相反，传统银行掌握着优质的客户资源，有能力开发和复制金融科技产品。

SoFi 在创业时选择了一个传统银行放弃的服务领域——学生贷款。尽管 2010 年时学生贷款总额已经高达 1 亿美元，但这个市场的服务提供者基本上只有一家，即美国教育部。SoFi 以帮助学生减轻贷款压力为号召，争取市场上各个利益相关方的认可和支持。而它所采用的区别化利率政策，又是教育部不可能采用的。

SoFi 的方案能够帮助学生缓解贷款压力，赢得了正面的市场声誉。以名校和特定专业毕业生为主的贷款和再融资产品在金融市场上经受住考验，通过资产证券化保障了 SoFi 进入大众市场所需要的低价格资金。

学生贷款是一个比较小的市场，SoFi 希望获得更大的增长潜力，就不得不考虑增加产品线。这和传统银行的原理是一样的，只要掌握了足够多的用户，就可以增加产品，通过交叉销售摊低获客成本，实现更高的客户价值。2014 年 4 月，SoFi 宣布进入住房贷款市场，2015 年 2 月，进入个人消费贷款市场。2016 年 9 月，开始销售保险。SoFi 还推出了加密货币投资和 ETF 基金投资，上线了智能投资顾问项目。

根据 SoFi 的数据，其住房贷款业务中 65% 来自当前的会员转化。SoFi 认为，这说明学生贷款再融资的用户大部分会选择继续在本公司平台购买住房贷款，拉低了用户的营销成本。2021 年，SoFi 进入汽车贷款再融资市场。汽车贷款再融资的原理和学生贷款一样，SoFi 利用自己掌握的用户行为数据来识别和定义优质客户，向他们提供利率更低的贷款。

按规模来看，美国贷款市场的主要类型依次是住房贷款、学生贷款、汽车贷款和个人消费贷款，SoFi 已经实现全面覆盖。如果加上借记卡、信用卡和活期存款，SoFi 的产品线和综合性银行已经非常接近。在用户体验方面，SoFi 是市场上唯一一家在移动端提供全部金融服务的企业。

尽管开始时 SoFi 的目标市场似乎很小，但早期建立起来的声誉和通过学习发展出来的洞察能力使得 SoFi 在进入多样化产品市场时不仅保持了用户导向的优势，还避免了与传统银行的竞争。

银行同样希望在年轻顾客群体中建立竞争优势，只是它们更在意 40 岁以上群体。SoFi 利用了银行难以兼顾不同细分市场的困难。

例如，SoFi 的营销主要面向线上用户，用户的平均年龄为 33 岁。对于传统银行，这一年龄段的顾客并不是利润最高的。它们更关注的是 40 岁以上人群，特别是其中 55~66 岁之间资产最丰厚的群体。SoFi 的计划是将服务未来精英群体的时间提前，设计出对年轻用户敏感的关怀计划，让用户感受到有价值的服务，建立品牌忠诚。学生贷款再融资的用户过几年就会出现购买住房、个人消费贷款或金融投资的需要，SoFi 可以获得产品接续销售的利益，而它特有的职业搜索和社交网络服务则向用户提供了额外的价值。

2018 年，Anthony Noto 担任 CEO 后，提出向科技银行转变的战略，力求成为一站式金融服务企业。当时市场上的主流看法是，科技金融创业企业应当专注于颠覆性创新，避免传统银行业务。比如像 SoFi 就应当将资源聚焦于学生贷款业务，在这个市场上占据主导地位。Noto 争取到董事会的支持，他的理由是，学生贷款只能作为品牌号召。如果完全依赖学生贷款，一旦遇到市场波动，单一产品的 SoFi 将会立刻崩溃。

除了加快产品多元化、向银行业务靠拢，Noto 还坚持将金融服务的后台技术集成在公司内部，而不再向外部购买，从而形成一个垂直业务系统。为了加强技术能力，Noto 发起了垂直整合收购。在 SoFi 经历的前 7 次收购中，有 6 次是在他主持下完成的。

2020 年，SoFi 以 12 亿美元的价格收购数字支付平台伽利略。收购伽利略让 SoFi 获得了自有支付处理技术，还可以向金融科技公司提供银行后台服务，帮助他们处理支付、借记卡交易等几十种银行业务。这些创业企业往往没有银行执照，必须通过类似伽利略这样的平台向顾客提供服务。2020 年，美国前 100 家科技金融企业中，有 70 家是伽利略的客户，比如著名的罗宾汉投资，SoFi 也曾经是伽利略的客户。

收购伽利略意味着 SoFi 同时实施扩大产品线的水平整合和控制上游服务的垂直整合战略。Noto 认为，有了这样的战略组合，SoFi 不仅可以通过金融服务获得收入，还可以增加科技服务作为收入来源，进一步降低公司业务风险。

2021 年，SoFi 收购后台服务商 Technysis，价格 11 亿美元。如果说伽利略是现有银行服务系统的数字版，Technysis 就是下一代可扩展银行服务平台。它是完全云原生的平台，SoFi 新一代"先买后付"产品（BNPL）就是基于 Technysis 开发的。两者都通过 API 方式提供 SaaS 软件服务，伽利略平台主要为新兴的金融科技企业服务，而 Technysis 主要为传统银行服务，帮助它们开发新的产品并部署在云上。两者客户对象不同，可以交叉销售。SoFi 由此成为市场上比较少见的有能力同时在消费金融和后台技术方面开展竞争的企业。

疫情冲击和技术改进

在金融市场上，SoFi 品牌就等于学生贷款。2018 年，SoFi 99.5% 的收入来自贷款，其中学生贷款占 55.6%。2019 年，贷款收入占比为 98.9%，学生贷款占比 59.7%。上市时，SoFi 披露的经营风险中，首要的就是业务单一。

许多企业在披露风险时并不认为这些风险真的会发生，但 SoFi 早期业务单一的特点差点给公司带来灭顶之灾。疫情开始后，为了帮助学生贷款人减轻财务负担，政府出台了暂停支付学生贷款利息和本金的政策，这项政策摧毁了 SoFi 学生贷款的激励因素。学生贷款业务出现断崖式下跌，从每月 5 亿美元减少为 1 亿美元。[1]

> 全国性大银行倾向于拒绝无抵押的个人贷款以及住房抵押贷款，SoFi 可以接受这类贷款申请。

产品线扩张和收购成为 SoFi 度过危机的关键决策。为了补充学生贷款业务的损失，SoFi 将个人贷款业务作为增长的主力。个人贷款的主要部分是信用卡贷款的转换，比如向 SoFi 贷款，一次性支付信用卡，SoFi 可以提供比信用卡低得多的贷款利率。从 2020 年开始的三年时间里，SoFi 个人贷款业务复合增长率超过 100%，显示技术带来的推动，特别是审批流程优化的优势。2020 年，个人贷款业务大约是学生贷款的 60%。2021 年，个人贷款业务量与学生贷款接近。到 2023 年，个人贷款业务量几乎是学生贷款的 10 倍。个人贷款的增长足以补偿学生贷款和住房抵押贷款业务的损失。

银行业务竞争激烈，SoFi 业务增长的来源是什么？CEO Anthony Noto 给出的答案令人吃惊，他说他们的业务不是从小银行

［1］ https://www.bloomberg.com/news/articles/2023-03-07/sofi-says-it-lost-200-million-on-student-loan-repayment-freeze-sofi?sref=xuVirdpv&utm_campaign=socialflow-organic&cmpid=socialflow-twitter-business&utm_medium=social&utm_content=business&utm_source=twitter#xj4y7vzkg.

哪里夺来的。相反，他们的业务来自全国性大银行。这些银行倾向于拒绝无抵押的个人贷款以及住房抵押贷款，而 SoFi 可以接受这样的贷款申请。[1] Noto 的说法至少有一部分是可以得到证实的。由于担心违约情况恶化，银行纷纷收紧了贷款申请，这一情况已经引发了大众媒体的关注。[2]

和其他银行一样，SoFi 也面临着控制贷款风险的挑战。当疫情冲击影响贷款申请人收入时，如何判断申请人的真实收入成为 SoFi 的一项重要技术能力。信用分数的确是一项有用的指标。但信用分数主要反映申请人过去的行为，无法体现当前收入变化。

经济突然下滑时，申请人信用分数可能仍然很高，但实际收入却已经发生重大改变。在这个意义上，疫情期间信用分数的相关性有所下降，依赖信用分数会增加违约风险。相反，一些过去不大受重视的收入来源却变得更加重要。如果能够确认这类收入，就可以扩大合格申请人的适用范围。而如果能够在贷款申请审核中体现这一结构性改变，SoFi 将有机会发展出新的竞争能力。

SoFi 运用技术来提高贷款业务前端信用判断的效率。金融机构在发放贷款之前必须核对收入数据，它们往往会参考征信组织 Equifax 的数据库 The Work Number（TWN）。这个数据库的资料比较准确，缺点是只能查询正式就业的记录。另一个参考数据是工资记录，这个数据市场比较零散。它的缺点是只能查询主要工资收入，而无法查询其他工资收入。有些收入数据，比如零工经济收入和自我雇佣收入，在上面这些数据库中无法查询。结果导致在审核时，由于遗漏收入数据不得不消耗大量人工核对，要么就会放弃许多符合条件的申请人。

更好的方法是让申请人提交银行流水，银行记录可以涵盖第二收入，包括投资收入、出租收入和退休收入。许多申请人愿意提交

---

[1] https://www.bloomberg.com/news/articles/2023-07-31/sofi-shares-rise-after-fintech-raises-revenue-forecast-for-2023.

[2] https://www.cnbc.com/2023/03/20/how-to-prepare-for-a-credit-crunch.html.

银行交易记录，通过技术改进，可以实现对银行交易记录审核的自动化。不过银行交易记录相对复杂，不能直接使用。2020 年，SoFi 与征信机构 Nova Credit 合作开发了一种基于银行流水的收入识别模型。模型的目的是运用自动化技术提供更准确的收入评估，提高效率，减少贷款审批成本。

当申请人在 TWN 数据库中没有记录时，过去的做法是要求申请人上传工资单，用 OCR 自动识别。如果这些方法都不适用，SoFi 会要求申请人通过 Nova Credit 提交银行流水。Nova Credit 运用收入识别模型对银行流水中的项目进行分析，区分交易记录中的收入项目和随机交易项目，以判断申请人的真实收入。再将分析获得的收入金额与申请流程中所要求的收入范围进行对比，自动进入下一个步骤。

模型可以区分三种类型的收入。第一种是传统收入，是基于聘用合同的收入。第二种是非传统收入，是临时工或自我雇佣人员的收入。第三种非工资收入，如利息收入、退休收入和税收返还。与人工判断相比，收入模型的准确率误差不超过 25%。将收入模型判断与申请人自我申报相比，有 60% 的模型结果能够用于判断申请人的收入声明。这项工具可以补充信用分数的不足，提升 SoFi 贷款审核业务的市场竞争力。[1]

非典型银行

另一项挽救 SoFi 的战略是降低资本成本。Noto 上任后，将 SoFi 申请银行营业执照作为优先事项。2021 年 3 月，SoFi 收购社区银行金色太平洋银行。2022 年 2 月，SoFi 终于获得全国性银行执照批准，可以面向公众直接吸收存款，这项业务权限对它的成本将

[1] https://uploads-ssl.webflow.com/5af392f331224f4e6893367d/610b806eb6c0244da0193ce0_Nova%20Credit_SoFi_Case%20study.pdf.

发生重大影响。

SoFi 曾经主要依靠将贷款打包为资产包出售来获得继续贷款所需要的资金。当市场利率水平较低时，这样的资产包对投资人有吸引力。一旦市场利率上升，资产包的收益相对减少，SoFi 将陷入困难。要么降低价格，要么减少业务。与资本市场相比，来自存款的资金相对稳定，成本比较低。当存款在贷款资金来源中占比上升，企业利润也将随之增加。

为了争取存款，SoFi 采用高息揽储，活期存款账户利率 2.5%，储蓄账户 3%。许多银行对活期账户不付利息,SoFi 的吸引力比较高。进入 2023 年，SoFi 披露每季度可以增加 20 亿美元储蓄，SoFi 甚至开始考虑将存款业务扩大到企业存款，增加存款来源。到一季度末，44% 的贷款资金可以用吸收的存款来发放。

有分析师质疑这些存款的来源，某些互联网金融机构的存款来自第三方平台上的广告，导致存款的获取成本过高。SoFi 高管强调，他们的存款中 90% 直接来自面向顾客的广告。[1] SoFi 顾客数量已经增加到 620 万，这些顾客的信用水平相对较高，公司认为未来交叉销售的机会比较大。

2023 年 3 月，SoFi 起诉美国教育部，要求撤销学生贷款暂停偿还的政策。起诉理由是政府提供的服务和企业在市场上构成了竞争关系，而政府的行为侵犯了企业利益。美国教育部答复说，一家大型企业，试图让 4500 万学生贷款用户还款，这些人有许多可能因此陷入财务困难。其他致力于减少学生贷款负担的非营利组织则批评说，企业并没有赚钱的天然权利。

2020 年，考虑到疫情对学生生活造成影响，美国教育部宣布冻结学生贷款还款。当时，SoFi 曾经表示赞成政府的措施。评论认为，SoFi 此举可能是担心拜登政府在大选前继续维持冻结学生贷款还款

[1] https://www.wsj.com/livecoverage/stock-market-today-dow-jones-07-31-2023/card/sofi-beats-the-neobanking-blues-581rH13Gr8dhcut1okPW?mod=Searchresults_pos1&page=1.

的政策，导致公司股价承受过大的压力。

SoFi 这样做会得罪他的潜在客户吗？许多关心学生债务的公益组织的确对 SoFi 提出了严厉的批评。《纽约时报》认为 SoFi 并不担心，原因主要有两项。首先，SoFi 的客户通常属于高信用等级的人群，他们接受欠债还钱的原则。其次，潜在顾客在搜索低利率学生贷款选项时，看重的是财务条件，不会特别在意 SoFi 的政治立场。[1]在拜登政府宣布恢复学生贷款支付后，市场对 SoFi 的收入增长有更积极的期待。

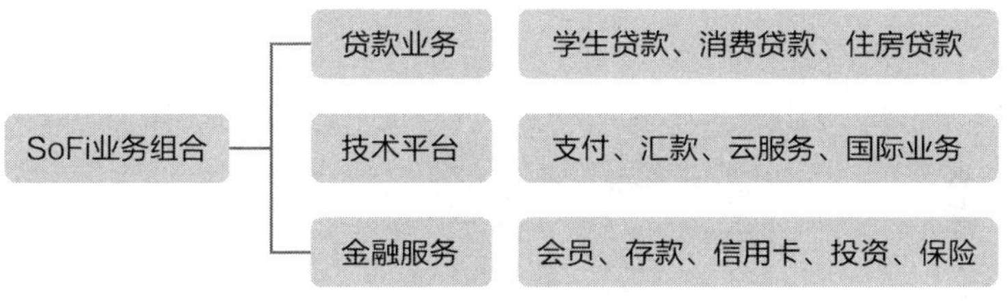

图 2.4　SoFi 三大业务部门

根据 2021 年 1 季度的数据，SiFi 收入主要分为三大类别：贷款业务占 78%；技术平台业务占 21%，包括伽利略；而金融服务几乎没有。2023 年 2 季度，SoFi 的收入结构已经发生比较明显的改变：贷款业务占 64%，技术平台占 17%，金融服务占 19%。

贷款业务利润不高，容易形成价格战。贷款收入占比下降，金融服务占比上升，表明 SoFi 毛利有望提高。金融服务主要包括账户管理、支付、投资、保险等，这一业务类别增长的前提是用户数量增长，并且用户愿意和有财力接受新的服务和产品。SoFi 会员数量不到 700 万，远低于美国高校在校学生数量的 1600 万，更不必说社会上已经毕业仍在归还贷款的学生。同时，学生贷款的未偿还额度仍在持续增加，从 2010 年的 1 万亿美元已经增加到 1.8 万亿美元。SoFi 的核心市场仍然存在着很大的空间。

[1] https://www.nytimes.com/2023/04/22/your-money/sofi-student-loans-lawsuit.html.

3. 纽约时报：订阅优先

《纽约时报》数字转型
《创新报告》
订阅优先
1000万付费订户
订阅收入替代广告收入
印刷版业务只保留一名高管
数字化新闻服务
《每日播报》
争取年轻读者
放弃浏览量指标
媒体推荐而不是算法推荐
强劲编辑部
取消独立审校部门
记者的技术能力
订阅增长管理
服务性新闻
填字游戏、烹饪、健康
捆绑销售
广告业务
用新闻的方式做广告
原生广告
第一方数据
人员调整幅度75%
订户生命周期管理
新闻邮件与推送
新订户辅导
订阅保留团队

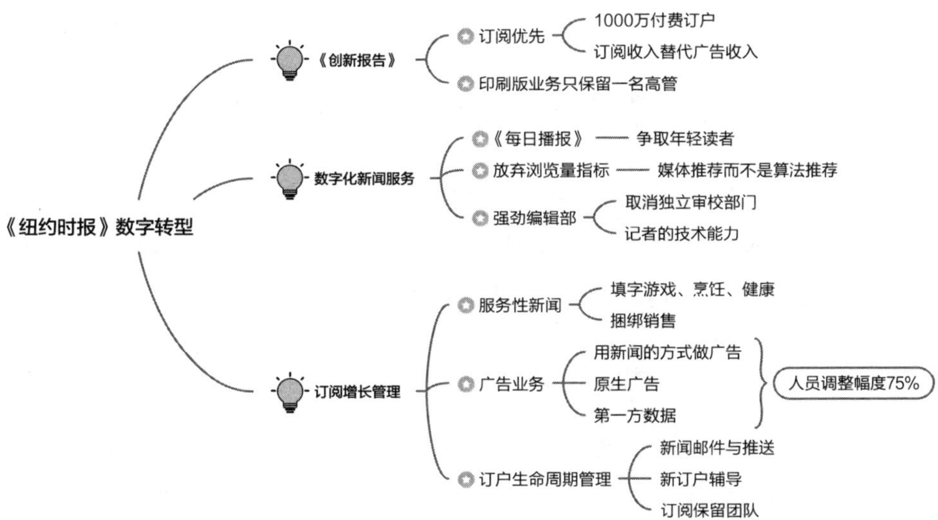

导言：2010 年开始，《纽约时报》印刷版出现了经营危机，订阅人数减少，广告流失。更严重的是，新的数字版订阅增长速度开始下降。面对媒体数字化创新的严峻挑战，《纽约时报》如何选择战略变革的方案，在实施中又做出了哪些大胆的选择？

我们的使命始终是生产世界上最好的新闻。然而当技术环境、读者习惯和商业模式出现剧变时，《纽约时报》也必须采用新的、精明的战略来增加我们的读者数量。

——《纽约时报》创新报告，2014 年

很多人说，疫情期间的一个深刻教训是我们能够获得或接触到的信息质量实在不能让人满意。新闻媒体当然有责任，不过也要承认，现实的情况是新闻媒体已经不存在了。由于媒体在数字化时代的衰落，它们养活不起从事深度报道的专业记者，当然也就不会有高质量的新闻。不论这些新闻的主题是新冠病毒，还是企业报道。

在全球范围内，传统媒体都遇到了很大的困难。当然，这不是无所作为的理由。在充斥混乱和矛盾信息的世界中，真相的追求仍然是有价值的。即使到了最困难的时候，《纽约时报》也没有放弃深度新闻报道，不仅坚持了新闻价值的主张，还实现了市场化的生存。

《纽约时报》的困境

广告收入缩水

从互联网兴起之日，人们就开始对印刷版新闻媒体的命运产生了疑问。消费者在网络上可以快速获得和分享信息，媒体不再是新闻的守门人。2005 年，一批免费的网络新闻媒体开始出现，争夺读者的流量。Google 和 Facebook 等网络服务能够向广告商提供精准发布广告和检验广告效果的服务，大企业开始将广告预算投向网络服务商。印刷媒体陷入了读者数量减少、广告业务下降的恶性循环，美国新闻业从业人员减少了一半。《纽约时报》自然也不例外，报纸订数连年下降，广告收入大幅度减少。

《纽约时报》成立于 1851 年，已经有 170 多年的历史。它曾经 130 次获得普利策奖，是得奖次数最多的报纸。《纽约时报》的新闻和评论拥有国际声誉。以内容作为立身之本的《纽约时报》，采编成本高得惊人。《华盛顿邮报》前任总编辑 Robert Kaiser 在《关于新闻的坏消息》（The Bad News About the News）一文中写道：好的新闻机构必然成本昂贵。《纽约时报》每年花在采编人员身上的开销高达 2.35 亿美元。[1]

2008 年金融危机对报纸的广告收入造成重创，加剧了经营困难。2009 年，《纽约时报》负债已经超过 10 亿美元，许多人猜测它很快就会破产。《纽约时报》不得不以 2.25 亿美元出售总部大楼，出售波士顿红袜棒球队的股权，还向墨西哥电信大亨斯利姆寻求 2.5 亿美元债券投资。所有这些措施，都是为了在收入下降的时候能够保住自己多达 1300 人的全球记者团队。这支团队每年都能够为《纽

[1] http://csweb.brookings.edu/content/research/essays/2014/bad-news.html.

约时报》赢得几项普利策新闻奖，也是《纽约时报》新闻价值主张的基础。

《纽约时报》也试图在数字出版方面和新媒体展开竞争。1995年上线的《纽约时报》网站是公认的质量最高的新闻网站，《纽约时报》的新闻邮件受到普遍欢迎。早期《纽约时报》网站只是印刷版内容的电子化，每天更新一次，免费浏览。2011年，《纽约时报》开始对网站实行收费制度。用户每月可以免费浏览20篇文章，达到数量上限之后需要付费订阅才能继续浏览。一年后，付费数字版订阅用户已经达到45万人，但数字化业务的表面繁荣不能掩盖收入流失的主导趋势。

从2005年到2010年，《纽约时报》印刷版广告收入减少了一半，降幅高达6亿美元，而数字广告收入却不到2亿美元。这样下去，用不了多久，《纽约时报》在财务上将无法持续。除非它愿意大规模裁减记者队伍，而这只不过是另一种形式的自杀。

唯一出路是数字化订阅

2011年，《纽约时报》CEO Janet Robinson突然宣布退休。她在《纽约时报》工作了28年，从2004年起担任CEO。一般认为Bobinson离职是因为和控制《纽约时报》的苏兹伯格家族成员、时任出版人的Arthur Sulzberger之间关于数字化战略的意见不合。

继任CEO是英国BBC原总裁马克·汤普森（Mark Thompson）。公开报道说，《纽约时报》希望汤普森能够促进数字化转型，增加国际市场业务。汤普森在2020年与咨询公司麦肯锡专家的访谈中回忆说，他在入职时得到董事会的保证。他们同意《纽约时报》需要重大变革，也愿意支持激进的变革。[1]

---

[1] https://www.mckinsey.com/industries/technology-media-and-telecommunications/our-insights/building-a-digital-new-york-times-ceo-mark-thompson.

当时《纽约时报》最担心的是数字版订阅增长速度下降。2012年四季度，数字版订阅增长 74000 人，2013 年二季度订阅增长只有 23000 人。让管理层感到恐慌的是，订阅增长下降不光出现在网站，也出现在手机端，而全行业的手机端都在加速增长。

《纽约时报》的处境在遭遇颠覆性创新的竞争行业中一再出现。很难让传统业务向不成熟、常犯错和前途不确定的新业务让路。

面临数字化业务竞争时，传统企业的做法通常是保持原有业务，为新业务增长争取时间。《纽约时报》也是这样做的，它的主要收入来自印刷版，同时大力投资开发数字化的新闻服务。对新的数字化业务，收入目标可以不高，但增长要求会很高。如果数字化业务不增长，而同时印刷业务又不断下降，情况就很危险了。

汤普森和董事会成员分析了当时的情况。《纽约时报》共有四大收入引擎：印刷版订阅收入、印刷版广告收入、数字版广告收入和数字版订阅收入。印刷版订阅不断小幅下降，而印刷版广告则猛烈下降，这两项业务前景不佳，迟早要放弃。数字版广告收入与数字版订阅增长是联系在一起的。《纽约时报》唯一的出路是恢复数字版订阅增长。

在变革时期，领导者需要给出一个具体的目标。汤普森开始想，如果能够拥有 1000 万数字订阅，报纸应当会是什么样的？像所有提出超越性愿景的领导者一样，这个数字曾经受到同行的嘲笑，因为在《纽约时报》印刷版最高峰的时代也不曾达到过。后来，这个目标被表述为 2025 年实现 1000 万付费订户。

随后几年时间里，寻找新的数字营收增长点成为《纽约时报》的当务之急。汤普森是外来者，董事会请他来可能是考虑到外来人员无须顾虑历史形成的传统和人情导致的变革障碍。但作为一家声誉卓著的媒体，要想说服《纽约时报》的记者和员工接受变革并不容易，所有的变革都必须提出研究依据和令人信服的实施方法。

学习运用数据的力量

创新报告

2014 年，《纽约时报》制作了一份评估数字化转型的内部备忘录，称为《创新报告》，里面谈到报社在数字化创新中所面临的困难。《创新报告》给出了五大建议，创建专门的数字新闻订户发展团队、新闻分析团队和新闻战略团队，新闻部门要和读者为中心的商业部门开展业务协作，以及数字招聘优先。这些建议意味着全体员工都要学会利用数据的力量。

在数字化时代，不能再沿用过去报纸发行的办法，必须创建专门的数字新闻订户发展团队。用户不再主动读报，而是要求报纸来找他们，最好是把信息发到他们的邮箱、Facebook 账户里面。还必须是在正确的时间、在正确的地点。如果读者去了意大利，报纸应当将意大利美食和景点发给他。

《创新报告》的核心是改造把持印刷版的新闻部门，由精英组成、全球领先的专业团队必须接受自我革命。

这就要求新闻编辑部和负责商业化的技术部门合作。要做到在新的信息到达时能够发送给读者，在不同时区进行新闻定制。既要满足深度阅读的读者，同时也要满足只需要概要信息的读者。报告呼吁，读者希望我们能够在推特和 Facebook 上面找到他们，但新闻编辑部对这些平台关注不够，尽管这些平台是接触百万读者的主要的甚至是唯一的渠道。

报告抱怨说，由于印刷版仍然贡献着报纸的主要收入，导致新闻编辑固守部门本位。他们经常拒绝程序员和数字产品设计师的要求。“编辑部一直做出防御性反应，执行上打折扣或者故意阻挠变革。于是，业务部几乎每天都能听到‘编辑部不同意’这样的话。”[1]

《创新报告》的基本思想是，《纽约时报》当前数字转型投入远远不能满足需要，传统新闻编辑部的工作方式则是造成转型困难的主要障碍。这本来是一份内部报告，只提供给少数高管，但后来通过网络媒体 BuzzFeed 流传出来。哈佛大学尼曼新闻实验室将备忘录做了摘要发布在网站，成为阅读量最高的内容之一。

《纽约时报》的大部分员工是从外部新闻媒体上第一次知道这份报告的存在。尼曼新闻实验室报道说，许多员工被报告的坦率所打动，认为它揭示了《纽约时报》公司文化存在的很多问题，这些才是数字化转型不力的真正原因。

《创新报告》的泄露一度让《纽约时报》感到尴尬，暴露企业内部的缺陷和短板总是不会让人愉快的。但很快管理层就发现了有利的一面，数字化变革落后成为报社内部的公开话题，激进的措施开始得到普遍的支持。由此形成的共识是，《纽约时报》由印刷版主导的阻力必须打破，社交媒体才是未来的希望。

数字收入五年倍增计划：从广告到订阅

受到员工支持的管理层开始制定更具想象力的战略方案。2015年10月，《纽约时报》高层发布战略变革路线图《未来之路》报告，宣布公司全面转向订阅优先的数字化战略，提出未来五年内将数字业务收入增加一倍的目标。根据这一目标，2020年数字业务收入将从4亿美元增加到8亿美元。数字业务收入8亿美元的意思是，即使到那时印刷版停止发行，《纽约时报》完全改为数字化媒体，公司收入也能养活现有的分布在174个国家中的1300名记者。

《未来之路》报告出台之前，《纽约时报》管理层花了一年时间，每周五开会讨论，从中午到下午六七点，经过反复的争议才达成一

---

[1] https://nytco-assets.nytimes.com/m/Our-Path-Forward.pdf.

图 3.1 《创新报告》封面

致。之后，管理层进行了大幅度更换，包括总编辑、负责数字化与广告业务的高管。CEO 汤普森认为，直到 2018 年，经过五次失败的重组，才基本完成数字化业务的结构调整。[1]

订阅优先战略明确了数字化收入的主要来源将是订阅而不是广告。对于新闻媒体，这是一个重大的转折。在互联网出现之前，报纸是第三方付费的典型。广告商补贴报纸，读者可以享受低价读报的福利。现在，由于广告商购买占收入比重降低，《纽约时报》不得不更多依赖订阅收入，哪怕这可能导致读者支付的价格上升。

《纽约时报》承认，它不可能和控制广告渠道的 Google 和 Facebook 竞争，因此不能冒险寄希望于数字化广告的收入。这样，唯一可靠的收入来源就只能是订阅。所有的新闻媒体都有数字业务收入，但《纽约时报》是第一家提出依赖数字化订阅作为主要收入的大型新闻媒体。

转向订阅优先的决定风险很高，竞争对手 VOX、BuzzFeed、Huffington 邮报等数字化新闻服务商采用的是另一种战略。它们像许多创业企业一样，实行增长优先的战略。向用户提供免费新闻，吸引低毛利的展示广告作为收入。

订阅模式成功的前提是读者愿意为原创的、需要花大量时间阅读的，以及来自第一手的和专家报道的新闻支付费用。《纽约时报》必须给出让订户持续付钱的理由。就像其他服务一样，读者愿意为

[1] https://www.mckinsey.com/industries/technology-media-and-telecommunications/our-insights/building-a-digital-new-york-times-ceo-mark-thompson.

好的新闻付钱，这是印刷时代的常识。但在数字时代还能不能做到这一点，却没有把握。在那时，Netflix 和 Spotify 的内容收费模式还没有得到验证。

汤普森认为，人们需要专业、持续和拥有合理收入的新闻报道团队，只有新闻监督能够做到让政客们对自己的言行承担责任。汤普森本人对订阅优先战略颇有信心，他来自 BBC。BBC 的商业模式与《纽约时报》不同，它的主要收入就是来自用户订阅。

印刷版让位

汤普森的早期决定之一，是调整报纸创作的优先顺序。之前，《纽约时报》是一家印刷版为主的报纸，根据印刷版的内容生成用户界面友好的电子版。根据新的战略，第一优先级是发布手机阅读友好的新闻，接着再生成网站内容，再从网站内容生成印刷版内容。

调整优先顺序，如何用行动表达决心？将组织资源转向难的部分，让高管没有退路，让所有员工都可以看到。

也就是说，《纽约时报》不是带有数字功能的印刷版，而是新闻数字平台的组合。印刷版报纸继续出版，但它已经是新闻业务中相对容易的部分。所有管理资源和人力资源都要转向难的部分，用创新的、高品质的数字化内容吸引和保留订户。《纽约时报》管理层执行委员会共有 14 名成员，汤普森把“确保报纸方面保持正常印刷的任务交给了经验超群的印刷产品副总裁 Roland Caputo”，其他 13 名成员“首先和重点考虑的是数字化”。

2015 年，《纽约时报》总编辑 Dean Baquet 宣布成立独立的印刷中心，由 Caputor 负责。印刷中心的任务是统一管理印刷版报纸的出版。过去，各个版面是由不同新闻编辑部分别负责的。印刷中心成立后，新闻编辑部不再承担印刷版新闻截止时间、版面设计之类的任务要求。这样做，可以让所有新闻编辑部从准备印刷版的负担中解脱出来，专心从事新闻创作。实际上，就是专心从事数字新闻的创作。

表面上看，2015 年《纽约时报》拥有的记者编辑数量与 2000 年公司最赚钱的时候一样多，但内部的结构却已经发生了巨大的改变。记者编辑们所做的事和做事的方式都在变化。《纽约时报》印刷版从一天三次印刷改为只印一次。缩小印刷版编辑部，将 200 名夜班人员转移到白班的数字化部门。

印刷版报纸的传统习惯是早上 7 点新闻编辑部办公室没有人，因为报纸已经在分发的路上，而第二天的新闻还没有开始制作。但早上 7 点正是繁忙的通勤时间，是手机新闻阅读的高峰时段。汤普森要求立刻做出改变，新闻部在早上必须要满负荷，随时更新新闻并关注用户的动态。

2016 年，《纽约时报》开始买断性裁员。对员工队伍进行调整，这正是《创新报告》中所建议的。报社将数字化技术人员的招募作为战略重点，这一群体中不仅包括程序员，同样也包括能够更好地支持数字化出版的记者、摄影师和设计师。

数字产品创新

在数字产品研发过程中，播客这种形式受到特别重视。人们可以在通勤、健身时收听，而且可以随时和主持人互动，是更加适合数字化订阅的新闻服务。2006 年，《纽约时报》曾经尝试播客节目，结果遭遇失败，2012 年被迫退出播客市场。2016 年，《纽约时报》再次组建音频部门。2017 年开通了新闻播客节目《每日播报》，以记者访谈的方式介绍当天重要时事新闻。它的广告语是：“听新闻，就该是这样。”这档播客由《纽约时报》政治栏目记者迈克尔 · 巴巴罗（Michael Barbaro）担任主持人，政治记者根据节目主题轮流加入访谈。节目每周 5 期，每期 20 分钟。早上 6 点播出，通勤族可以在上班路上收听，至少能够应付当天社交中的时事话题。

《每日播报》形式很简单，从当天新闻中选取一两则重大新闻报道，借助1750名记者的专业知识进行深度解读。该播客风格轻松随性，而音频制作极富创造力。比如大量使用报道现场采集的声音，不断添加历史素材，再通过音乐和音量选择制造情绪效果，充分发挥音频的独特优势。很多人不愿意阅读长篇文字，却可以接受比较长的音频。

播客是《纽约时报》数字化转型最成功的产品，已经成为报社的门面，并且让竞争对手无法复制。

播客的效果很快显现出来，大批年轻人订阅了这档免费播客。《每日播报》订阅者中有3/4是40岁以下的听众，平均年龄差不多比报纸订户小10岁。[1]据行业权威数据发布商爱迪生研究所播客统计资料，《每日播报》在美国最流行播客排行榜上排名第三。它也是世界范围内最受欢迎的播客产品之一，拥有800万月度听众，其中30%来自美国以外。《每日播报》是《纽约时报》数字创新能力的一个样板，极大提升了《纽约时报》的全球品牌形象。

在《纽约时报》看来，创办《每日播报》与创办成功专栏的含义完全不同，这是公司业务的一项根本性改变。[2]主持人巴巴罗成为名人，他是《纽约时报》历史上第一位完全不依赖印刷版新闻而出名的记者。《每日播报》在2018年已经实现超过1000万美元的赢利。

《纽约时报》还改变了它对网络平台的态度。2016年3月，Facebook提出，由《纽约时报》每月为新视频平台Facebook Live制作几十段直播短片，Facebook愿意每年支付300万美元。与绝大多数大型传媒公司一样，《纽约时报》对和Facebook合作抱有戒心。但在数字化转型的战略方向上，这样的合作是不可避免的，总编辑Baquet批准了这项合作。随后的几个月，Live团队招募了300多名记者参与直播制作，内容涵盖新闻发布会、抗议和政治会议现场报道。

[1] https://nymag.com/intelligencer/2020/01/michael-barbaro-the-daily-podcast-new-york-times.html.

[2] https://www.vanityfair.com/news/2018/07/how-the-daily-michael-barbaro-became-the-ira-glass-of-new-york-times.

Live 早期的一些产品出现了明显的质量问题，导致内部争议，担心损害报社的声誉。总编辑 Baquet 说，这个项目培训了编辑部的几百名编辑，让他们学会如何拍摄、如何对着镜头讲话以及为未来制作新闻产品所需要的其他技能。“如果你认为我们的未来寄托在手机上……记者必须学会接受和喜欢视频这种方式。”[1]

2019 年，《纽约时报》开始在电视和流媒体上推出电视新闻节目，像每期 30 分钟的《新闻一周》。时任首席运营官的 Meredith Kopit Levien 介绍说，《纽约时报》进入了传统上由电视主导的早间新闻市场。

数字服务与新的价值主张

“2020 计划”

2017 年 1 月，《纽约时报》公布了一份长达 35 页的内部调查报告。报告的名称是《做与众不同的新闻》（Journalism That Stands Apart），简称“2020 计划”。这是自 2014 年《创新报告》之后，《纽约时报》基于内部研究和调查提出的更加清晰的数字化战略评估。《创新报告》更多是对缺少数字化内容的一种批评，而《2020 计划》已经拥有了足够多的数字化经验，能够给出大量基于实际数字化运营的分析和建议。

报告提出的一项主要批评是，《纽约时报》每天生产 200 条新闻，虽然有杰作，但多数是泛泛之作。传统记者的精英教育背景和《纽约时报》严肃的媒体氛围，导致了一种平庸、中间派、不接地气的文风。据说，很多中学老师抱怨，大多数八年级学生无法理解《纽约时报》的评论版文章。冗长而没有冲击力的温和态度让它

[1] https://www.wired.com/2017/02/new-york-times-digital-journalism/.

逐渐失去年轻读者的喜爱，甚至连大学政治系学生都更偏好像 Vox Media 这种更符合年轻人口味的新闻媒体。

《创新报告》主要关注新闻发布之后如何进行数字化传播，“2020 计划”则更关注新闻发布前的制作流程。报告指出，新闻报道应当注重在形式上与数字化读者的需求相匹配，必须在有力的文字基础上着重加强视觉效果。新闻报道还应当体现网络原生内容的特点，像《每日播报》这样的播客节目还太少。用国内互联网产品的语言来说，就是缺乏爆款产品的供给能力。这反映出新闻编辑部仍然不敢脱离原有的新闻生产和传播方式。不了解如何为数字化市场开发与以往完全不同的产品，在创意上缺乏胆量。

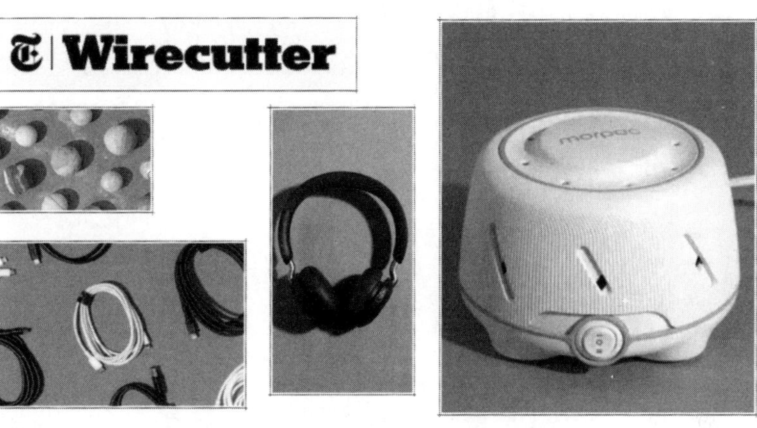

图 3.2 《纽约时报》的产品测评服务

“2020 计划”还提出了一个震动整个新闻界的话题，“媒体的推荐价值”。报告说，我们的读者渴望《纽约时报》给他们提出建议，但我们常常没能提供建议。产品测评应用 Wirecutter（老虎钳）和提供生活方式报道的智慧生活（smarter living）都很成功，表明报社需要重新思考新闻报道与读者的关系。

《纽约时报》的特长是提供一种观点，告诉读者《纽约时报》认为他们需要了解哪些内容，相当于新闻策展。这里所说的推荐和 Spotify、豆瓣提供的服务类似，不能只推荐用户习惯的或喜欢的，还要能够推荐他们不知道自己也会喜欢的。只不过推荐的原理有所不同，一种是基于算法和数据分析，一种是基于新闻专业能力和洞察力。《纽约时报》下一步应当将新闻的力量转用到新的领域，以增加订阅为目标，向读者提供推荐和指导而不是传统的深度报道，帮助读者理解时代变化的潮流，承担起文化策展人的职能。

编辑部门转向订阅优先

在报社已经明确订阅优先的战略之后，许多记者和编辑仍然没有完成优先目标的转变。有些记者不能准确描述所在部门的愿景，或者仍然停留在印刷时代的愿景，不知道自己的主要读者是哪些人，哪种新闻形式最优先，哪种不属于最优先，培训记者和编辑成为迫在眉睫的任务。《纽约时报》还应当继续招募有专业能力的记者和编辑改进新闻报道，提升报道质量。例如视觉记者就是一个需要优先招募的专业类别。

大胆放弃浏览量指标，突出新闻报道专业性的差异化能力。

为了体现订阅优先，《纽约时报》还采取了不同于免费新闻网站的评价指标。免费网站追求浏览量，因为浏览量代表广告价值。但浏览量只能带动低毛利的广告，参与浏览量竞赛将导致《纽约时报》利润下降。没有足够的利润，就无法创作高质量的新闻，无法保持高质量的记者和编辑队伍。因此，《纽约时报》只能放弃浏览量指标。浏览量并不代表成功，订阅量才是。最成功和最有价值的故事不见得是阅读量最大的，《纽约时报》不追求病毒式转发，因为这些内容往往只是有趣，不能培养读者的忠诚，对订阅转化帮助不大。

《纽约时报》需要的是点击量在10万到20万之间的新闻报道，能够让读者感受到现场报道的力量，拥有其他媒体所不具备的洞察力，提供读者在其他地方无法获得的独特利益。记者和编辑的新闻判断是报道背后的主导力量。只要新闻是重要的，《纽约时报》就会安排显著的封面位置，发推送，让它们在社交媒体上传播。

过去，《纽约时报》在审校编辑方面投入过多，而在创作编辑方面力量不足。记者们反映，编辑对自己的创作帮助不够。2017 年，《纽约时报》总编辑 Baquet 宣布对编辑部岗位进行大调整。取消了独立的多层次的审校编辑（copy desk），大约有一半的审校编辑以买断方式下岗，省下的钱将用于聘用更多新闻采编人员。

印刷版时代，审校编辑部和新闻编辑部分开设置，这样可以保证稿件的编校质量。在数字化出版条件下，独立的审校编辑会导致稿件处理流程延长，不利于快速响应。批评者认为，编校质量是媒体服务的核心价值，减少审校编辑，会导致稿件质量下降，增加文字错误。

总编辑 Baquet 在回答读者提问时说，独立的和反复的审校是印刷时代的机制。今天，我们没有时间来等待需要消耗大量时间的文字审校工作。取消审校编辑部并非取消审校环节，只是不希望像原来那样，用统一的机制来管理多样化的新闻表达。

今天，记者获得新闻素材后不一定写成文字，也许会制作一段视频发表。取消独立的审校编辑，有助于我们将重点放在创作内容的记者身上，打造“强劲编辑部”（strong desk model）模式。所有编辑的角色也发生了巨大转变，既要会文字编辑，还要懂技术。

强劲编辑部的基本思路是减少大路货新闻，增加有影响力的信息发布。将更多资源从编辑转向记者，促进原创作品。2016 年，《纽约时报》包含视觉内容的报道增加了 12%，公司数字平台上有一个工具叫作 Oak，向编辑提供讲故事的工具，能够帮助记者方便地使用视觉素材。在强劲编辑部模式下，这一趋势将得到加强。

服务性新闻的独立价值

20 世纪 70 年代，《纽约时报》受到电视的冲击。为了吸引读者，报纸增加了一些生活方式相关的内容，像不动产、文化娱乐、美食餐饮、旅行等。这些内容称为服务性新闻（service journalism），以区别于更加正统的调查性新闻，如政治和社会新闻。[1]服务性新闻是一项重要的产品创新，它承认报纸读者的兴趣是多样化的。通过扩展媒体内容，报纸有机会增加读者的阅读时间。从商业角度看，用户的时间就是广告收入的基础。电视也好，视频也好，都在和新闻媒体争夺用户时间。

在选择数字化转型方案时，《纽约时报》管理层认为，服务性新闻与传统严肃新闻编辑部的联系相对比较弱，可以独立出来进行数字化产品尝试。其中，烹饪（Cooking）和填字游戏（Crossword）两个独立的移动应用获得了远比印刷时代更高的收入。在《纽约时报》主站之外，分别有百万以上的用户专门订阅这两个应用。有些用户并不是报纸新闻的读者，或者没有阅读深度报道的习惯，但这一点儿也不妨碍他们成为《纽约时报》烹饪和填字游戏的读者并且愿意为此付费。

2016 年，填字游戏 App 上线，每月订阅价格为 6.95 美元，包年费用为 39.95 美元。填字游戏的成功超出了《纽约时报》的期望。是什么因素激励 100 万用户为这款小游戏付费？ 1942 年，填字游戏首次出现在《纽约时报》上。当时，编辑们只是想让报纸上有个可以打发时间的版块，让读者从“二战”的紧张情绪中暂时解脱出来。在将近 80 年的发展历程中，它对读者的意义逐渐超越游戏本身，成为美国文化的经典符号之一。

服务性新闻，而不是调查性新闻，作为数字化转型项目率先取得成果——非新闻读者的独立价值。

《纽约时报》成立了一个名为 Beta 的项目小组，负责协调所有的数字化项目。Beta 的一项主要任务是从《纽约时报》的丰富内容中找出市场增长机会，将现有内容整合起来进行销售。Beta 团队不仅和程序员、设计师一起工作，还必须和新闻编辑一起工作。税务咨询、烹饪和填字游戏是 Beta 项目的早期成果，后来逐渐扩大到不动产、

[1] https://www.nytimes.com/projects/2020-report/index.html.

家庭音响、健身（Well），还有推荐电影节目的应用 Watching。

2006 年，《纽约时报》在公司网站上开了网店。2017 年，《纽约时报》更新了在线商店，售卖印有《纽约时报》商标、代表品牌生活方式价值观的商品，像 65 美元的雨伞、35 美元运动衫和 115 美元的手提袋等。这家在线商店的开发团队是独立运营的。

《纽约时报》受众与品牌战略高级副总裁 David Rubin 介绍说，报社要做的，就是像所有时尚消费品牌一样，帮助用户表达他们和品牌，也就是《纽约时报》之间的紧密联系。[1] 2018 年，《纽约时报》商店开始销售定制的食谱，食谱的内容则来自烹饪 App。

2016 年，《纽约时报》收购了电子产品测评网站 Wirecutter，它的中文意思是老虎钳。Wirecutter 提供了中产阶级喜闻乐见的新产品测评报告，拥有电商潜力，逐渐成为《纽约时报》电商业务的旗帜产品。除了电子产品，Wirecutter 还开发了细分垂直领域的产品测评，如餐饮、家居、金融、旅游、办公等，进一步向生活方式领域扩张。《纽约时报》会在文章中加入 Wirecutter 链接，订户在阅读之后选择购买，《纽约时报》将获得销售佣金。Wirecutter 更新频率低，不赶热点，与读者有较高的信任度，符合《纽约时报》的价值主张。

2016 年 5 月，《纽约时报》同外卖品牌 Chef'd 达成合作。用户可以通过《纽约时报》烹饪 App 在 Chef'd 网站上订购外送美食。Chef'd 公司发言人 Jordan Cohen 表示，在美食领域，《纽约时报》有着足够大的影响力，这是促成 Chef'd 公司与《纽约时报》合作的重要原因。

这项合作反映了《纽约时报》并不将自己的服务局限于新闻报道，而将自己视为与读者建立关系的产品组合。除了提供政治、社会新闻和高质量的评论，还要帮助读者改善生活品质。这些新产品的直接收入可能比例不高，但它们像订阅收入一样，不依赖广告，

[1] https://digiday.com/media/the-new-york-times-store/.

是《纽约时报》重要的收入增长来源。

提前实现收入倍增目标

随着订阅收入的上升，《纽约时报》开始更加自信和积极地进行品牌传播。2017 年，将近 10 年没有给自己打广告的《纽约时报》在奥斯卡颁奖典礼上发布了“真相难寻”（the truth is hard）系列广告，向公众展示新闻报道的价值，广告取得了很大的成功。2018 年，“真相难寻”发布第二阶段广告，“真相的价值”。直接向读者呼吁，新闻帮助你看清这个世界，而优质的新闻内容值得你为它埋单。

通过建立清晰愿景和明确的目标，调整组织结构和人员结构，更新和尝试多样化的产品，《纽约时报》的数字化转型取得了明显的成功。只花四年时间就实现了数字业务收入翻倍，比计划提前一年。2019 年，《纽约时报》股票价格上涨了 44%，三年回报达到 148%。汤普森任首席执行官以来，《纽约时报》股价上涨超过 400%。2019 年，《纽约时报》买回了 2009 年出售的总部大楼。

2015 年，《纽约时报》宣布通过订阅来实现收入倍增目标时，许多从业者认为这是不可能的。2019 年，《纽约时报》不仅实现了 8 亿美元数字收入的目标，并且其中有 4.2 亿美元直接来自订阅。读者替代广告商，成为《纽约时报》的主要收入来源。

过去，《纽约时报》广告收入占 70%，订阅收入占 30%。现在订阅收入占 60%，广告收入只占 40%。600 万订户中有 500 万是数字订户，其中 400 万是为了新闻而订阅的，填字游戏订户已经超过 100 万。它的下一个目标是到 2025 年实现 1000 万数字订户，其中有 200 万来自美国以外。

《纽约时报》数字产品团队拥有 700 名成员，人数仅次于记者团队，是新闻出版业最多的一家。许多竞争对手在新闻之外寻找增长机会，《纽约时报》是唯一一家专注在新闻服务上投入巨资、通过组织变革和产品优化实现增长的报纸，并且已经形成良性循环。

广告收入新模式

原生广告：有争议的新方式

2020 年新冠疫情期间，《纽约时报》一期有关新冠病毒的报道中出现了 N95 口罩广告，这些广告引发了批评。因为当时医用口罩紧缺，《纽约时报》的立场是医用口罩应当优先给医务人员使用，消费者不要参与抢购。从这一事件可以看出媒体在广告上的尴尬立场。当然，在印刷时代，这个问题同样存在，只不过数字化媒体使得问题变得更加突出。特别是数字化媒体普遍采用的原生广告，受到传统媒体的鄙视。在《纽约时报》，让数字广告业务实现增长的任务落在一位名为 Meredith Kopit Levien 的女士身上。

2012 年，当马克·汤普森继任《纽约时报》CEO 时，报社印刷版广告收入已经下降了一半以上，降幅达到 6 亿美元，而数字化业务收入只有 2 亿美元。他认为，《纽约时报》必须采取有力措施发展新的数字广告收入。2013 年，汤普森从《福布斯》请来 Levien 负责广告部门，她的主要任务就是为《纽约时报》建立起原生广告业务。Levien 说，她和汤普森的分工是，汤普森负责组织变革，而她负责收入增长。2015 年，Levien 晋升为首席收入官，2017 年担任首席运营官。

所谓原生广告，是指与媒体表现和操作方式相融合的广告形式。用户不喜欢广告，原生广告试图解决以往广告对用户体验的破坏。媒体不可能取消广告，但如果用户以为广告就是平台自身内容的一部分，看广告时会更感觉更自然一些。比如有的媒体将广告与网页设计相结合，看上去就像是一篇新闻报道。或者，在观看电影时取消突然中断插入广告，只在背景中浮现广告。

Levien 曾经成功领导了整个福布斯集团的数字化转型，是福布斯品牌的首席收入官，也是数字化原生广告的先锋。Levien 在福布斯的出色业绩为她在广告业赢得了很高声誉。当然，在福布斯工作期间，她也曾经因为主张原生广告受到指责。批评者认为，原生广告混淆了编辑和商业的界限，故意误导读者。Levien 认为，传统媒体必须接受由数字化媒体发起的原生广告。

汤普森聘请 Levien，就是看中她改造传统媒体广告业务的经验。起初，她在报社内部也遇到阻力，比如当时的《纽约时报》总编辑 Jill Abramson 就反对原生广告。2014 年，在著名的《创新报告》泄露前一天，这名总编辑被替换，由 Dean Baquet 接任。Levien 相信，传统的展示广告已经走到末路，未来媒体的广告收入应当来自制作像新闻一样的广告内容以及举办有影响力的活动。Levien 上任后，《纽约时报》原广告部员工调整幅度高达 75%。她的解释是，广告业务已经变得和以往完全不同了。[1]

但要让《纽约时报》的记者和编辑接受这种观念却并不容易。当 Levien 决定推出名为付费文章（Paid Post）的广告产品时，《纽约时报》最高负责人、出版人 Arthur Sulzberger 不得不出面站台支持。他说，尽管原生广告形式很新并且可能有争议，但他相信原生广告将有助于恢复数字广告业务增长。[2]

找出 Google 和 Facebook 的弱点

汤普森和 Levien 知道，Google 和 Facebook 将持续夺走《纽约时报》原先的广告客户，《纽约时报》不可能和它们竞争。但是，Google 和 Facebook 也并不是没有弱点，它们的广告业务以程序性广告为主，投放是自动化的。对于标准化的促销广告，比如价格促销广告，程序化广告的效率比较高。

[1] https://www.niemanlab.org/2020/07/newsonomics-the-new-york-times-new-ceo-meredith-levien-on-building-a-world-class-digital-media-business-and-a-tech-company/.

[2] https://digiday.com/media/unstoppable-innovator-the-meteoric-rise-meredith-levien-the-next-new-york-times-ceo/.

另一方面，大客户总是会有不同的要求。当品牌广告需要传达很多内容时，程序性广告不能很好地满足它们的需求。这就给《纽约时报》的原生广告提供了机会。有没有可能利用《纽约时报》的新闻能力，为顾客提供更有深度的品牌形象广告？新的选择是尝试一种高端的广告业务，服务于数量较少的大客户。

没有流量优势，程序性广告自然受限。原生广告试图传递定制化的价值，然而和广告主的密切关系会导致新闻部门的反弹。

《纽约时报》追踪那些在推特上曝光频率最高的文章报道，然后向广告主提供服务，把广告植入到这些文章报道中。2014 年 1 月，《纽约时报》网站上出现了第一份标志付费文章的原生广告，是戴尔投放的。2015 年，《纽约时报》成立 T 品牌工作室，帮助品牌顾客开发原生内容。Levien 开始大力投资于品牌广告开发和高端故事战略。

Levien 聘请《商业周刊》前总编辑 Adam Aston 担任原生广告 T 品牌工作室的总编辑，这一人选在很大程度上平息了新闻编辑部对原生广告的反感。Levien 很注意尊重新闻编辑部门的感受，有一次她撤下了一篇烈性酒广告，因为广告和评论版系列报道中的观点太接近了。她向编辑部做了通报，对广告做了重新表达。

广告和新闻一样，也是用产品来说话的。在为 Netflix 网络剧《女子监狱》开发的广告中，T 品牌工作室大量使用了图片、动态图形、视频和音频与文字相结合，呈现前所未有的丰富表现。广告通篇没有提到网络剧，只是提到作为电视剧蓝本的同名回忆录。这部广告成为《纽约时报》原生广告的转折点，连新闻编辑部门都为之喝彩。接下来为高盛制作的介绍资本市场的交互式广告和为美国航空公司制作的广告也受到好评。

Levien 解释说，原生广告不是欺骗，它是报社将自身的报道能力运用于满足企业的推广需求。2014 年 10 月，《纽约时报》发布了著名的“坚韧与优雅”广告，这是为时尚鞋类品牌 Cole Haan 制作的。广告采用了新闻报道的方式，以纽约市芭蕾舞团三名演员为中心人物。用他们的亲身经历解释了如何成为芭蕾舞演员，以及在优雅背后所必须具备的坚韧品格。这样的广告提升了时尚品牌的内涵，受到市场的好评。

广告方法：故事挖掘

T 品牌工作室逐渐形成了自己的特色，发挥传统新闻报道的技术，力求找出品牌背后能够打动读者的故事，他们称为故事挖掘（story mining）。广告创意人员不能只是和品牌的营销人员交流，还要和运营人员、现场人员以及用户展开对话。

在为沃尔沃制作广告时，他们了解到，沃尔沃的目标是到 2020 年没有人会在沃尔沃轿车里面死亡或重伤。这是一个听上去不太自然的价值主张，如何表达才能让这一主张变得有说服力呢？T 品牌工作室派出一队记者到瑞典哥德堡现场采访。在那里，他们了解到沃尔沃内部有一支专家团队，每当附近 50 英里有沃尔沃发生事故，他们总是尽快赶到事故现场进行调查、学习，研究如何改进安全性。

图 3.3 T 品牌工作室擅长故事挖掘

在广告中，《纽约时报》没有介绍沃尔沃的安全措施或技术进步，而是安排了对一位安全专家的跟踪记录。从他早上离开家上班开始讲故事，包括他吃什么早餐，在车祸现场的工作情景。让读者认识沃尔沃的专家，由专家的视角来理解沃尔沃如何看待车祸，以及为什么作为制造商能够做到他们的承诺，最后出品的广告形成了纪录片风格。

T 品牌工作室主张帮助顾客讲出比品牌更多的故事，超越产品和服务本身，让读者注意到更大的目标和社会影响，由此理解品牌的价值（这些广告我们都可以在 Youtube 上面看到）。T 品牌工作室国际创意总监 Graham McDonnell 介绍说，《纽约时报》广告的特点是强调阅读的历程而不是一次性阅读，他们称为品牌化的脚注（branded footers）。尽量通过多层次设计，让读者不断继续读下去。很多时候企业会找到报纸，说这里有段 CEO 的视频，你们只要按原样发布就可以了。但这不是《纽约时报》的做法，品牌信息应当纳入故事本身。

好的故事要遵循叙事弧原则，先介绍一项要素，通常是一个人物，是读者会喜欢的人物，这样他们就会关心他的未来命运。然后是一个难题或障碍，必须克服的挑战，描述人物如何行动。最后，向读者披露结果，实现目标或得到奖励。广告不要试图纳入过多的技术细节，很多广告的缺点是缺乏一个强有力的故事线索来联接广告素材。

因为要采用新闻报道的方法做广告，也就无法提供标准化内容。好的故事需要广告方和品牌方密切合作，最好是长期合作，而不能是一次性广告或播放指定内容。比如，T 品牌工作室和三星的全景视频广告合作案延续期间长达 15 个月。《纽约时报》由此在原生广告方面形成一种独特的价值主张，这种价值主张以专业报道能力和故事性呈现为基础，区别于 Google 和 Facebook 以自动化和人工智能为基础的广告战略。

T 品牌工作室提供一系列原生广告创意产品矩阵，包括原创报道、网站开发、印刷广告、纪录片、营销活动策划、互动数据可视化作品、原创影像、书籍、内容指导、KOL 合作、播客节目等产品形态。

《纽约时报》能够让广告看起来像新闻而不是企业网站上那样

的硬广告。例如采用谷歌云技术将《纽约时报》档案中的数百万张新闻照片数字化，方便读者调阅，这是展示谷歌云技术的理想广告。《纽约时报》与移动网络运营商 Verizon 合作建立实验室，探索 5G 技术如何改变新闻行业，很自然地显示了 Verizon 的科技实力。

这些创新为《纽约时报》带来了新的广告业务。T 品牌工作室开始为顾客制作在其他平台发布的广告，如嘉信理财、耐克、德勤、飞利浦。这些广告内容属于顾客，《纽约时报》只是制作者。例如，T 品牌工作室专门有一支 5 人团队负责飞利浦的广告，持续为其撰写长篇报道。目前 T 品牌工作室每年发布广告 100 条，占数字业务收入的 20%~30%，并且已经有 1/3 的收入来自为顾客进行广告制作。

T 品牌工作室的工作方法决定了它无法为大量顾客提供服务，只能为精挑细选的大客户服务，目前它有 23 家主要客户。这 23 家客户都是《纽约时报》核心新闻编辑室的大型综合合作伙伴，类似体育赛事中的顶级赞助商。客户以科技领域为主，也包括金融服务、汽车和消费行业，它们的共同特点是预算充足。

第一方数据

回到我们前面讨论过的一个广告案例。在新冠疫情期间，《纽约时报》一期有关新冠病毒的报道中出现了 N95 口罩广告，这些广告引发了批评。据调查，这份广告来自 Google 程序性购买广告服务，造成这种现象的原因是广告商偷偷替换了之前经过批准的广告内容。由于程序性广告是自动发布的，Google 和《纽约时报》很难发现这类操作。受此影响，《纽约时报》不得不暂时停止程序性广告在新冠新闻邮件中的展示。

程序性广告是所谓的情境广告，它会根据读者正在阅读的内容自动配置广告。《纽约时报》不能控制第三方广告的时机和内容，它担心内容和广告不匹配会带来更多的麻烦。2020 年，《纽约时报》宣布取消移动广告业务中的第三方数据，建立第一方数据市场。《纽约时报》是市场上第一家采用这项政策的媒体，此前媒体大都依赖 Google 或 Facebook 带来的广告流量。所谓第一方数据就是《纽约时报》自己向用户调查得来的数据，第一方数据市场的特点之一是广告商在发布广告时更加了解广告对象。[1]

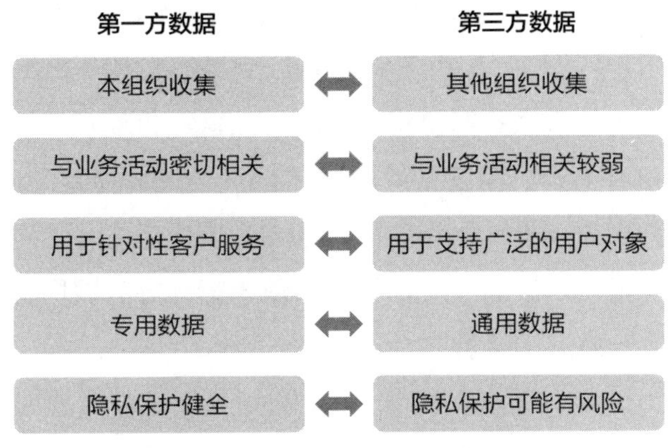

图 3.4　第一方数据和第三方数据

当然，广告商使用这些数据的前提是相信《纽约时报》采用了科学的方法进行数据分类。《纽约时报》提供 140 种读者分类，包括年龄、收入、职业、社会统计特征、兴趣等。还提供文章代表的 18 种情绪指标，从好奇到乐观。第一方数据可以跟踪文章所带来的行为改变，如捐款、节食或消费。比如，根据《纽约时报》的调查，73% 的受访者说他们会选择布袋，减少塑料袋的使用。这些数据反映出他们对气候问题的看法，如何承担自己的责任。开始的时候，用户分类数据两个月更新一次。据产品营销和洞察执行总监 Erin Hennessy 介绍，2022 年这个时限已经缩短到几天，提升了客户体验。[2]

[1] 第一方数据中的第一方是指组织本身，也就是由本组织收集和管理的数据。第二方数据是指组织的合作方收集和管理的数据，常见的形式是组织与第二方（合作方）共享数据。如超市向供货商提供的数据，对于供货商就是第二方数据。第三方数据是指不参与组织业务的其他组织收集和管理的数据，如社交媒体、搜索或其他流量平台提供的数据。

[2] https://www.adexchanger.com/publishers/after-a-dark-2022-for-publishers-first-party-data-is-a-bright-spot/.

纽约大学斯特恩商学院教授 Anindya Ghose 认为，第一方数据有助于在正确的时间、向正确的对象和正确的设备发送正确的信息，减少广告数量，改进广告的相关性。《纽约时报》也宣布，在新的政策下，平均每页的广告数量不会超过三个。相关性的改进主要来自三个方面：情境性（页面内容）、读者行为特征和洞察性（广告与用户匹配）。[1] 由于隐私条款变得越来越严格，搜索引擎和网站采集用户信息的壁垒将会提高。在这一市场环境下，自有流量的价值相对上升。经营良好的媒体自然会形成稳定的流量，《纽约时报》将媒体流量转化为广告市场的竞争优势之一。广告商对第一方数据表现出积极的反应，相反，依赖第三方数据广告市场的新兴网络媒体却遭遇了挫折。

2023 年，著名的网络媒体 BuzzFeed 宣布解散其社交媒体新闻部门，裁员 15%。BuzzFeed 新闻创建于 2011 年，是网络新闻的代表。早期，BuzzFeed 曾经因为标题党的做法而受到舆论批评。2015 年之后，BuzzFeed 新闻报道开始受到好评。学术期刊《新闻学》（Journalism）2017 年刊载文章，对比了 BuzzFeed 新闻与《纽约时报》，认为在报道方面两者的质量接近。2021 年，BuzzFeed 新闻报道获得普利策奖。

导致 BuzzFeed 新闻部门解散的原因主要不是新闻报道的竞争力不够，而是缺乏稳定的商业模式。哥伦比亚大学 Tow 数字媒体中心主任 Emily Bell 认为，BuzzFeed 新闻在社交媒体上发布，吸引用户阅读，再用流量换取广告收入，他们总是尽可能利用社交媒体平台的算法功能争取增加流量。BuzzFeed 这类网络媒体依靠社交媒体提供流量，但它们和平台之间的利益是不一致的。当社交媒体平台注意到网络媒体利用自己的算法漏洞，它们就会毫不犹豫地改变算法，让网络媒体收入受到重挫。

---

[1] https://www.inma.org/blogs/conference/post.cfm/nyt-nikkei-independent-uk-succeed-with-first-party-data-strategies.

只要网络媒体无法和社交媒体平台就利益分配达成协议，它的商业模式就始终处于威胁之下。[1]从BuzzFeed新闻部门的困境来看，提升第一方数据市场对于《纽约时报》具有特别重要的意义。通过领先的新闻报道和多元化产品获得流量，吸引广告商投资于第一方数据市场，有助于实现稳定的收入。

数字化驱动运营

新产品的动量

免费播客《每日播报》能够提供新闻价值，增加订阅转化，还能直接带来广告收益，取得了极大的成功。这个节目的初衷是为了回应 2016 年特朗普竞选总统引发的争议，满足读者对高频率时事政治新闻分析的需求。总统大选结束之后，传统思维影响下的新闻编辑部一度考虑撤销这个节目。报社广告部却迅速行动起来，签下了宝马汽车广告，价格数百万美元，其核心服务正是《每日播报》。《每日播报》特别受年轻用户欢迎，这些听众有可能成为未来的订户。时任首席运营官 Levien 说，让我吃惊的是，只用四年时间，《每日播报》的订户数量就达到报纸巅峰期订数的一倍。[2]

态度的改变是新创意涌现的推动力量。两次普利策奖获得者、负责数字平台业务的 Clifford Levy 说，和软件工程师一起工作，在这里是非常激进的变革。数字化团队发现，像“15 种方法教你成为更好的人”这样的服务性新闻内容对于吸引报道新闻的读者同样是有用的。

2016 年里约奥运会期间，体育版副主编山姆·曼彻斯特向 2

[1] https://www.theguardian.com/media/2023/may/07/the-digital-media-bubble-has-burst-where-does-the-industry-go-from-here.

[2] https://www.shareholderforum.com/nyt/library/20201105_SeekingAlpha-transcript.pdf.

万名订户发送短小精悍的幽默短信。其中一条得到大量的转发，内容是一张救生员观看游泳选手练习的照片。文字说明为“他们为奥运游泳选手配备了救生员，以防有人需要救助”。《纽约时报》还在 Facebook 上开发了一个问答机器人，用著名政治评论员的声音自动回答读者的问题，增加读者互动。

每一条有价值的新闻都是订阅转化的机会。有独家新闻线索时，《纽约时报》允许记者通过自己的社交媒体账户先发布，报社再用自己的官方推特账户转发。报社的社交媒体团队发现，在这种情况下，报社转发的阅读率非常高。社交媒体主编 Micheal Roston 说，“让我们信赖的记者首先发布新闻，帮助他们与读者直接联系起来……在不牺牲准确性的前提下及时提供新闻”。

为了让读者了解重点新闻报道的背景信息，社交媒体团队配合记者开展推特问答环节，并使用《纽约时报》的机构账户来组织这些交流。例如，他们曾经策划了有关埃及政治危机问题的读者问答活动，记者 David D.Kirkpatrick 回答了提问。Roston 说，“以这种方式使用推特……通过推特促成记者和用户间的直接交流……可以让对话更加容易”。

《纽约时报》还指导记者如何在社交媒体上发布新闻，比如好的新闻应当再次发送推特引发传播，但这样做需要掌握技巧。很多社区编辑会安排自动转发本周的内容，尤其是针对那些第一时间可能错过新闻的用户，或者后来得到发酵的新闻。《纽约时报》发现，这些在星期六或者星期日发布的内容会引发相当多的点击。[1]

早期，《纽约时报》的推送只有标题，就像是印刷版报纸，但在手机屏幕上这样做效果不好。他们成立了一支有 11 名成员的团队专门负责推送战略，保证所有推送是相关、及时和有参与感的。报社认为，推送是和读者对话，而不是攫取流量或关注的手段，必须是专门为手机屏幕所设计的。

---

[1] https://www.niemanlab.org/2014/01/if-a-tweet-worked-once-send-it-again-and-other-lessons-from-the-new-york-times-social-media-desk/.

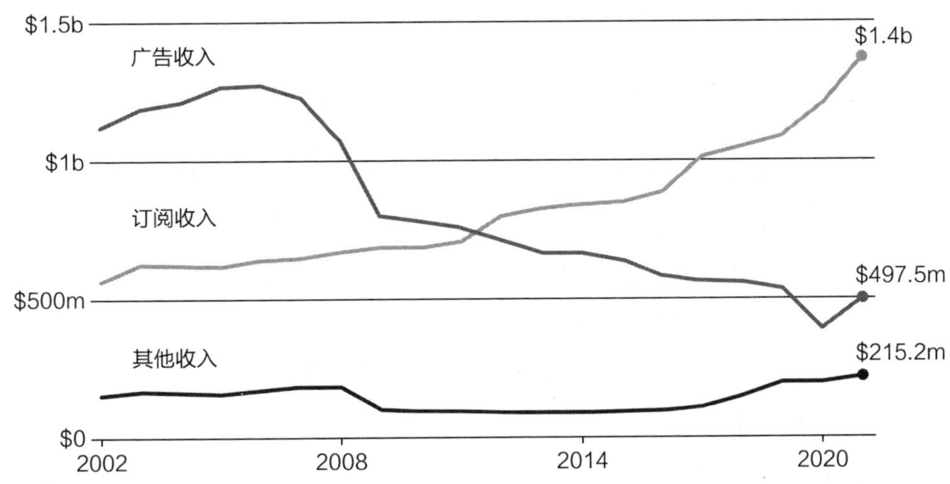

图 3.5 2002—2021 年《纽约时报》收入结构的历史变化（单位：百万美元）[1]

首先要决定哪些新闻需要推送给所有人，因为推送太多会带来负面影响。其他考虑因素包括推送的时间，上班路上、午餐时间、小孩刚刚哄上床时分别应当推送哪些内容。哪些是必须立刻发布的，如何安排推送的个性化设计，包括频率和语言。新闻部主编 Michael Owen 说，我们通过推送获得的流量是最多的。

另一种促进订阅的方法是通过定制服务建立习惯养成式顾客关系管理。看似普通的新闻邮件订阅（newsletter）其实是培养用户忠诚的利器。广告主管 Sebastian Tomich 认为，媒体应当是人们日常生活习惯的一部分。[2]《纽约时报》推出了 100 种新闻邮件，有一种订阅邮件称为周刊，用算法统计读者有哪些重要新闻可能没有关注，由此形成个性化邮件。还有像《每日新闻》和《每周新闻》播客也都是习惯养成类产品。研究发现，订阅定期邮件的用户成为付费用户的机会是普通用户的一倍。[3]

---

[1] https://www.axios.com/2022/08/09/new-york-times-advertising-expansion.

[2] https://www.thedrum.com/opinion/2019/04/11/it-strives-10m-subscribers-the-new-york-times-expanding-the-uk.

[3] https://digiday.com/media/new-york-times-gets-70-percent-open-rate-newsletters/.

订阅保留团队服务

时任 CEO 的马克·汤普森说，《纽约时报》正在以一种全新的方式运营数字业务。公司打造了多个致力于转化数字订阅用户的跨领域团队，他们享有极大的自主权，可以利用机器学习和测试功能，实现一系列关键业务目标。

《纽约时报》减少了用户可以免费浏览的文章篇数，从而诱导用户订阅。最初，可以免费看 20 篇，现在只能看 5 篇，而且必须到《纽约时报》网站来看，不能通过社交媒体跳转。这样做的目的是让免费读者经常碰到阅读上限，从而刺激订阅。《纽约时报》在 2019 年推出了一项新措施，如果读者想要阅读超过规定数量的报道，就必须注册或登录账号。这项措施非常有效，不仅带来好几百万注册用户，并且这批用户更容易被说服，转化为付费订阅用户。

将报纸作为消费品牌，理解用户的消费逻辑。这似乎不属于新闻专业，却是报纸生存所必备的能力。

由于主要依靠用户出钱而不是广告商出钱，吸引顾客的参与就变得特别重要了。Levien 说，订阅也是消费，《纽约时报》要把自己当作一个品牌，理解用户的消费逻辑才能理解订阅心理。在技术上，这意味着提升个性化服务。《纽约时报》的优势是其庞大的产品线，生产出多样化的接触顾客的内容。生活方式特别能够体现个性化服务，《纽约时报》增加了在电影推荐、厨艺和健康类节目上的投资，为希望获得建议的顾客服务。

Ben Cotton 是负责顾客体验和保留的执行总监，他回忆说，《纽约时报》曾经采用一个相当粗糙而十分机械的运营机制。用户看完 10 页免费内容，迎面跳出一个订阅版块。订阅或不订阅，只有两个选择。现在，他们了解到，要根据用户的访问频率、对《纽约时报》的投入程度、个人资料情况来决定下一步可以采取什么行动。这样才能让用户获得更有意义的体验，知道在什么时候可以刺激读者回来，吸引用户继续访问，越来越接近订阅。

汤普森说，2017 年开始，《纽约时报》将订阅管理上升为订户生命周期管理。经过几年的尝试，报社已经对订户生命周期管理有了专家级的理解。整间报社都会注意如何让订户在《纽约时报》获得难忘的阅读体验，哪些专题会让订户看了又看，感受价值高。

《纽约时报》成立了专门的订户辅导团队，由 10 名员工组成。他们的任务是在读者订阅的头三个月里支持订阅者，通常在此期间，读者参与的要求是最强烈的。团队会向读者介绍他们可以获得哪些服务，推荐专门为他们准备的栏目，这些推荐栏目会出现在这些读者浏览的网页上。

订阅保留团队也会有意培养读者的参与习惯，引导读者成为终身用户。《纽约时报》的付费用户留存率很高。据汤普森透露，即便是优惠力度最大的"一周一美元"新用户特价订阅服务，活动结束后用户续费的比例也相当可观。《纽约时报》还发展了订户保留模型，关注哪些订户有可能流失。如果发现订户减少了阅读时间或访问次数，就会触发关怀机制，例如向 Facebook 账户发送新闻或互动故事。

订阅保留团队拥有 35 名员工。Cotton 说，订阅用户特别重视服务新闻，这类新闻能够展示《纽约时报》的内容宽度，包括新闻过程幕后情景。订户保留团队向订阅客户提供与记者直接接触的机会，比如电话会议或其他数字化方式。他们还发起了向专家提问的活动，订阅读者可以按类别向一组专家提问，特别是与营养保健和烹饪有关的专家。读者参与活动的效果非常好，显著改进了用户留存。

记者 Rukmini Callimach 发布了一篇有关 ISIS 的深度报道，两周之后，一个新的系列音频哈里发（Caliphate）上市，告诉读者报道背后的一些故事。哈里发系列音频优先向订阅用户开放，可以提前一周收听。这个创意出自新闻编辑部，显示出整家公司各个部门都在考虑如何让自己的工作有利于增加订户。在订阅保留团队看来，这些由一线记者制作的节目将新闻报道的过程介绍给订户，比他们在《纽约时报》上发表的报道更有深度，提高了新闻节目的信誉。讽刺的是，哈里发节目后来被爆料内容虚假，让《纽约时报》陷入尴尬。

《纽约时报》也试图向订阅读者提供专属的增值服务，比如“年度美好生活指南”是专门为订阅用户开发的建议报告。《纽约时报》甚至出版了一份月度发行的儿童版报纸，这一产品的灵感来自以往家庭读报的传统。这些创意主要来自订阅保留团队，但实施过程中需要编辑部门的支持，包括内容的选择和作者选择。[1]

即使对于那些只阅读而从不订阅的群体，也需要关注他们的潜在价值。比如，有的读者可能热衷于分享，这会给报社带来额外的价值。对于这类顾客，应当跟踪他们的行为，向他们打开免费阅读文章的上限，因为这些是应当鼓励的行为。[2]

在追求灵活性和个性化服务的过程中，《纽约时报》有时不免走得过头。2023 年，跟踪订阅服务的专业网站“订阅内幕”（subscription insider）披露说，有些《纽约时报》订户收到整年订阅续费邮件。他们发现整年订阅费用从 149 美元涨到了 195 美元，涨幅 36%。《纽约时报》发行人 A. G. Sulzberger 在邮件中解释了涨价的原因，以及支持新闻专业工作的重要性。如果订户不接受这种说法而选择退订，你会收到一个新的报价，甚至低于上年 149 美元的价格。“订阅内幕”认为，这是一个高明的保留订户解决方案，只是缺乏透明度。在宣布涨价的邮件中，报社方面没有告诉订户

[1] https://www.niemanlab.org/2018/04/the-new-york-times-has-signed-up-a-lot-of-subscribers-heres-how-it-plans-to-keep-them/.

[2] https://www.thestreet.com/investing/stocks/inside-the-new-york-times-digital-subscription-machine-14419255.

他还有其他选择，别的报纸在涨价时会公开声明，而《纽约时报》没有这样做。[1]

新闻邮件与用户保留

分类新闻邮件订阅服务是《纽约时报》在行业中的一项领先产品，目前已经有 100 种之多，涵盖时事、健康、育儿、气候危机、政治和体育。还有一些是兴趣类邮件，比如专栏作家的文章、新书、音乐、演出和流媒体节目。

新闻邮件的主要任务是绕过 Google、Facebook 设置的流量壁垒，读者可以从邮件直接跳转网站。对于《纽约时报》，提供新闻邮件服务是理所当然的，比较难的选择是提供什么样的新闻邮件，提供多少种。由于时间限制，每位订户能够浏览的新闻邮件数量极为有限。那么，为什么要花力气开发上百种新闻邮件？从产品矩阵的角度来看，《纽约时报》将多品种新闻邮件作为细分市场服务和提高用户参与的工具。

在纸媒时代，人们同样不可能从头到尾看完一份报纸。报纸之所以越来越厚，是因为读者有不同的需求。尽管有些内容读者根本不看，但因为报纸的成本主要由广告支持，读者经济负担并不重。新闻邮件的内容完全来自报社编辑部和产品部门的创造，相当于二次传播，成本不高。新闻邮件通过读者细分提高了内容的推荐效率，同时又增加了广告机会。

对于非订阅读者，新闻邮件起到培养行为习惯的作用，吸引他们访问主站，可以促成转化。订阅人数最多的新闻邮件是每天发布的《早间新闻》，订数 1700 万。多数邮件频率为每周一期。

《纽约时报》将新闻邮件分为三类。第一类是免费浏览邮件，

---

[1] https://www.subscriptioninsider.com/topics/pricing/the-new-york-times-quietly-raises-subscription-rates.

用来让订户了解《纽约时报》的产品和培养习惯。第二类是自动或半自动邮件，每周发布，用来引导订户返回《纽约时报》网站。第三类是付费订户专属邮件，2021年8月开始，用于提高订户保留，现在已经有22种。

相比于前两类，第三类邮件的要求会比较特殊。如何让付费订阅用户在邮件中感受到价值？《纽约时报》提出了付费订户专属新闻邮件的三项原则。

> 1. 和免费邮件不同，专属邮件不光是推荐内容，还要让订户可以在邮件中直接看到主要内容，不需要再登录网站。订户会注意到其中的差异，认可作为高级会员的待遇。
>
> 2. 每封邮件必须让订户感到对于某一主题获得了更深入的理解，或看到编辑部的强烈意见。有的邮件用媒体评论人的名字命名，如著名经济学家保罗·克鲁格曼的专栏，围绕着个人品牌唤起订户的阅读愿望。
>
> 3. 建立社区，激发和满足订户对话的愿望。这类邮件提供用户提问、回复以及发布专属信息的功能。

《纽约时报》的研究发现，新闻邮件可以创造商业价值。通常，订两份免费邮件的用户保留率高于只订阅一份的用户。他们还发现，付费用户专属邮件有助于提高用户保留。比如，哪怕只是订阅一份专属邮件，用户的保留率也会高于订阅多份免费邮件的用户。原因有可能是选择专属邮件证明用户做了挑选和判断，表现出更高的参与水平。

许多媒体在邮件订阅服务中采用尽量减少打扰的原则，只要提供邮箱地址就可以订阅。《纽约时报》坚持要求用户先注册，然后才能打钩订阅。这样做的好处是通过账户了解自己的顾客，跟踪用户在网站的行为，提升内容推荐效率。

另一个好处是获取第一方数据，增加广告价值。对于订阅量最大的《早间新闻》，只要用户注册，就会默认订阅。其目的是通过

《早间新闻》的丰富内容诱发用户在主站的浏览行为，收集用户在不同内容间跳转和停留时间等行为信息。

新闻邮件甚至可能不限于本报的内容，比如一份名为“正在阅读”的新闻邮件，每周两期，里面会推荐其他网站的内容。新闻邮件使用 A/B 测试来决定要素设计，比如邮件标题的字数不要超过 30 个字母，这和手机屏幕的空间限制有关。[1]

当然也会有一些失败的产品，他们曾经推出名人谈热点的短期新闻邮件。比如针对特朗普法庭调查，请名人每周撰写一篇文章，连续 10 周。初期的设想是好的，新闻总是会有新热点，不担心没有创作主题，而短期则意味着名人作者没有太大的交稿压力。可惜热点往往被新的热点替代，订户的阅读热情迅速消失，这份邮件不得不取消。[2]

报纸的未来

新一代发行人与管理层变更

2014—2015 年间，人们认为报纸即将消亡，被网络新闻取代。正是在 2015 年，《纽约时报》悄然实现了 100 万份数字化订阅，达到这个数字足足花了四年时间。据发行人 A.G. Sulzberger 回忆，当时外部顾问认为付费订阅用户数量上限不会超过 60 万。[3] 到了 2020 年，《纽约时报》付费用户已经增加到 400 万。

2017 年，A.G. Sulzberger 接替他的父亲成为发行人，也是苏兹

[1] https://contently.com/2015/09/08/how-the-new-york-times-gets-70-email-open-rates/.

[2] https://wan-ifra.org/2023/05/how-subscriber-only-newsletters-help-the-new-york-times-boost-retention/.

[3] https://www.newyorker.com/culture/the-new-yorker-interview/a-g-sulzberger-on-the-battles-within-and-against-the-new-york-times.

伯格家族第六代发行人。《纽约时报》管理层发生大变动，Levien在竞争中击败原产品部负责人 Kinsey Wilson，晋升为首席运营官，将负责的领域扩大到产品设计和技术，成为整个商业部门的负责人。

2020年2月，《纽约时报》宣布从当月开始调整核心数字内容产品的订阅价格。涨价2美元，从每四周15美元涨到17美元。这也是自2011年《纽约时报》数字内容收费以来首次涨价。消息公布后，公司股票价格上涨5%，市场认为这是《纽约时报》对订阅市场有信心的表现。

2020年9月，首席运营官 Meredith Kopit Levien 接替退休的马克·汤普森成为CEO。Levien于2013年加入《纽约时报》负责广告业务，2015年任首席收入官，在广告之外还承担起订阅的职责。她任职后，进一步提升了烹饪和填字游戏对收入的贡献。

Levien回忆说，2015年报社的核心任务只有一项，订阅优先。我们要证明新闻报道是可以向读者收费的，而报社全部人员的目标是让报道质量配得上订阅费用。在免费新闻流行的环境下提出这样的目标，显示了报社在整个行业中的领导地位。这个目标以高品质和独特的产品服务为中心，与《纽约时报》的历史紧密联系，能够得到新闻部门认同。

《纽约时报》的目标是成为读者最基本的订阅服务，这就要求每天都能够向读者提供价值。不只是新闻消费，也包括满足生活方式和个人爱好的消费需求。新闻报道始终是独立于商业利益的价值主张，读者熟悉，也愿意接受，这是订阅服务中第一位的价值。

绝大多数读者是通过新闻报道来到《纽约时报》网站，这也是媒体的优势。新闻报道创造流量，不需要像商业应用那样购买流量。Levien披露，《纽约时报》每周访问量为5000万到1亿人，他们之中多数不是订户。能否留住这些偶然到访的读者，将他们转化为订户，这需要商业部门和技术部门的努力，将新闻与软件和营销洞察结合起来。

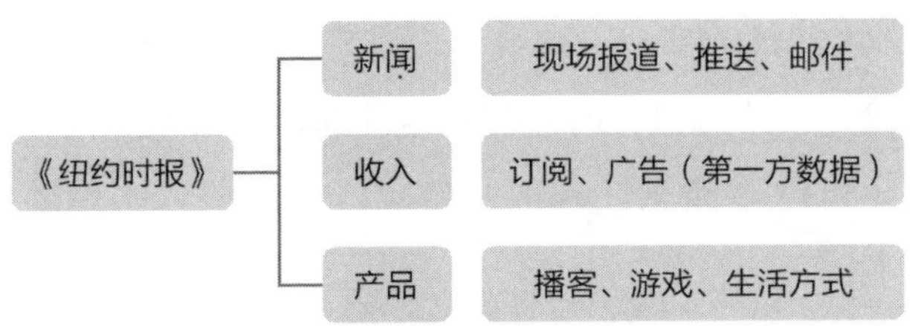

图 3.6 《纽约时报》三大业务部门

今天，《纽约时报》基本业务由三大部门构成：新闻、收入（订阅、广告）和产品（播客、App）。和之前不同的是，《纽约时报》成功搭建出一个结构，让记者、编辑部、数字化产品部、设计师、数据分析师、软件工程师和营销人员在其中协同工作，为读者创造价值。首页放什么内容，这是编辑部门决定的。如何让读者看到首页并且感受到内容的价值，这需要商业部门的努力。

比如对新闻事件的连续报道，不光要有即时更新的能力，更重要的是让读者形成预期，知道什么时候可以在什么地方获得《纽约时报》的报道分析。读者价值来自新闻部门的努力，也需要产品、技术和商业部门的创新。

作为产品组合的报纸

Levien 认为，要想获得更多的付费订户，除了质量还要有深度和宽度。服务性新闻的成功表明，《纽约时报》有相当多的机会进入人们的生活，培养用户新的生活习惯，而更多的接触点能够提高用户保留。因此，《纽约时报》会不断推出新产品，包括早间播报、每日播报、烹饪、填字游戏、育儿、体育新闻等。

Levien 说，报纸不再是单一产品，而是产品组合，这是一个认识上的转变，也是未来增长的方向。比如烹饪 App（2017）和游戏 App（2014）各有 100 万订阅，考虑到它们的价格（年费 40 美元，月费 5 美元），这是一个很不错的数字。

尽管有捆绑订阅优惠，但仍然有许多人只选择单独订阅游戏

App，并且每天都会上来玩一会儿。更重要的是，许多政治立场上不赞成《纽约时报》的人仍然可能对游戏和烹饪感兴趣。他们的订单至少可以增加烹饪 App 和游戏 App 的收入，帮助公司覆盖更多的成本。

Levien 特别强调，订阅增长是在政治高度极化的时代发生的。许多人认为，当某某事件发生时，人们不会再订阅《纽约时报》了，但这种情况没有出现。通过服务性新闻增加订户对公司的参与，是一个成功的战略。[1] 当然，服务性新闻和调查性新闻的关系并不是单向的。2023 年，《纽约时报》新闻 App 里面也增加了游戏标签，读者可以从新闻 App 接触并订阅游戏服务。[2]创新猜字游戏 Wordle 在疫情期间上市（2021），玩家数量出现了爆发性的增长。《纽约时报》收购 Wordle 的新闻发布后，市场并不觉得意外。这样一款独立的游戏很难持久，由《纽约时报》继续经营是合理的，读者只是担心《纽约时报》将它放在付费墙后面。

Levien 解释说，Wordle 的主要价值是流量创造。订户在玩，非订户也在玩，而且它是一款社交性的游戏。Wordle 甚至拉低了全体订户的人均消费，因为游戏相对新闻价格更低，许多订户只订阅游戏。Levien 指出，由于增加订户的服务成本非常低，哪怕增加的订户只付很少的钱，《纽约时报》的毛利率也会非常高。

播客对《纽约时报》数字化订阅做出了特别贡献，Levien 指出，付费订阅的增长与播客的增长是完全同步的。在这个业务领域中，《纽约时报》进行了多次收购，包括著名的 Serial Production 播客。2023 年 5 月，在面临《每日播报》增长停滞的情况下，《纽约时报》推出订阅用户专属的《纽约时报》音频 App。除了原有的免费音频，还包括一些订户专属的音频服务。比如记者读报，由报道记者向读者介绍新闻背后的故事，像采访经历和未进入报道的素材，体育新

[1] https://stratechery.com/2022/an-interview-with-the-new-york-times-company-ceo-meredith-kopit-levien/?utm_source=toolkits&utm_medium=email&utm_campaign=newsletter.

[2] https://www.axios.com/2022/06/14/nyt-ceo-15-million-subscribers-2027.

闻 The Athletic 的音频也在其中。

专属的意思是没有免费版本，音频 App 的费用包含在新闻订阅和捆绑订阅中，不会单独收费。负责沟通事务的执行总监 Jordan Cohen 说这项服务受到新闻邮件服务的启发，向付费用户提供的专属新闻邮件服务非常受欢迎。之前《纽约时报》音频服务分散在各大音频平台上，依赖第三方数据吸引广告商，利润比较低。付费订阅用户专属音频可以打造新的第一方数据市场，提高广告价值。[1]

付费专属节目的产品形式是否适用于音频服务，市场上还有不同的看法。Spotify 曾经聘请名人制作播客，试图打造排他性的专属音频节目，不过最终还是放弃了，回到非排他性平台的路线上来。

捆绑订阅与扩大订户基础

2022 年，《纽约时报》数字订阅用户增加了 100 万，总数达到 960 万，增长幅度仅次于 2020 年，即将提前完成 2025 年 1000 万付费订阅的目标。下一个目标，是在 2027 年实现 1500 万订阅。《纽约时报》将报纸的订阅数量与 Netflix 进行对比，后者在全球的订户为 2.3 亿。那么，报纸订阅的空间还有多大？他们根据自己的研究数据，再结合路透社的调查，结论是大约有 1.35 亿人愿意为新闻、菜谱、游戏、播客、购物建议、体育新闻这些服务支付费用。

Levien 认为，捆绑销售是一个有效的渗透市场策略。《纽约时报》研究发现，捆绑订阅的用户比单一新闻订阅的保留率高 40%。[2] 捆绑订阅的价格比单一的新闻订阅高 50%，不过价格差距是可以调整的。从 2022 年四季度开始，《纽约时报》将单一订阅的

[1] https://www.theverge.com/2023/5/17/23727546/new-york-times-audio-app-podcasts.

[2] https://stratechery.com/2022/an-interview-with-the-new-york-times-company-ceo-meredith-kopit-levien/?utm_source=toolkits&utm_medium=email&utm_campaign=newsletter

价格提高，迫使订户转向捆绑订阅。[1]

刺激捆绑订阅的主要方法是用兴趣服务引流，之后推荐捆绑订阅中的服务，尽可能让用户形成习惯。比如向 Wordle 用户开放捆绑服务，让他们看到新闻服务。

订阅服务专业研究机构 Enders Analysis 技术版块负责人 Joseph Teasdale 认为，《纽约时报》通过游戏业务将传统报纸的一项用户体验很好地继承下来。实体报纸时代，人们每天都会交流填字游戏的答案。今天，《纽约时报》在移动端复制出这项体验。[2]

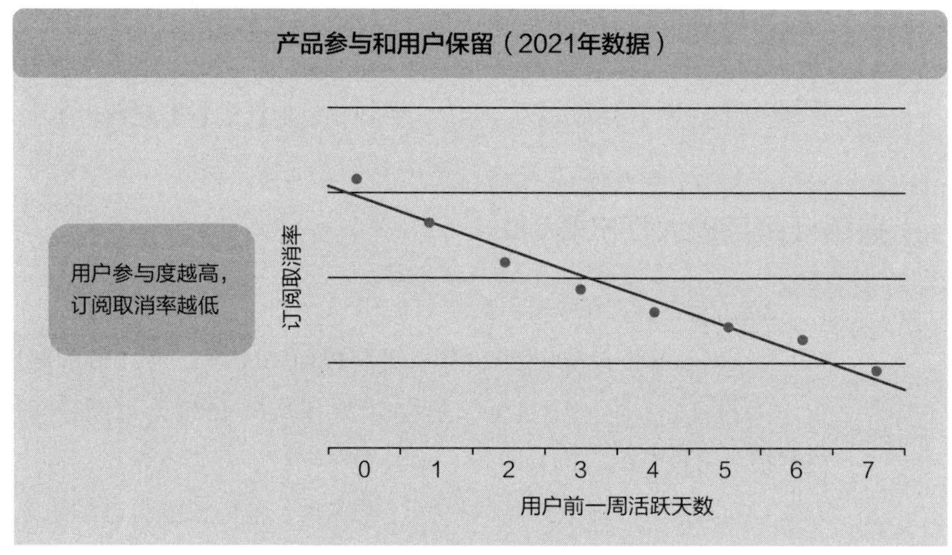

图 3.7　产品参与增加用户保留

另一个增加订阅的方法是设法提高订户的活跃度。《纽约时报》对新闻订阅的研究发现，订户在网站上的活跃度直接影响取消订阅的比例，每天登录的订户取消主要产品的可能会比较低。因此，他们设法增加用户打开和停留的次数。比如对于一周一美元的订户，

[1] https://www.poynter.org/business-work/2022/news-alone-is-no-longer-the-driver-of-new-york-times-subscription-growth/.

[2] https://digiday.com/media/the-next-level-for-us-the-new-york-times-eyes-longer-play-sessions-for-games-in-subscription-drive/.

也会开放其他订阅项目，希望增加他们返回和停留的时间。[1]

2022 年 1 月，《纽约时报》以 5.5 亿美元价格收购会员制在线体育新闻网站 The Athletic。这家公司成立于 2016 年，拥有 120 万会员，以本地体育报道和国际足球报道为特色。The Athletic 亏损比较严重，收购前一年的亏损为 5500 万美元。《纽约时报》在收购后的三年里将为此支付代价，影响它的财务报告。

这项收购引发了争议，之前《纽约时报》虽然频频收购，但金额通常比较小。批评者认为，《纽约时报》急于增加付费订阅用户数量，这是可以理解的。但收购获得的用户与有机增长获得的用户相比，两者在行为上可能相差很大，收购来的用户未必喜欢《纽约时报》的其他产品。

The Athletic 亏损比较严重，这是它愿意出售的原因。如果 The Athletic 的订户无法转化为《纽约时报》的订户，收购反而会导致持续财务失血。Levien 为收购决策辩护，她认为 The Athletics 可以帮助《纽约时报》在国际新闻和时政新闻之外增强订阅套餐的价值。

Levien 特别强调要让订户每天获得价值感，体育新闻天天有，是一个比较好的流量工具。在美国，体育加新闻的组合是最强有力的，她举出电视新闻作为例子。质疑者认为体育新闻的对象和时政新闻完全不同，两者之间没有互补关系。当然，从广告角度来看，增加订阅总是有价值的。比如订户基础多元化可以丰富《纽约时报》的第一方数据广告市场。

《纽约时报》的业绩是在媒体行业整体收缩的市场环境下取得的。《华尔街日报》是《纽约时报》的主要竞争对手之一，它的印刷版订户数量与《纽约时报》差得不多，分别是 65 万和 71 万。但《华尔街日报》数字化订阅数量比《纽约时报》少得多，2022 年只有 300 万。

[1] https://www.inma.org/blogs/world-congress/post.cfm/retention-is-the-new-subscriber-growth-centres-on-engagement.

另一位竞争对手《华盛顿邮报》由亚马逊创始人贝佐斯投资管理，2021 年数字化订阅数量大约也是 300 万。2022 年，《华盛顿邮报》的数字化收入和数字化订阅都比前一年有所减少。对比来看，《纽约时报》在数字化订阅方面的确表现出独特的能力。

2021 年 10 月开始，《纽约时报》股票价格一度进入下降通道，从 50 美元的高位下跌到 30 美元。市场公认，这家历史悠久的媒体已经成功完成数字化转型，它的经验让整个行业受益。但未来的增长预期能否实现，投资人还需要新的证明。比如，为什么订阅收入增长没有同时带来广告收入的增长？网络广告由 Google、Facebook 主导的局面没有发生大的改变，《纽约时报》所期望的第一方数据市场增量有限，还要有进一步的产品创新才能吸引广告商。

4. 万科物业：业主共识与四有青年

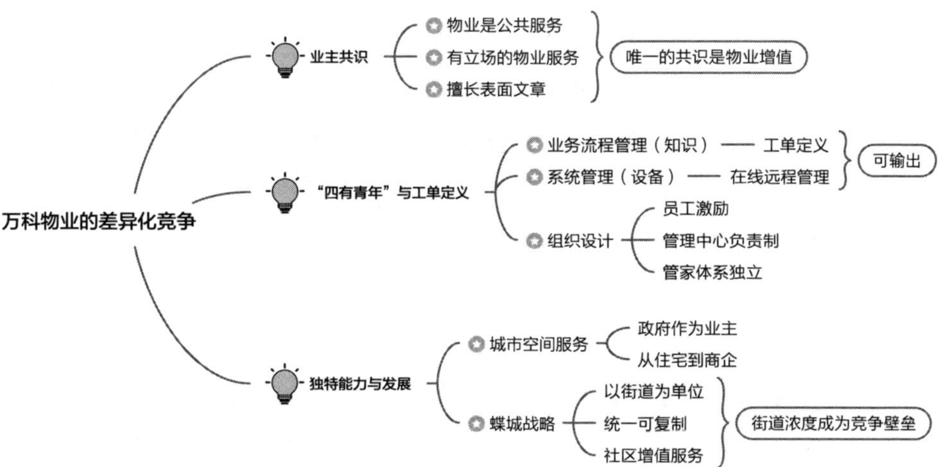

导言：物业服务似乎是很难实现差异化的行业，万科物业的做法之一是强调公司与业主间权利义务的界定。将业主的关注从私人服务转向公共服务，形成新的价值创造理念。在业务能力方面，注重运用技术来降低服务成本，希望通过技术复制和技术输出来增加收入。强调技术的优点还包括避免与业主就模糊的服务标准陷入争议，减少摩擦。近期的蝶城战略则主张打开小区围墙，通过数字化基础设施和共享服务提高人工效率。

我们相信，客户信任远比毛利率重要。如果物业行业真是高毛利行业，那势必引发更激烈的竞争把毛利拉下来。确保毛利水平的方法就是不断围绕客户真实需求，建立稳固、粘性的客户关系。

——朱保全，万物云董事长，2023 年业绩交流会

如果看到一家公司，名字叫作万物云空间科技服务股份有限公司，简称万物云，你会认为这家公司是做什么业务的？

2020 年 10 月，万科集团合伙人朱保全宣布万科物业改名为万物云。万物云包含空间、技术和成长三大模块。其中，空间模块由原万科物业、租赁、商企服务和城市服务组成，科技模块为物业管理提供软件和硬件能力，成长模块则是新业务孵化器。

传统企业用改名来表示数字化转型的决心并不是只有万科一家。2013 年，苏宁电器改名苏宁云商，2018 年又改名为网上服务品牌苏宁易购。从业绩表现来看，苏宁电器改名的成效并不像期望

的那样大。万科公司以擅长打造新概念而著称，将万科物业改名万物云，是为了追逐时尚，还是万科对物业管理有了新的想法？

作为一门新产业的物业管理

内地物业公司的起源

物业一词从唐代到清代都有使用，但在现代文学中却很少看到。经典作家如郭鲁茅巴等人的作品中没有使用，王朔 20 世纪 80—90 年代描写城市生活的小说同样也没有提到物业。2005 年，《现代汉语词典》第五版首次收入“物业”词条。2012 年增加了“物业费”的例句。从这一变化可以看出，《现代汉语词典》编纂者对语言所代表的社会情绪有准确的把握。[1] 大型物业公司往往是房地产公司的下属企业。在房地产市场上，物业服务曾经被认为是属于售后服务部门。万科创始人王石说，自己只要六秒钟就能把万科介绍得一清二楚：“中国城市住宅开发商，上市蓝筹，物业服务好。”在这段介绍中，物业服务从属于住宅产品，用于支持产品的价值主张。

万科是市场上比较早的重视物业管理品牌的房地产企业。1990 年，万科深圳天景花园成立国内第一家业主委员会。当时王石提出的物业服务标准很简单，“游泳池的水要干净，不能丢自行车，地上不能有烟头”。30 多年过去，这些要求仍然是许多物业公司努力的方向。

物业管理产业的特点是市场高度分散。2019 年，上海市有 13000 个小区，而在市房管登记的物业服务企业有 5300 家。很多物业公司是大型组织后勤部门的下属机构，在组织内部地位不高，员工缺乏激励。市场分散的结果之一是投入不足，无法吸引优秀员工。

[1] https://www.sohu.com/a/312170947_160920.

物业服务普遍缺乏价值创造能力，也谈不上品牌效应。

另一方面，物业管理行业的社会形象不佳，频频发生纠纷。根据上海市消费者保护委员会调查，上海近七成业主对于小区物业不满意。2020 年，宁波某小区业主向万科物业赠送锦旗，上面写着“干啥啥不行，收钱第一名”。这一行为很快成为全国性的行业事件，许多物业公司陆续收到了相似的锦旗，显示业主们积怨已久。

资本眼中的物业

如果没有资本市场的介入，物业管理行业也许会长期保持这种不受重视的状态。2014 年，彩生活上市，成为第一家物业管理上市公司。2018 年，物业管理公司上市突然加速，媒体称为“扎堆上市”。

到 2020 年底，已经有 42 家物业管理公司上市。市场排名前 20 的房地产商中，有 16 家将物业分拆上市。相当一部分物业管理企业上市后受到投资人的追捧，例如恒大物业和华润万象生活，上市不足两个月就实现了股价翻番。

物业公司的境遇显示了市场变化的戏剧性。自从新零售概念流行起来之后，资本市场突然发现，物业管理公司在很大程度上控制着社区资源，这部分资源可以转化为商业价值。住宅价格不断提升，物业公司即使不能从中获利，至少处于提高收费的有利位置。

既然快递、送餐都可以利用社区环境获利，物业公司似乎也可以将位置或管理便利转化为收入。当然，投资人对物业服务有了新的看法，并不代表物业管理行业本身有了很大的进步。

物业管理公司是否像投资人所期望的那样，具备市值增长所需要的资源和能力?

在短短几年时间里，物业公司的人员构成、技术投入、管理提升不太可能有很大的改变，它们的基本工作仍然是传统的四保，“保安、保洁、保修、保绿”。只不过上市后企业可以获得资金支持，通过并购快速增加管理面积。

要将一个零散产业转化为整合的产业，光有集约化管理和社区电商的概念还不够。物业管理还必须能够讲出新的价值创造的商业逻辑，这是万科物业或万物云当前想要做的。

2020 年万科物业收入 182 亿元、同比增长 27%，而万科集团增长只有 13%。2016 年，万科物业营收 42.6 亿元，四年之后增长到 182 亿元，的确是一个很不错的成绩。但与一些上市物业公司相比，这个成绩并不算特别出色。

2020 年，港股 39 家上市内地物业公司的营收增长平均达到 50%。2016—2019 年，上市的 26 家物业企业营业收入年复合增长率 32.4%，净利润复合增长率 52.7%。[1] 万科物业很早就有了市场美誉度，但同行的增长速度却让万科过去的成就打了折扣。与知名度相比，万科物业在增长方面的优势体现得不够明显。

万物云 CEO 朱保全对物业公司股价上涨的逻辑持保留态度。他说，“物业企业可以给资本市场讲一个 80%、90% 毛利率的故事，许多上市的物业公司利润每年增长 50%，没有哪个行业比物业行业利润增长更快，这恰恰是一个问题。因为没有解决客户关系问题，没有吸引到更好的人才”。

朱保全认为，物业公司最核心的能力，排在第一位的是游说业主，其次是专业知识，将绿化、保洁、电梯维保以专业的能力管好。

差异化市场能力：业主和工单

游说业主与建立共识

朱保全所说的游说业主就是解决客户关系问题，建立业主与物业公司双方的共识。万科认为，物业管理的首要目标是资产保值增

[1] https://news.leju.com/2020-05-26/6670940816078585212.shtml.

值。做好“四保”，让小区外观整洁，生活方便，这是物业管理的基本任务。但做到这些，还不足以说服业主，因为业主的重大利益是资产价格。

2018 年 9 月，在万科集团媒体见面会上，朱保全提到 90 万平米的江宁托乐嘉项目。业主委员会决定更换物业公司，请万科物业入驻管理。十年后，这个项目的价格每平方米比周边高一万元，这是物业服务给业主带来的主要利益。朱保全说，近年来物业公司唯一跟消费者达成的共识是帮助不动产保值增值。但物业管理的价值创造不是等待市场行情让物业自然升值，而是要创造出相对的升值。

多做表面文章，提高收费标准，拒绝业主的服务要求，都是业主游说的内容。

游说的第一步是与业主建立共识，物业服务只负责公共空间和公共利益的维护，而不是服务于少数业主的利益。据万科物业首席客户官杨光辉介绍，第一家业主委员会是在万科开发的住宅小区天景花园里面产生的，促成业委会成立的原因则是至今仍然常见的电费催缴。

由于小区变压器配置问题，导致居民用电不足，物业向电业局申请以商业用电来补充。商业用电价格较高，部分业主拒绝按商业用电标准缴纳电费，物业不得不先行垫付。当累积电费赤字达到 15 万元之后，物业发现难以为继，只好邀请业主代表组建业主委员会来解决问题。朱保全认为，这是一个由物业发起的、社区成员以公心达成共识的案例。

前面提到的宁波锦旗事件发生后，万科物业做出了强硬的回应，公开宣布申请退出小区服务。朱保全说，锦旗事件传播得很快，但是一直没有上热搜。万科给业主的回信发布后，事件连续 5 天上了热搜。他认为，万科回信能够上热搜，是因为信中出现了观点和内容。锦旗事件是没有内容的，人们把它当成一个游戏。万科回信中有立场表达，这就形成了内容，出现了对行业现象有意义的讨论。

锦旗事件是个体业主的行为，事件发生后，小区其他 690 多户业主会认为此事与自己无关。当万科发出退出服务申请后，这些业主就不得不和万科物业发生有意义的关联。经过投票，80% 的业主希望万科继续服务。朱保全说，万科物业是一个品牌，有一套流程化服务标准，这套标准不一定随客户的需求而改变。换言之，“多数人不一定是对的……你听我的，我允许你用万科物业四个字”。

一位社区负责人在接受记者采访时指出，“和业主达成共识较为困难是目前物业行业面临的主要痛点之一”[1]。站在服务商立场，万科物业希望业委会像企业一样有效率，能够引导业主与物业双方建立共识。由于业委会情况复杂，物业管理行业只能寄希望于锦旗事件新闻促成业主意识到建立共识所带来的利益。

在许多针对万科物业的投诉中，都会提到万科物业非常擅长做表面文章，收费力度很大。如果从积极的角度来理解这些投诉，实际上它们反映出万科物业对服务标准的理解。万科物业在接管其他楼盘之后，往往会进行公共空间的维修改造，包括电梯、绿化、地下车库、外墙、道路等。在完成面上工作之后，再提高物业服务收费，这是一套以建立和引导共识为主要目标的流程。

2016 年，在社区电商 O2O 的热潮里，万科物业发布“友邻计划”，在 App 上提供电商服务。但万科物业同时承诺不在电商交易中赚取利润。业主购买产品或服务，商家会捐赠一定比例的款项，这笔资金将用于物业设施设备更新和社区文化建设。

到 2020 年上半年，友邻计划已经覆盖 1900 个住宅项目，56 万住户参加，为社区贡献了 1500 万元资金。友邻计划的设计并不完美，但万科物业由此表明，品牌的价值主张应当找到更多的落地机会。用物业的经营活动支持社区公共利益，有助于在全体业主间建立共识。

达成共识的另一个条件是信息透明，万科物业在电梯里张贴二维码，业主可以扫描查看物业经营信息，包括物业费的使用、其他

[1] https://www.163.com/dy/article/FQEH3KTS0530I1ON.html.

公共收入的金额。这种简单直观的方式有效地传达了万科物业的技术能力。

物业公司建立业主共识的能力很难有具体指标，只能从物业服务定价和收缴率来做一定程度的观察。2011年，深圳天景花园业委会同意将物业费从每平方米1.2元上调为1.9元，同期类似项目的物业费平均只有0.8元。天景花园业委会不仅能够协商物业费调价，还有能力向业主收费用于小区设备添置更新，小区物业费的缴费率更是达到100%。据2015年数据，万科物业的物业费收缴率是96%，行业平均水平为76%。[1]

"四有青年"与工单定义

万科物业创建于1990年，初期业务主要是住宅售后服务。1997年，万科开始将物业服务作为住宅品牌的内涵之一，同时尝试市场化经营。2005年万科物业退出市场化业务，回归内盘，将全国70多家物业管理处改名为物业服务中心，专注住宅物业服务。

2009年，万科实施组织变革，物业成为独立事业部。2015年，万科物业全面市场化。所谓市场化，是指万科物业的业务范围不限于集团本身，而是作为独立的市场主体经营。例如万科集团与万科物业之间有一个协定，如果万科物业的客户满意度达到指标要求，集团会授予约定金额的品牌发展基金。据万科集团董事会秘书谭华杰介绍，为了避免对万科地产项目销售造成威胁，万科物业绕开存在直接竞争关系的在售楼盘，只接收已经销售完毕的成熟社区。

物业管理的专业体现为知识和流程。朱保全曾经介绍说，万科物业有一项服务标准是"客户无错"。但要做到标准的要求，却需要系统分析能力。万科物业统计了业主与物业人员冲突的案例，发现业主在喝醉的时候最有可能与管理员发生冲突，对应的时间段则

[1] http://www.eeo.com.cn/2016/1001/292414.shtml.

是晚上 10 点到凌晨 2 点。此前，万科物业在这一时间段安排的员工中有 85% 工龄不足半年。根据这项分析，万科物业从派工环节做出控制，不允许工龄半年以内的员工进入这一时段值班，从而大幅度减少了冲突数量。[1]

2014 年开始，万科物业将物业管理的指标与作业活动相联系，从关注小区数量、面积、员工人数改为保洁面积、岗位数量、执勤人数与状态。例如对保洁作业面积进行专项研究，对 400 家社区保洁作业面积进行分类测量和数据对比分析，研究保洁员效率指标，如上厕所耗时、捡拾可回收物问题等。以数据为依据，万科物业在全国推广保洁工时外包，对保洁外包方费用实现当日签单结算，费用逐日向业主公开。

物业管理知识的发现和推广逐渐发展到今天的"睿服务"流程管理支持系统。据 2014 年万科某地分公司数据，使用了"睿服务"体系后，取消了品质管理部、安全管理部，减少编制 14 人。通过硬件改造、流程优化减少门岗和综合管理岗位近 100 人。

2014 年，万科物业开始一项空间记录数字化的工作，称为"四有青年"。所有的项目都有经纬度（定位），所有的设备都有身份证，所有的岗位都有二维码，所有员工都有经验值。每个岗位的员工都要达到一定经验值才能上岗，以保障服务的稳定性。员工到岗上班先扫二维码，实现岗位和员工间的正确匹配。

万科物业还将"睿服务"作为工具，向其他开发商和物业公司提供服务。例如将物业项目的基础数据录入"睿平台"系统，对所有设备、建筑物重新编码，再引入管理标准和数据管理帮助物业公司形成管理系统。管理人员从后台可以查看满意度、收缴率、管家跟单情况、维修人员工单进展等数据。

万物云主要的输出项目分为流程管理支持和系统管理支持。前者是基于知识形成的业务流程，也就是"睿服务"，包括万科物业

[1] https://www.toutiao.com/article/6599445641976349197.

积累的199个程序文件、2623个作业步骤、972个作业知识。系统管理支持是指基于设备的开放平台，是通过算法增强的能力。

给出任何一个空间，物业有能力对工单做出定义，这是物业公司的核心能力。

朱保全认为，程序文件是万科物业最重要的财产。所谓程序文件，并不是纸面的东西，而是给出任何一个空间，物业公司有能力对工单做出定义，这是物业公司最重要的无形资产。

万科物业利用万科地产的经验建立建筑信息模型（BIM），形成对于每个空间的数字化和可视化管理。工单系统能够基于设备信息形成管理任务，以派工单的形式安排人员调度。全国746万个设备全部在线，实时监测当天执行工单的状况和设备表现。

楼宇自动控制系统EBA，能够用传感器采集设备运行情况，实现对设备的远端控制。发现故障和异常情况及时提醒技术人员，自动派单，由高级别的技术人员对设备进行远程会诊。[1]设在武汉的数字运营中心统筹全国一万多个物业项目，减少中间监控环节和管理成本。

在物业管理中，人工智能应用场景主要是人员识别和车辆识别。如果通勤口出现聚集的情况，摄像头可以直接报警；在禁行区有人进入，摄像头也可以报警。[2]朱保全介绍说，“小区里哪些是工作人员、装修工人，哪些是业主，如何快速通过后台识别。我相信，这不是其他平台所具备的能力”。

2020年，克而瑞公司联合重庆市物业协会、万科物业重庆共同完成一项包含450个样本的调查报告，名为“物业服务对二手房价的影响研究”。调查发现，与竞争对手相比，重庆万科物业服务对房价的溢出效应高出7.2%。其中在物业维修管理服务上，重庆万科物业高于竞争对手将近10分，优势比较明显。[3]

---

[1] http://baixiaosheng.net/5227.

[2] http://sz.house.163.com/20/1031/22/FQA4H81D000788D9.html.

[3] https://www.163.com/dy/article/FPKE0PNT0515ARKP.html.

增长潜力：内部控制和外部开发

组织设计

物业管理行业面临的一个普遍问题是基层员工流动性过高。万科对此做了专项研究，他们发现入职两个月是员工离职的高峰。进一步分析表明，离职的主要原因是基层组织对员工生活照料不足。万科物业为此设计了针对这一时间点的基层关怀活动，效果并不显著。看来，数据本身没有问题，是对数据的理解不够深刻。

实际上，影响员工离职的主要因素可能是生活和居住条件太差。即使掌握了两个月的时间点，干预的作用也不大。按照赫兹伯格双因素理论，如果企业不能给员工提供足够的福利，也就是保健因素缺失，员工必然处于低满意度水平，只会有意愿做最基本的工作。2019 年，万科物业发起基层员工生活改造计划，投资 2400 万元用于改善员工宿舍。

生活居住环境改变有助于保留员工，这是保健因素的作用。想要员工发挥主动性和创造力，还要解决员工激励的设计，也就是提供激励因素。相对于地产开发部门，物业管理人员的学历构成显著偏低。朱保全曾说，物业行业 90% 从业人员学历低于本科，地产行业 80% 高于本科。在这样的行业背景下，如果能够用技术手段提高劳动收益，将为企业带来竞争优势。

结构跟随战略，组织调整应当体现企业的差异化主张，支持降低成本、提高激励和责任监督等要求。

万科物业试图用共享经济的概念改进维修工的工作设计，让维修工在周边社区共享接单，产生正面激励作用，同时降低人员成本。对于物业管理中消耗人力最多的安全和机电人员，数字化创新可以提效 2.67 倍。万科物业数据与信息中心有 300 名产品经理专注于 IT 创新，每年营业收入的 1.5% 用于研发。[1]

2013 年，万科物业在广东东莞分公司试点“睿服务”体系，将 350 万平方米管理区域的合同作价委托给由 10 名职业物业师组成的两个管理中心运营管理，职业物业师是来自负责社区物业管理的项目经理。一年后，客户投诉下降 30%，员工投诉下降 50%，工单完成率达到 99.4%，物业费收缴率达 96.6%。

万科物业进一步将项目经理从小区中抽离出来，以一线合伙人的形式组成管理中心，让合伙人通过系统对现场进行管理，实现一个管理中心管理多个项目。住宅项目运营中心下设 67 个管理中心，每个管理中心由 5~7 名一线合伙人组成。为了平衡激励与绩效，职业物业师需要投入一定的“风险保证金”。如果所在区域管理中心的收益大于预期，则与公司共享收益。如果收益低于预期，则以缴纳的风险保证金与公司共担风险。

管家在万科物业体系中扮演着特别重要的角色。每 500 户业主配备一名专属管家，管家对网格内的服务品质负责。管家的主要工作是建立社区关系，向业主提供支持，同时作为设施数字化管理的现场监督者。

万科物业对服务质量设置四级管控，分别为项目管家、前端经营体、区域质量与前介中心、武汉数字运营中心。朱保全介绍说，“过去万科物业在住宅项目里分为保安、保洁、保修和客服四个专业。现在，万科物业将客服作为管家体系拆分出来，代表客户监督管理另外三个专业”。

物业品牌力量大到一定程度，很可能出现物业方过度强势，这是业主所不欢迎的。万科物业在组织设计中将管家职责定位为站在业主一方监督前端经营体，至少是一种姿态。另一个解决方案是将城市子公司拆分为多个业主专属服务组织。比如在深圳，万科物业

[1] https://www.sohu.com/a/223687500_651625.

拆分出专门为坂田、龙岗、罗湖、福田服务的机构。

朱保全认为，业主希望物业服务聚焦于本社区的问题。让前端经营体变小，是以客户、业主为中心的品牌调整和组织架构调整。前端经营体每年进行三次自我审查和来自上级“区域质量与前介中心”的审核，以内外审为基准，可得到三种颜色的打分卡。如果得了红卡，就不能扩大规模，如果连续得红卡就会被降级，得到绿卡才可以扩大规模。[1]

蝶城战略：从住宅服务到城市服务

有了数字化运营能力之后，应用的场景将不限于住宅。与住宅相比，商业企业市场收费水平高，是一个稳定的收入来源。2016 年，万科物业签约华为坂田基地培训中心，物业服务面积 15 万平方米。此后万科物业陆续成功投标了京东集团总部大厦、腾讯滨海新总部大厦、阿里深圳后海中心、杭州蚂蚁金服总部等超过 10 万平方米的大体量企业建筑。

2018 年，珠海大横琴投资有限公司与万科物业成立合资公司，承担城市服务管理业务。如果将城市想象为物业，它的业主是政府，公共空间包括道路、绿化、桥梁、隧道。万科物业对城市服务的新领域寄予很大的期望，设立了独立事业部。

2019 年，万科物业与地产咨询五大行之一的戴德梁行进行了物业项目合并，名为万物梁行。万物梁行的服务项目超过 1100 家，规模则达到 1 亿平方米，客户包括阿里巴巴、腾讯、美团、饿了么，以及爱马仕、香奈儿、玫琳凯等。商企服务价格高于住宅物业服务，目前万物云住宅项目与非住宅项目面积比例大致为四比一，收入比例为二比一。

在公司总品牌万物云之下，万科物业负责住宅业务，万物梁行

[1] https://company.stcn.com/gsdt/202009/t20200925_2391505.html.

负责商企业务，万物云城负责城市服务，分别占据住宅、商企、城市三大业务空间。2023 年，来自万科集团的关联交易收入比例下降到 13.6%，这一比例反映出万科物业经营上的独立性。

2019 年，万物云城陆续签约雄安新区、广州白云及成都高新区。据万科方面披露，2019 年横琴“物业城市”模式下的收入大约有 4 亿元，预计未来两年项目数将继续增加至 17 个。万物云城 CEO 何曙华介绍说，万物云城的战略是以街道为单位进行扩张。“我们把全国 30 个核心城市梳理出了 1300 多条街道，万物云城的市场拓展，就是增加‘街道浓度’”。所谓“街道浓度”，是万科住宅物业服务的一项统计指标。以街道为行政区域，由万科物业负责的住宅物业管理建筑面积占比达到 25% 以上，就称之为“化蝶”。这些成功“化蝶”的街道就是万物云城的市场开拓方向。[1]

> 和城市空间服务相比，蝶城战略代表一种更加现实的增长预期。从现有的住宅项目出发，争取在街道范围内获得独占地位。

2022 年，万科物业上市，成为上市公司“万物云”，从名称上脱离了与万科品牌的重叠。“化蝶”战略改名为“蝶城”战略，从万物云城战略方案变更为万物云旗下万科物业的战略方案。这项改变反映万科物业开展城市空间服务时遇到的困难，其中涉及众多城市管理部门和大量的政策法规调整，光凭企业的力量无法推动，需要政府提供支持，还必须是长期的支持。

另一方面，万物云上市前后，国内住宅市场走向低谷，新交付楼盘数量显著减少，物业公司需要寻找新的增长路径。和需要政府干预才能实施的城市空间服务相比，以街道为单位的蝶城战略可以依托现有的万科物业服务。朱保全介绍说，蝶城战略的起源并不复杂。兼并隔壁小区是物业公司扩张的常用手段，小区增加后形成片区，就可以打开围墙，减少用工。然后再增加智能硬件替代现场岗，

---

［1］ https://m.jiemian.com/article/5492583_yidian.html.

进一步提升人效。[1]

蝶城战略有助于万科物业发展原有的“业主共识”和“共享服务”两项领先优势。在这些街道上，万物云可以用比较低的成本来建立业主共识，有了业主共识，再推出增值服务项目，创造远期增长潜力。至于共享服务，蝶城战略对“街道浓度”做了进一步的定义，以 3 公里为半径，以 30 分钟可达为服务标准。蝶城范围内的保洁、保安、保修、保绿采用共享模式，统一调度，混合用工。

蝶城战略的一项优势是能够将老住宅项目价值发挥出来，传统上这类项目物业费低，难以实现盈利。万物云对这些街道进行数字化基础设施改造，用计算、机器和远程服务替代人工。比如建立小区智能网络，引入智能工单调度系统，建立智能通行、自助服务等。蝶城改造的模式是统一和可复制的，边际收益比较高。万物云由此提高老旧项目的人效，降低成本，实现赢利。

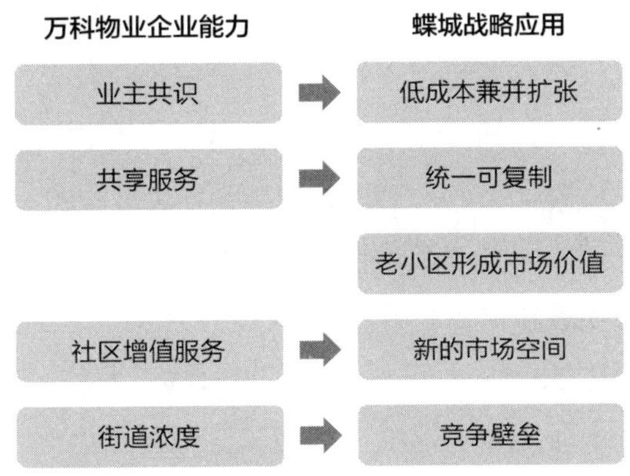

图 4.1　蝶城战略与万科物业的独特能力

蝶城战略带来的另一个机会是社区增值服务，物业公司可以提供房屋销售、租赁经纪服务、房屋再装修及美居服务等获取收入。与基本物业服务相比，社区增值服务的毛利比较高。在行业中，万科物业的社区增值服务一向占比较低。例如，碧桂园服务社区增值

[1] https://finance.sina.com.cn/jjxw/2023-06-02/doc-imyvxapa8359722.shtml.

服务占比为 11%，保利物业为 22%，而万物云只有 5%。

近年来，竞争对手社区增值服务的增长点主要是社区电商和家政服务，万物云没有开展这些项目。这一选择和万物云的经营理念有关，公司要求只能选择性进入私人空间。物业负责小区公共空间，房主的私人空间不属于收取物业费的范围。公共空间的管理比较容易实现标准化，降低成本，实现可持续增长。而社区增值服务往往需要定制，成本比较高，一旦出现问题，会连带物业品牌受损。

蝶城有可能为万物云社区增值服务创造新的机会，比如房屋的翻新、升级改造等。当物业公司管理密度足够大的时候，本地将产生大量室内施工需求，为本地工程项目团队带来业务。本地项目团队对所在小区房屋特点的了解，有助于降低施工成本。万物云旗下"万物研选家"将装修流程进行分解，设计若干节点并设置相应控制指标。通过减少个性化、提高透明度实现标准化作业，降低成本。蝶城之间可以相互学习，社区增值服务有希望从零散走向整合。

蝶城战略方案的总体目标区域是半径 3 公里，现有客户在 3000 户以上的街道，共有 459 个街道。其中，万物云服务客户在一万户以上的街道有 121 个，这是蝶城战略的近期目标。CEO 朱保全预计，每座蝶城可以带来 1 亿元收入。[1]

在深圳坂田街道，万物云服务家庭总户数占街道的 36%，加上商写项目，服务总面积占街道的 33.5%。万物云向街道派驻代表，争取提升项目浓度。蝶城一旦建成，则自然形成竞争壁垒。万物云的服务项目主要位于沿海和中心城市，为蝶城项目提供了发育扩张的基础，万物云还可以通过收购本地物业集团加快蝶城复制的速度。

[1] https://www.sohu.com/a/534752780_120199291.

第二部分

创业与商业模式

5.Twilio：API 经济的标本

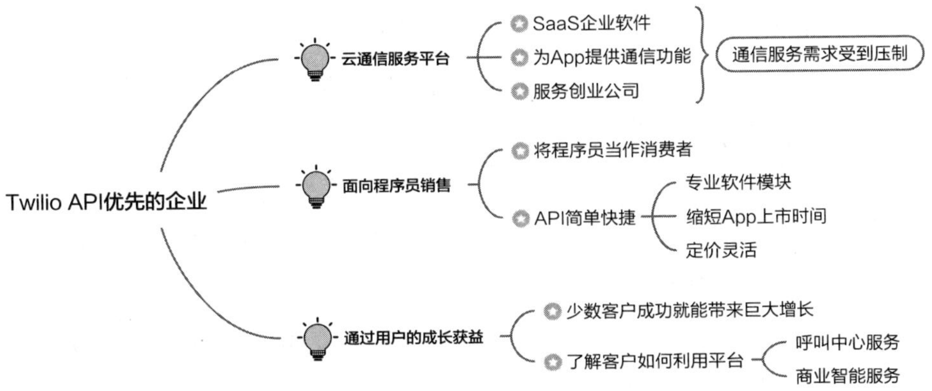

导言：面向企业服务的SaaS产品，不通过企业采购部门和高管，如何打开市场？早期用户从哪里来？如何建立口碑？Twilio从服务程序员群体入手，将开发人员的需求转化为销售机会，在大企业忽视的市场上，建立起API优先的通信技术平台，成为API经济的代表。

我们的要求是，公司每位员工都能用Twilio设计出一款App。不只是程序员，是每位员工。

——劳森，Twilio联合创始人兼CEO

Twilio是一家美国云通信服务平台，面向软件开发人员，以API服务为特色。我们将讨论Twilio如何选择通信服务作为创业方向，形成独特的商业模式，什么是API优先平台和以开发人员作为服务对象，Twilio如何建立商业前景。

通信服务的市场机会

SaaS与云服务

2011年10月，Uber还是一家小型创业公司，刚刚迈出旧金山。它向用户发送了一封电子邮件，解释说短信服务商需要临时中断服务，某些 Uber 功能如通知或短信用车可能无法使用。Uber 方面的观点是，这不是我们的问题，是短信服务供应商的过错。

同在一座城市的劳森（Jeff Lawson）是 Twilio 创始人，他也是 Uber 用户。收到这封邮件之后，劳森想，Uber 其实应该用我们的服务。他通过一位朋友联系上 Uber 创始人卡拉尼克。一个月后，Uber 将短信服务转到了 Twilio 平台。[1]

Twilio 的收入中有 75% 来自用户使用量收费，包括按分钟计费的语音通话和短信费用，还有来自月度计费和租用电话号码或代码的收入。由此来看，Twilio 很像是一家电信公司而不是互联网公司。

Twilio 向电信公司购买带宽，向亚马逊购买云服务，它自己的产品是软件服务，顾客界面是 API。

尽管从收费项目看很像电信公司，Twilio 实际上是一家基于网络提供通信服务的企业，术语称为云通信服务平台。当然，Twilio 仍然需要电信公司提供基础服务，比如它要向电信公司购买带宽，而服务器则建立在亚马逊云服务 AWS 上面。Twilio 平台上有很多对外开放的 API 接口，其他软件企业通过 API 将 Twilio 的服务整合到自己的 App 里面，就可以实现通信功能，如语音、短信、电子邮件等。

API 是预先定义好的软件接口，用于支持软件与其他软件进行沟通。如果你的 App 想要使用 Twilio 的通信功能，首先要做的是让 Twilio 能够理解你的指令。Twilio 向用户提供 API 服务，就是将用户 App 的指令变成 Twilio 通信软件可以理解和执行的指令。程序员很可能并不知道 Twilio 如何实现通信功能，这不妨碍他们使用 Twilio 的 API。由于 API 是 Twilio 与用户的接触点，并且 Twilio 的 API 以简易方便为特长，人们也将它称为 API 优先的企业。

很多人从未听说过 Twilio 的名字，但它的客户中有很多知名品牌，像 WhatsApp、Airbnb、Netflix、Reddit、eBay、埃森哲等。使

[1] https://www.forbes.com/sites/miguelhelft/2016/09/14/the-wizard-of-apps-how-jeff-lawson-turned-twilio-into-the-mightiest-unicorn/?sh=7c0fc859b580.

用打车软件时，用户经常需要和司机通话。他们会注意到，双方的电话号码都是加密的，也就是用虚拟号码进行通信，打车软件 Uber 的这项功能就是通过 Twilio 来实现的。还有用户经常使用的验证码服务，手机短信接收验证码用于登录或密码找回，许多企业的这项服务也是由 Twilio 承担的，包括世界上最大的短信应用 WhatsApp。

在 Youtube 上面，有一段官方的 Twilio 介绍，名为“What is Twilio”，这段视频播放了 400 多万次。下面点赞最多的一条评论说，看完了视频，我还是不知道 Twilio 是做什么的。这样的反应并不奇怪，Twilio 不是面向消费者的服务，它的服务对象是软件开发人员和他们所在的企业。没有写代码的经验，不理解它的工作原理是很正常的。

消费者对亚马逊很熟悉，但对亚马逊的云服务 AWS 通常不大了解，也不知道它如何计费。Twilio 的服务类似于亚马逊的云服务，从创业历程来看，Twilio 也和亚马逊云服务有着密切的关联。

在互联网兴起之前，软件行业将软件独立包装作为商品来销售，用户购买后安装到 PC 或服务器上。有了互联网，用户不再购买实体软件，而是到网络上自行下载安装。后来，软件消费转向了云服务。用户使用时通过网页或 App 登录，连下载也不需要了。软件也不再单独定价，而是按使用量付费。这称为 SaaS 模式，意思是软件不再是一件产品，而是一项随时可得的服务。

SaaS 按使用量收费，它的好处是成本灵活，用户不需要购买昂贵的套装软件，用多少付多少。如果市场条件不好，企业可以减少使用量，降低成本。SaaS 模式对软件开发商同样有利，他们发现，软件销售往往是一次性收入，还有盗版风险。SaaS 采用订阅模式，按使用量付费，能够产生持续的收入。今天，企业软件几乎都已经转型为 SaaS 模式。

SaaS 只是云服务的一种，用户使用 SaaS 云服务一般是直接用来执行工作任务，比如阿里巴巴的钉钉、腾讯的企业微信、字节跳动的飞书。还有一类云服务是用来帮助企业开发制作 App 产品的。

早期，企业开发网站或 App 时往往需要单独开发支付功能。现在，支付宝、微信都向应用软件开发企业提供方便的接口，也就是 API。只要写几行代码就可以将这些功能集成到自己的软件里面。

有些功能甚至是新企业自己无法开发的，比如地图。因为维护成本太高，只有少数几家企业有能力提供地图服务。Google 地图一直享有非常好的声誉，它不光准确、交互表现优异，还提供了 API 接口，每一位软件开发人员都可以方便地在自己的软件里面添加 Google 地图功能。

谈到云服务，人们总会想到一些大企业，像亚马逊、微软、Google、阿里巴巴。大企业提供云服务是因为它们庞大的内容资源，开放这部分资源可以带来更多的销售。还因为它们往往掌握着一些其他企业开发软件时必须用到的产品，像是地图、支付或办公等。

但大企业也不是无所不能的，它们的产品线分为核心类和非核心类。在非核心类产品线上，小企业有机会发展独特能力，形成新的市场机会。Twilio 就是一家这样的企业。

云通信服务平台

消费者使用的 App 有很多种，所有 App 都需要具备一项功能，通信。Twilio 的核心能力是帮助软件开发人员实现 App 的通信功能，这是一个非常大的市场需求。Twilio 的业务可以分为两个部分。第一部分是通信软件平台，这是 Twilio 专门开发的应用软件，能够实现在全球范围内与用户通过电话、短信、邮件、语音和视频进行联系。这部分业务和开发人员关系不大，很多开发人员和普通消费者一样，不了解 Twilio 的通信工作原理。

第二部分是面向开发人员的服务，主要是 API，帮助开发人员使用 Twilio 的通信功能。有了 API，只要写上几行代码，就可以将 Twilio 的通信功能植入自己的 App 里面。API 业务是开发人员与 Twilio 打交道时一定会用到的。

21世纪初，长途电话还很贵，通信运营商曾经发行IP电话卡。IP电话就是通过网络传输的通信。早期质量不大好，但进步很快。现在，电话公司的IP服务已经没有人用了。大家使用的是软件里面自带的IP电话功能，比如微信，还有专门的通信工具，像微软的Skype。大企业在软件通信市场上领先，其结果是抬高了整个软件产业通信能力的要求。他们有开发能力，能够持续迭代产品。这就对中小软件企业造成了很大的压力。

通信服务的标准是共同的，中小企业无法通过降价来竞争。集约化服务为小企业提供了一种低成本和低风险的解决方案。

中小企业常用的低价格策略没什么帮助，大企业同样提供免费或低价通信服务，顾客也不会因为软件服务出自中小企业而降低对通信质量的要求。中小企业面临的困难意味着市场上出现了一种集约化服务的需要。

如果有企业能够专注于通信功能开发，并且保持跟踪大企业技术的能力，它就可以将自己的技术销售给其他需要通信功能的软件开发企业。小企业也可以通过集约化服务获得利益，不需要额外开发通信功能，减少了投资需求和风险。

销售的形式参考SaaS，按使用量收费。中小企业有能力承受收费，因为它们可以将这部分成本转移给顾客。专业的通信功能，加上SaaS的收费模式，就是Twilio的基本业务模式。

软件开发人员不用关心全球各地运营商的网络区别、费用、制式、数量限制等诸多因素，这些事情全部交给Twilio。当Uber用户收到短信通知，说司机正在到来或还要等多长时间，他收到的短信是从Twilio平台发过来的。短信业务看上去很简单，但涉及App、Twilio平台、电信公司和用户四方之间的通信。

Twilio的优点是在多个国家提供服务，满足了Uber国际业务需要。因为不同国家电信管制政策差别很大，Twilio有机会通过研发建立专业性。其他很多创业企业也有类似Uber的需求，比如Airbnb的房源和服务也属于全球性需求。

图 5.1　洞察需求和创业机会

通信是非常成熟的技术，比互联网早得多。为什么 Twilio 提供的软件通信功能能够成为创业机会？这是因为，通信与软件算不上是邻近的专业，绝大多数软件开发人员不熟悉通信原理，这就是 Twilio 服务的价值。此外，电信行业素有价格不透明的传统，也是导致企业用户不满意的原因。例如，电信公司要求企业提前支付一笔包含电话号码的套餐费。但客户有时候并没有用完，电信公司从来不会退费。

Twilio 对大量用户进行行为分析后发现，在企业里，平均一个业务号码每个月只会拨打约 70 分钟。Twilio 测算，如果将起步价格降低，并采取合理的时长收费，企业可以节省 30% 的通信成本。用户有需求，当前产品存在缺陷，供应商对用户需求不敏感。这是一个非常适合颠覆性产品的市场，一旦突破现有企业的壁垒，市场将释放巨大的增长前景。至于劳森如何找到通信软件这个市场，还要从他个人的经历讲起。

面向技术人员的产品设计

从亚马逊云服务到 Twilio

劳森是一位连续创业者，有媒体介绍说他在不会开车之前就已经从事创业了。第一家企业是初中时创办的，业务是活动摄像和剪辑服务。1998 年上大学时他参与创建了一家名为 Notes4free 的网站，向大学生免费提供课堂笔记。后来又参与创建了门票转让网站 Stubhub 和一家极限运动产品商店。

网络泡沫破灭之后，他加入了亚马逊。当时亚马逊 AWS 云服务部门成立不久，还只有 30 名员工。劳森的头衔是产品经理，负责开发云服务收费计价系统，这段经历对他后来创立 Twilio 产生了决定性影响。[1]

前任亚马逊高管 Colin Bryar 和 Bill Carr 撰写的《逆向工作法》一书中提到，贝佐斯是一位微观管理者。2002 年，他曾经给全体员工发信，做出如下规定。

- 所有团队都要以网页接口将其程序模块的数据与功能开放出来。
- 团队间程序模块的信息通信，都要通过这些接口。除此之外没有其他的通信方式。
- 所有的网页接口从一开始都必须设计成能对外界开放的。也就是说，团队必须做好规划与设计，以便未来把接口开放给全世界的程序员，没有任何例外。
- 不这样的做的人会被炒鱿鱼。

亚马逊有一个著名的原则，称为两张披萨原则。一支团队的人数不能超过两张披萨可以喂饱的数量。超过这个数字，团队就要拆散。这样做是为了保持团队的创业精神，效果也确实很好。

亚马逊内部会产生大量提供微服务功能的团队，它们开发专用的软件。这些小型团队之间的工作是有联系的，比如它们可能要用到其他团队开发的软件或让其他团队使用自己的软件。API 就是团队给其他技术团队使用的程序，它的核心要素是准确和及时更新。

贝佐斯的要求是，一支团队开发的 API 文件，其他团队只要阅

[1] https://golden.com/wiki/Jeff_Lawson-M36VGN.

读文件就能够使用，不需要再找这个团队咨询。这样，团队的规模得以保持，而团队之间不需要花时间来沟通协作。在亚马逊，软件团队之间互为客户，制定内部收费价格。

由于收费机制的存在，团队更有激励提供准确易用的 API 文件。从亚马逊管理的角度来看，内部收费还有助于解决资源配置问题，只要查看哪支团队 API 收入增长最快就可以了。API 可以用来实现团队小型化，同时又能够保证团队间功能的正规化。

在贝佐斯的命令中已经提到，微服务团队要准备好 API，供全世界的开发人员使用。反过来说，软件企业也可以向亚马逊或其他有能力开发专用功能的企业购买这些微服务，只要对方提供 API，开发人员就可以利用 API 获得所需要的功能。这成为劳森下一次创业的参考模式。为软件开发人员提供服务，以 API 的形式让他们方便使用。

接下来的问题是，提供哪种软件功能，最有可能受到开发人员的欢迎。劳森之前三次创业经历都是面向消费者的产品，这次新的创业方向则选择了面向企业用户的产品。他发现，B2C 企业缺少能够有效与顾客联接的工具。企业希望尽快联系顾客，邮件速度太慢，最好是用电话。但电话服务掌握在电信公司手中，他们收取的费用比较高，限制了企业与顾客的互动。

很多软件开发人员希望将电话功能集成到软件中，但这项工作有技术门槛。使用现有的服务如 Skype 并不方便，它要求参与通话的各方都要使用 Skype。在企业内部使用，这项要求很容易得到满足。但企业的顾客不一定安装了 Skype，也不可能要求所有顾客都这样做。

劳森注意到 B2C 企业的普遍需求，选择通信软件作为创业方向。以 API 的方式向软件开发人员提供通信解决方案，让软件拥有拨打电话或接听电话功能。这次创业的一个特别之处在于，他不是直接向企业推销产品，而是面向企业中的软件研发人员兜售产品。

人们也许会觉得奇怪，对于面向个人用户的App，短信和语音服务不是一项最基本的需求吗？电信公司为什么没有在这一市场上做开发？原因是电信公司认为，电话、手机和IP电话已经充分满足了企业用户与顾客之间联系的需求。它们所制定的收费标准也是合理的。电信公司不知道的是，由于价格限制，许多企业服务实际上是受压制的。以电商为代表的在线服务兴起后，与顾客语音通话和短信联系的需求突然间有了巨大的增加。

电信公司认为，它们已经充分开发了语音服务市场。对于网络服务创造出来的大量新沟通需求，电信公司并不敏感。

劳森意识到，网络企业创造出多样化的通信联接场景，这些场景是顾客以往使用线下服务时不存在的。由此看来，用户的通信沟通需求还远远没有得到满足，出现了一个潜力极大的市场。例如，在地图定位的支持下，一款App能够判断此地停车会罚款。这样的信息必须立刻让顾客收到，其他如活动通知、验证码等也属于这一类别。这些内容简单重复的信息存在着大规模使用的机会，有机会形成一个新的市场。

劳森刚好知道这一点，是因为他自己的创业经历。他曾经联系电信公司和大型网络企业，希望能够实现网络电话功能。AT&T和思科都说可以开发通信软件，但需要定制，投资高达数百万美元，并且要两年时间才能上线。显然，它们没有打算为中小企业服务。

电信公司对待用户的傲慢态度让劳森看到了市场机会，一定也有其他企业的开发人员同这些电信公司联系过，并且同样遭到拒绝。站在电信公司立场，这样选择并不奇怪。网络电话价格低，如果用户都选择网络电话，那么固定电话和移动电话的市场就会受到影响，破坏他们的收入。

另一方面，软件开发人员想介入电话通信解决方案也并不容易。除了专业上的不同，电信行业历史很长，积累了大量行业内部知识，再加上政府管制，不同国家、地区间政策差别很大。也就是说，这是一项非标准化、难以规模化复制的业务。再加上电信公司并不以开发人员为服务对象，不像亚马逊云服务在开发时就考虑到开放的需求，因此独立开发网络通信功能难度比较大。用专业术语来说，电信套利的开发壁垒非常高。当然，如果能够成功，对于其他软件开发人员的价值同样也会很高。

API 优先平台和以开发人员为服务对象

2008 年，劳森和两位朋友共同发起了 Twilio。他回忆说，我创建 Twilior 初衷比较简单。如何才能将通信功能带入软件，让世界各地的软件开发人员都能够简单快捷地应用通信功能，这是我们的出发点。[1]

劳森是程序员出身，对开发人员的需求有独特的理解。他认为，企业软件服务市场对开发人员的行为特点和需求缺乏洞察，为 Twilio 提供了一个建立竞争优势的方向。劳森继承了亚马逊的微服务开放传统，将软件功能做成模块来销售，开发人员不需要和 Twilio 联系就可以自己完成所有的工作。Twilio 的所有产品都是从开发人员角度来研发的。所有定价和文件要求的信息都公布在网站上，不需要人工解释。它的 API 是公共文件，人人可以使用。

尽可能移除任何使用中可能遇到的摩擦和壁垒，成为公司的产品原则。Twilio 平台的作用主要是展示，而不是销售，研发人员自己会考虑要不要将这些新的通信功能放到他们的软件中去。第一家使用 Twilio 平台的客户是名为 PhoneMyPhone.com 的公司。这家公司的服务有点奇特，它是一个网站，用户将自己的电话号码输入，电话就会响铃。当你在家里找不手机的时候，这项功能很有用。它需要软件能拨号，对通话质量没有要求，而且成本越低越好。

Twilio 创建时正好遇到金融危机。初期融资很困难，投资人对

---

[1] https://www.forbes.com/sites/miguelhelft/2016/09/14/the-wizard-of-apps-how-jeff-lawson-turned-twilio-into-the-mightiest-unicorn/?sh=152210bfb580

这一项目的商业前景表示怀疑。尽管全渠道的网络通信市场价值很高，但那是针对消费市场的。消费者数量庞大，即使每人只支付很少的金额，潜在市场也会非常大。开发人员数量就少得多，看不到成为大市场的前景。投资人说，开发人员没有决定权，并且不掌握预算，很难想象如何将开发人员做成一个大市场。最后，是创业团队的父母们提供了初期所需要的资金。[1]

投资人的质疑没有打消劳森的信心。他对开发人员进行了大量的调查，知道自己提供的服务对他们有吸引力。他需要解决的问题是让尽可能多的开发人员加入平台，只要其中有少数产品能够在市场上成功，收益就会很高。基于 API 的服务每次收费只有几个美分，看上去不多。但如果用户使用量巨大，足以形成数百亿美元的市场。亚马逊云服务从 2007 年开始运营，到 2023 年已经达到 1000 亿美元收入。

亚马逊云服务的一项重要贡献是猛烈降低了创业成本。过去，创业对资本开支的要求比较高，需要大量投资购买硬件设备和软件。云服务使得这部分开支从固定成本变成了可变成本。理论上讲，只要有最基本的网络设备，人数很少的开发团队也可以启动创业，开发软件产品和测试市场。

降低创业成本，缩短 App 上市时间。简单易用的 API 为开发人员移除使用中可能遇到的障碍和摩擦。

许多流行 App 团队是从一栋公寓楼开始起步的。小型创业团队也更有可能购买微服务，因为产品上线的速度很关键，通用的、非核心功能完全可以考虑采用外购的方式来实现。Twilio 的平台上有不少这样成功的例子。2011 年，Skype 以 8500 万美元的价格收购了 Groupme；另一个案例是 Facebook 收购 Beluga，行业估计价格在 6000 万 ~7000 万美元。Groupme 和 Beluga 都是提供通信服务的专

[1] https://www.bvp.com/atlas/twilio-ceo-jeff-lawson-reveals-how-founding-stubhub-and-a-skate-shop-led-him-to-twilio.

用软件，它们采用 Twilio 的通信平台服务来开发自己的产品。

2014 年，Facebook 以 190 亿美元的价格收购 WhatsApp。当时 WhatsApp 员工不到 100 人，收入也只有 1000 万美元，但已经能够服务于 4.5 亿用户。它的主要功能是可以免费发送短信，因为电信运营商普遍收取短信费用，这项服务受到消费者欢迎，迅速传播开来。WhatsApp 背后的技术就来自 Twilio，它向 WhatsApp 提供了简单易用的 API，让 WhatsApp 能够接入全球各地的运营商。

前面提到，像 Twilio 这类 API 优先平台还有一个特点，能够从用户的成长中获益。只要有一批客户做到高速增长，Twilio 作为平台的收入也会随之增长，而不完全依赖客户数量的增长。当 Twilio 客户 Airbnb 大做广告增加用户时，这并不是由 Twilio 推动的。但 Twilio 是主要受益人之一，因为它的收入取决于使用量。API 优先或开发优先的平台都表现出类似的平台效应。

平台支持软件，软件的增长动力却并不来自平台，而源于它们自己的努力。这就回答了投资人的疑问，开发人员和注册企业的数量也许不像消费平台那么多，但他们背后所联接的消费者仍然可以达到很高的量级。

以 WhatsApp 为例，2021 年用户数量达到 20 亿，可以在 180 个国家提供服务，每天发送短信 1000 亿条。Facebook 收购 WhatsApp 时，Twilio 估值不过 10 亿美元。受益于 WahtsApp 的增长，两年后 Twilio 的市值增加到 24 亿美元。[1]

以开发人员为服务对象与采购权力的转移

投资人质疑 Twilio 将开发人员作为服务对象，他们认为开发人员没有预算，没有采购决定权。这些投资人不了解，云服务带来的一项重大改变是将采购权力从公司上层移交给基层开发人员。

[1] https://www.oberlo.com/blog/whatsapp-statistics.

支出金额很大时，采购决策风险高，采购的权力自然会集中在公司上层或委员会。比如早期 Webex 视频会议需要专用硬件设备，这类开支必须列入公司预算，经过高层审批。Zoom 出现后，视频会议的成本变得很低，员工自己就可以决定付费使用。同理，当 Twilio 说自己以开发人员为服务对象时，它的意思是使用 Twilio 平台不需要销售人员上门服务、等待领导审批，开发人员自己就可以决定是否使用。

精心设计收费模式，帮助软件工程师避开公司内部的审批流程，鼓励他们直接使用产品。

刚开始时，Twilio 的支付方式就是开发人员的信用卡，注册之后填写一份表格双方就算成交。因为费用很少，也就不需要申请批准。开发人员可能只要一下午时间就可以做出原型。比起和一家公司的销售人员在电话上打交道，这种办法要快得多。传统销售过程需要安排会议甚至现场演示，劳森曾经开玩笑说，也许一家传统企业的销售还在准备合同时，你的产品已经可以用了。

当然，Twilio 也有销售团队，不过他们的销售机会往往也是使用 Twilio 产品的研发人员带来的。这些研发人员的产品在公司内部被其他部门人员发现，然后有人来问如何使用，Twilio 的销售团队就会跟进发展。在劳森看来，Twilio 不像传统企业，只是将开发人员视为销售环节，而是将吸引和服务开发人员作为公司战略，通过开发人员可以直接实现销售。

采购权力的转移对企业的商业模式是有影响的。按照传统做法，Twilio 需要成立专门的销售团队，掌握向委员会推销所需要的复杂销售技巧。现在，更重要的是学习消费型企业的做法，降低壁垒，让开发人员减少使用时的障碍。

Twilio 的计费方法和 SaaS 软件一样，按照使用量来收费。Twilio 当然希望使用它的人越多越好，而为了吸引更多的人使用，它必须降低软件开发人员使用平台的难度。由于开发人员主要使用 API 工具，Twilio 的改进方向就是让 API 更好用。

劳森在 2008 年时曾经表示，他们可以用 15 行代码再造一个 Grand Central（Google 电话的前身）。他甚至说，只用三行代码，开发人员就可以在自己的 App 上复制 Skype 的功能。

可是，通信公司难道不能提供类似的服务吗？通信行业对软件并不陌生，但它们的资本开支主要还是大量的硬件投入，如电缆、卫星和频谱资源。这些投资决策金额巨大，决策周期不能太短。这样的业务特点影响了运营商，它们更习惯于和大客户打交道，提供服务，而对小企业的需求不够敏感。既不知道这些小企业有可能带来大订单，也无法响应软件开发人员对服务速度的要求。

电信公司向大企业分配短信资源，采用的还是集团销售的方法，审批时间长，费用高。Twilio 将开通短信服务的价格直接拉低到 1 美元，30 秒审批，每条短信的价格只要几美分。在开发人员优先模式下，API 只是一项工具，开发人员不需要向上级请示就可以获得 App 所需要的通信功能。

面向开发人员服务还意味着采用他们能够接受的推广方式。在一次上千名开发人员参加的专业会议上，劳森现场表演如何写代码，通过 Twilio 创建一个语音会议。他只用几分钟完成注册，申请一个虚拟电话号码，然后写下几行代码，参加会议的每个人都能看懂这几行代码的含义。

接下来，他宣布语音会议已经设好，请在座的人员用自己的电话拨入会议，屏幕上显示出的场景就像日常电话会议一样。拨入完成后，劳森又加了几行代码，语音会议自动拨打所有加入会议的手机号码，感谢他们的参与。座席间不断响起电话铃声，调动了现场气氛。

Twilio 容易使用，不需要打电话咨询，也不需要预付金。这些都是开发人员喜欢的方式，他们可以用 Twilio 做产品测试，成本极低。Twilio 创业前期主要靠口碑传播，直到注册人数超过 10 万，还没有专职销售人员。

劳森说，在 Twilio 平台上，要让开发人员在工作时享受顾客一样的消费体验，花钱时则像企业一样理性。类似的以开发人员为对象的还有亚马逊的计算能力、Stripe 的支付服务和 New Relic 的数据分析。

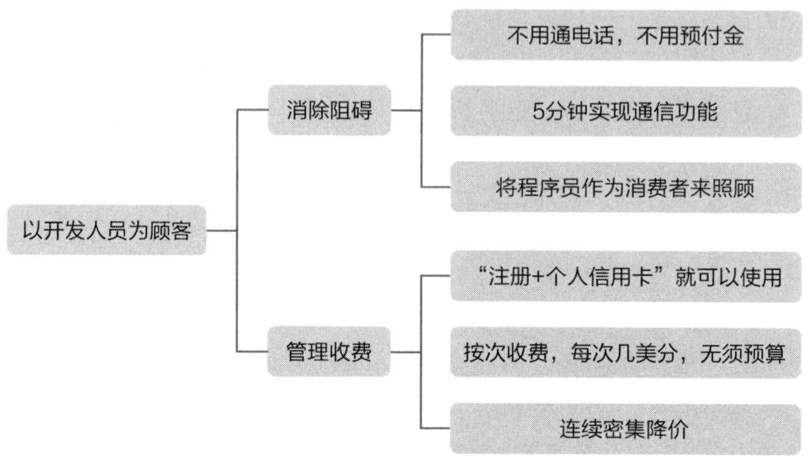

图 5.2 Twilio 产品驱动的销售

面向开发人员服务的另一个表现是对内部员工的要求。所有新员工入职后都必须在 Twilio 上面开发一款 App，然后展示给全公司。为了帮助没有代码经验的行政人员、销售和法务人员，入职后会给他们开课教授如何写代码。劳森希望员工能够理解开发人员的需求，并且有信心传达公司的价值主张，人人都可以开发一款 Twilio App。

从开发人员的原型和测试起步，在没有销售人员的情况下，如何才能实现上千万美元的收入？劳森说，在 Twilio，任何大客户都是从几美分开始的。我们不需要一下子签金额很大的合同。从几美分到 10 美元，到 100、1000、10 万的过程是自然发生，不是由销售人员推动的。如果客户自己不发展，Twilio 的销售人员再努力也没有用。

开发人员喜欢的另一项服务战略是降价。当用户数量达到一定规模之后，Twilio 就开始实施降价。2010 年 2 月，本地电话号码费用降到 1 美元，免费服务电话号码降到 2 美元，短信价格降为 3 美分。同年 9 月，注册用户数量达到 2 万，Twilio 再次降价，呼入美国和加拿大电话的价格从 3 美分降到 1 美分。11 月，短信价格从每条 3 美分降到 2 美分。

2011 年 1 月，Twilio 宣布将短信价格从每条 2 美分降到 1 美分。公司声明说，由于用户数量增加，电信运营商收取的费用降低，Twilio 将折扣让渡给用户。[1] 连续密集降价，让 Twilio 在市场上名声大振。它表明 Twilio 实现了可持续的价值创造，而大规模使用 Twilio 平台的创业企业则收获了实际的利益。

API 经济和应用场景

API 优先平台的市场前景

Twilio 上线时，它的微服务只有 5 个，分别是讲话、收听、录音、拨号和记录电话号码。5 个 API 只是支持语音通话的最基本功能，而顾客的需求不断增加，API 数量也随之增加。现在，Twilio 平台上微服务的数量已经达到上千种。Twilio 的服务器全部建立在亚马逊云服务 AWS 之上，可以提供强大的稳定性。它实际上是基于亚马逊网络服务的上一层服务，因此有能力承接 App 用户数量增长和使用量的波动。

对于企业，许多过去开发的软件功能现在都可以替换为专业的软件，这是一项不可改变的趋势。Twilio 拥有 1000 名研发人员，专门改进通信功能，其他企业内部很难为通信分配如此大量的研发资源。API 有时会包含上千种函数，自行开发既费钱又费时间。为了方便用户使用，软件平台通常自己开发 API，供软件开发人员使用。对于创业企业，产品上市的速度决定了企业价值，使用现成的 API

[1] https://vator.tv/news/2016-11-04-when-twilio-was-young-the-early-years

可以提高时间资源和人力资源的配置效率。早期使用外购软件服务的主要是硅谷的创业公司，现在传统机构如银行和零售商也在这样做。

一款在线翻译 App Globo 采用了 Twilio 的服务，在政府医疗服务竞标中击败规模远远超过自己的对手。这项竞标对语音和短信服务有很高的要求，Globo 专注于核心能力即时翻译功能，而将通信功能交给 Twilio 承担，因为 Twilio 的通信服务能力在市场上处于领先地位。

Uber 也是如此，这是一款包含 4000 个微服务的 App，有些是自行开发的，有些是外包的。Twilio 负责它的通信，Uber 还使用其他许多公司的服务。在与滴滴合并前，Uber 中国的支付使用支付宝和微信，外汇换算则是自己的。2011 年，Uber 开始购买 Twilio 的服务。Twilio 将司机和乘客进行联接，给 Uber 的用户发送短信，进行身份确认，以及发送用户行程的最新信息。

Uber 是一家典型的创业企业，在资源分配方面，它本身面临着许多挑战。比如，地图软件对于打车公司而言显然重要性超过通信，但 Uber 一直购买 Google 地图的服务，可能是因为自行开发的成本实在太高。同样，通信功能使用 Twilio 平台的原因不光是因为 Twilio 的专业性更强，还因为这是性价比最高的选择。

Uber 前任 CEO 特拉维斯·卡拉尼克在 Twilio 的官网发表了一段话："我们最初并未使用 Twilio 的服务，所以那时用户没有享受到我们所承诺的高品质用户体验。有了 Twilio 的服务，我和我的工程师们睡眠质量更高了……"[1]

企业级的应用软件曾经是高度复杂的产品，Twilio 为代表的 API 平台则提供了另一种可能。未来企业对软件功能的需求将变得高度复杂，模块化的构造兼具灵活性和易用性，可以组合、分解和更换。开发人员可以在自己的产品里融入任何功能，然后专注开发

[1] https://customers.twilio.com/208/uber/.

更新更酷的产品。

劳森相信，开发人员才是未来顾客联接与体验服务的设计者与实现者，必须争取得到他们的认可。新一代开发人员不大可能继续使用过去的企业软件，他们需要对程序员更加友好的服务。

企业的核心能力可以是直接提供软件代码，也可以是对市场上的软件进行功能组合，满足顾客特定需要。

劳森认为，理论上讲，企业在未来完全有可能不必自己写代码就能开发出一款新软件。企业的能力变成如何选择专业化的微服务软件，这就是所谓的一人独角兽公司——只有一名开发人员，市值达到 10 亿美元。尽管一人独角兽公司软件开发能力不强，但通过准确的定位或找到蓝海市场，仍然有可能实现高速增长。

有了大量的 API 优先平台，企业如何判断，哪些软件模块需要自己开发，而哪些应当购买呢？劳森的回答是，顾客界面必须自行研发，企业差异化的能力不能购买。由此可以看到 API 优先平台的一个特点，企业通常不会将最核心的功能交给 API 平台。

面向开发人员是一种新的战略设计，劳森在坚持开发人员优先时也不免有矫枉过正的错误。Uber 是 Twilio 第二大客户，一年贡献的收入达到了 6000 万美元，超过总收入的 10%。这样大的一家客户，Twilio 管理层居然没有和 Uber 高层建立直接联系。

劳森说，他们和 Uber 联系过，听到的反馈是开发团队很满意，不需要见面。Twilio 销售团队规模很小，负责 Uber 账户的销售人员还要管理其他几十个账户，一年可能只拜访一次。由于缺乏互动，他们不知道 Uber 内部已经改变了选择通信服务的优先项，从效率优先变成了成本优先。

2017 年，当 Uber 宣布将引入多家通信服务商时，Twilio 管理层完全没有预见，陷入了尴尬。消息发布后，股价当天就下跌了 30%。劳森表示，如果双方高层有沟通，Twilio 完全可以帮助 Uber 设计出低成本的解决方案。这是 Twilio 模式过于关注软件开发人员的一个负面影响，销售来得太容易，不像传统销售必须经过高层点头。

在 Uber 的案例中，客户消费增长主要是开发人员带来的。Twilio 更多的是与开发人员交流，提供改进方案，这里面似乎没有高层参与也是可以的。但 Twilio 忽略了一项重要的管理原则。当费用规模达到一定程度之后，公司高层自然会介入。开发人员可能真的不了解公司战略优先级的改变，无法事先向 Twilio 发出警告。

劳森总结说，以开发人员为对象的平台同样需要了解产品的生命周期，用户是如何使用产品的，用户公司内部利益相关人有哪些，他们的优先事项是什么。[1]

Twilio 吸取了 Uber 的教训，另一家大客户 WhatsApp 尽管从未签署协议，但始终采用它的服务。以 Facebook 的体量和研发能力，没有自行研发通信软件，每年仍然向 Twilio 支付 1 亿美元。这也说明 Twilio 的服务在性价比方面能够做到让 Facebook 满意，它并不是一款很容易替代的软件。

API 优先的平台以开发人员为服务对象，可以做到直达用户，但也导致了品牌传播上的缺陷。劳森说，2014—2015 年，除了开发人员，没有人知道我们是做什么的。企业高管对技术不熟悉，更是不了解我们。为了让高管多少有些印象，Twilio 只好做路牌广告。他们在从硅谷到机场的路边广告牌上写道，“问问你的软件工程师，要不要用 Twilio？”劳森相信，只要高管愿意听取开发人员的意见，他们就会理解 Twilio 如何提升顾客互动，以及这项技术对公司销售的贡献。[2]

---

[1] https://review.firstround.com/counterintuitive-lessons-on-how-to-get-better-as-you-scale-from-twilio's-jeff-lawson.

[2] https://www.saastr.com/twilio-the-inside-story-with-jeff-lawson-ceoco-founder-video-transcript/.

顾客联接和市场延伸

对于企业，Twilio 的价值主张是作为顾客联接（customer engagement）的基础设施。例如，流媒体领先企业 Netflix 用户遍布 190 个国家，它的短信和电话呼叫采用了 Twilio 的服务。在 Netflix 看来，这不只是一项业务功能，更重要的是提升了与用户的联接，特别是快速响应用户的需求。从商业上讲，能够与客户建立更高频率的联接是有价值的。据盖洛普公司的数据，与普通顾客相比，与企业有联接的顾客可以多贡献 23% 收入。

尽管竞争对手不断加入（如 Bandwidth 和 Vonage），但 Twilio 在通信云服务市场上拥有先发优势。全球 2000 家大企业中，Twilio 客户已经占了一半以上。不过，竞争对手逐渐学会了 Twilio 云通信平台模式，Twilio 在通信服务方面的领先优势受到影响，需要寻找新的增长机会。

API 优先平台的好处之一是可以了解用户如何利用平台，他们想要解决的问题是什么。劳森发现，许多公司利用 API 建设自己的客服中心，说明市场上现有的客服中心软件不足以支持客户的需要。由此可以推测，更多的公司实际上也想做，只是缺乏足够的资源。

2018 年，Twilio 推出新产品 Twilio Flex 进入呼叫服务市场。作为通信服务专家，这是非常合理的市场延伸。Flex 让客户在云端自行构建一套可拓展的呼叫中心系统，包括语音信箱、呼叫等待、回拨等传统方案里的所有功能。

呼叫中心曾经是一项庞大的资本投入，只有大型企业才能承担。今天，客户可以利用 Twilio 设立呼叫中心。不需要投资专线，不需要和电信签约，只要一支小型的编程团队就可以做到，Twilio 按使用量收费。曾经在 Google 参与多个通信项目的投资人 Christopher Sacca 认为，让没有电信工程经验的程序员通过平台服务建立起呼叫中心，堪称一项奇观。

Twilio Flex 上市后，冲击了传统的提供本地部署方案的厂商，如 Avaya、Genesys 和思科等知名品牌。Flex 可以降低呼叫中心的技术成本，并在软件更新方面做到更灵活和快捷。Twilio Flex 的服务对象是依赖呼叫服务的金融、政府、医疗等非互联网行业，客户包括渣打银行、匹兹堡市政府和电商品牌 Shopify 等。

根据市场调研公司 Straits Research 的数据，全球云端呼叫中心市场年复合增长率达 21%。劳森说，疫情暴发前，呼叫中心市场有 1500 万个座席，其中只有 17% 在云端。2020 年，Twilio 以 32 亿美元的价格收购顾客数据分析公司 Segment。这项收购支持 Twilio 进一步发展为企业提供客户联接服务的专长，将人工智能引入通信产品，帮助用户更准确地传递通信信息，增加销售或提高转化率。

通信功能只是云计算中的一个细分市场，Twilio 用服务消费者的方式服务开发人员，以便捷易用的 API 作为价值主张。与 Twilio 模式相同的企业形成了一种新的产业生态，称为 API 经济。它们不是像亚马逊、Google 和微软这样的大型企业，拥有垄断性的产品和服务，而是主要依赖 API 优先服务获取收入。随着 Twilio 收入的增加，大企业也开始考虑进入这一市场。

2020 年，微软在自己的云服务平台 Azure 中添加通信功能，与 Twilio 展开竞争。微软成为追赶者，体现出市场对 Twilio 为代表的 API 经济的认可。大企业当初没有预想到这个市场的规模，给创业企业提供了机会。2023 年，Twilio 的注册用户发展到 1000 万，客户数量达到 35 万。客户分布在 180 个国家，60% 的客户来自北美，25% 来自欧洲。《财富》500 强企业中，90% 已经成为 Twilio 的客户。5.85% 的客户属于计算和技术类别，1.88% 属于政府部门。

客户类型的多样化证明了通信服务的市场韧性，比如疫情导致打车 App 市场需求下降，但增加了快递和外卖的市场需求。医疗服务也是一个快速增长的市场，人们避免前往医院，却仍然需要借助通信服务向医生咨询病情和治疗方案。

劳森说，我看到 API 正在取代拨号音，通信的未来属于 App 界面。[1] 在 API 优先和以开发人员为对象的平台企业里面，Twilio 是第一家上市的，堪称 API 经济的脸面。Twilio 的市值从 2014 年上市时的 12 亿美元增长到 2021 年的 620 亿美元，这个成绩极大地鼓舞了 API 经济的支持者和创业者。IBM 公司发布的 API 经济报告认为，成功的组织不只将 API 看作技术工具，还将 API 作为数字经济中战略价值的来源。[2]

[1] https://tenten.co/blog/twilio-jeff-lawson/.

[2] https://www.ibm.com/cloud/api-economy.

6. 戴尔并购转型：当商业模式走到尽头

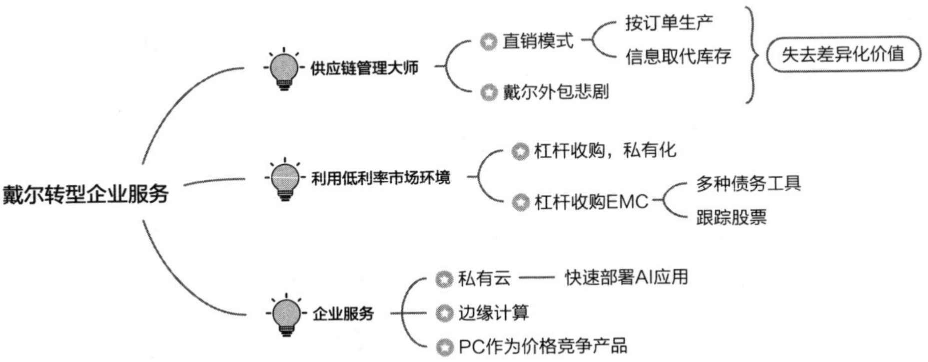

导言： 完美的商业模式不再有效了，企业所在的产业陷入停滞。过去的徒弟成为低价格的竞争对手，公司品牌对消费者和企业的吸引力下降。股东不满意，威胁更换公司领导层。这些都是2012年戴尔面临的困难。作为创始人，他将如何带领企业转型，走出创新的第二曲线？

每个人的眼睛都在盯着亚马逊、微软和谷歌。他们没有意识到戴尔公司已经悄悄地积累了企业技术领域的市场份额。

——贝尼奥夫，Salesforce联合创始人

美国戴尔科技公司源于学生宿舍创业，以直销模式起家，曾经是世界上第一大PC公司。PC市场成熟后，公司业务走向衰退。创始人戴尔领导公司发起战略变革，从PC生产成功转型企业服务。

提到戴尔公司，很多人的反应往往是，这家公司会不会太老了。他们可能在学生时代听过一些有关戴尔的故事，近年来，似乎不再有这个品牌的消息。戴尔“隐身”主要有两个原因。首先，PC本身作为消费电子产品的重要性下降，媒体失去了传播兴趣。另一个原因是戴尔从2013年起已经不再是上市公司，不需要定期披露财务数据和举办投资人会议，相关的新闻报道也少了很多。

在媒体沉默的背后，戴尔公司正在发生重大转变，从一家消费者市场为主的品牌转向企业服务品牌。对于今天的戴尔，消费者的看法已经不那么重要了，重要的是企业CIO和软件研发人员的看法。

直销模式的崛起与坠落

从 1000 美元注册金成长为世界第一

迈克尔·戴尔出生在得克萨斯州一家中产犹太人家庭，从小喜欢商业。当他的同学热衷于篮球比赛时，他的乐趣是买卖篮球明星卡。上高中的时候，他找了一份兼职，为当地的《休斯敦邮报》拉订户。

在推销过程中，戴尔很快总结出三条销售经验。第一条是口音，打推销电话时应当强化本地口音。第二条是入住新居的用户订阅的机会更高。第三条是新婚夫妇更愿意接受订阅服务。

得克萨斯州政府规定，结婚申请要到县法院办理并提供地址以寄送结婚证明。根据政府信息公开法，公民可以免费索取这些信息。戴尔到法院去查到了这些资料。有了新婚夫妇的联系信息，报纸订单数量迅速增加。

休斯敦周围一共个 16 县，戴尔一个人跑不过来，他雇用自己的同学到这些县的法院里抄写。一年之后，戴尔的收入达到 18000 美元。在他选修的“政府与经济学”课堂上，有一项练习是填写退税单。老师将他的作业判定为错误，因为那上面显示他的收入已经超过了老师的工资。

除了赚钱，戴尔的另一项爱好是电脑。即使在电脑兴趣方面，戴尔也显示出商业上的敏感。IBM 电脑上市时，游戏产品远远不如苹果，但商业应用方面做得比较好。

戴尔注意到电脑的这一市场前景。他拆开 IBM 电脑，发现其中的部件全部来自其他厂商，成本不过 500 美元，而电脑的零售价高达 3000 美元。这里面的差价主要是零售渠道费用和大品牌不合理溢价。通过攻击这两项消费者不喜欢的价值主张，戴尔建立起以低价和直销为特点的商业模式。

戴尔的商业模式并不是战略管理专家设计的结果，而是自然发展出来的。戴尔在自己的大学宿舍里面开始创业，他没有资金用于购买零件生产电脑整机，主要业务是帮助客户进行电脑升级。

电脑升级可以在宿舍完成，是非常适合一个人创业的项目。

当时电脑单价很高，技术更新快。许多用户有升级需求，比如加装存储条，从软盘升级到硬盘等等。电脑公司希望销售更多的新机器，不愿意提供升级服务。戴尔利用这一市场机会，主要为中小企业如律师事务所和医疗诊所等提供电脑升级服务。在当时的大公司看来，戴尔在报纸上做广告招徕顾客提供电脑升级服务，这项业务更像是邮购业务，不属于 PC 生产。

1984 年，得克萨斯大学奥斯汀分校一年级新生戴尔花 1000 美元注册了公司，这家公司当时还只有一个人，没有人关注。戴尔的业务发展很快，到 1985 年 9 月，公司当年的销售收入已经达到 600 万美元。连 IBM 下属部门也将机器送来升级，因为戴尔的服务价格低、速度快。顾客的支持让戴尔意识到，大公司肯定做错了某些事情。

当时得克萨斯州最大的也是最有朝气的 PC 生产商是康柏，康柏得到风险资本的支持，成立时已经有 2500 万元投资。尽管康柏有规模优势，但戴尔发现，自己仍然可以做到运营成本更低。康柏的运营成本高达 36%，而戴尔只有 18%。低成本主要来自直销所省掉的中间商费用，戴尔由此获得了价格优势。

1988 年，戴尔电脑在纽约证券交易所上市。1992 年，戴尔电脑成为《财富》500 强企业，这一年迈克尔・戴尔只有 27 岁。2001 年，李光耀在达沃斯论坛上见到戴尔。他问戴尔是不是《财富》500 强历史上唯一一位年龄不到 30 岁的 CEO，戴尔回答说是的，“但我现在已经老多了，35 岁”。就在这一年，戴尔超越康柏，成为世界上最大的 PC 生产商。

与竞争对手康柏相比，戴尔的研发投入低得多，相似规模下只有前者的 1/3。在产品创新方面，戴尔基本上是跟随者。研发不足曾经给公司带来威胁。例如，当PC市场从台式机转向笔记本时，戴尔一度显著落后于康柏。

戴尔能够在PC企业竞争中成为行业领导者，体现出战略选择的重要性。戴尔的选择是将有限的企业资源投入供应链管理，组建密切协作的工厂和供应商集群。这一选择并不是戴尔凭空发明出来的，而是与戴尔早期的经营现实有关。

由于资本不足，戴尔必须尽可能减少库存才能持续经营。戴尔在供应链管理上的创新是用信息取代库存，率先运用网络技术让上游企业了解下游订单情况，消除不必要的库存。戴尔的存货周转天数曾经下降到只有四天，创造出一项商业奇迹。

让戴尔成为一代传奇企业的是电子商务。1996年6月，戴尔开始在公司网站上提供在线销售，用户可以自选定制要求。当时，电子商务服务已经有了，如亚马逊成立于1994年。但和在网上买书相比，定制电脑的体验给用户带来的吸引力是完全不同的。

订单如潮水般涌入，到年底时在线销售每天的收入达到100万美元。2001年，日成交金额冲高到4000万美元。戴尔的供应链管理和电子商务成为全球企业学习的榜样，传统PC生产商在戴尔发起的一次又一次价格战中被打得狼狈不堪。

市场主导企业没有意识到，供应链管理能够在PC产业竞争中发挥决定性作用。未来，这项能力将外溢到几乎所有产业。

戴尔成功的神奇之处在于，市场主导企业和商学院都没有意识到，供应链可以在PC产业竞争中起到这样大的作用。戴尔领导了全球企业对供应链管理的新认识，特别是与数字化技术相结合，创造出前所未有的供应链管理模式。每家商学院都要开设戴尔案例课程，供应链管理的能力迅速传播开来。在这个意义上，戴尔对全球商业做出了极大的贡献。

2002年，惠普与康柏合并。2004年，IBM将PC业务出售给联想。其他众多PC时代知名品牌则悄无声息地退出市场。戴尔凭借供应链管理领先优势实现了对零散PC生产行业的整合，消灭了众多竞争对手。

然而，就在戴尔处于聚光灯下的时候，产业环境已经在发生改变。1998 年，苹果公司的 iMac 上市。2001 年，iPod 上市。这些商品都是过去难以想象的，给消费者带来了全新的体验。消费者的需要发生了改变，而戴尔则将因为自己的成功而陷入困境。首先，戴尔通过多次价格战将诸多竞争对手清理出市场，与此同时它也成为市场价值破坏者。反复降价重创了竞争对手，但没能迫使他们全部退出市场。

戴尔的战略反而导致行业内企业陷入低端竞争，PC 市场开始流行大众化产品，缺乏差异化的价值主张。成本更低的生产商从产业低端发起攻击，让戴尔逐渐失去提高利润的空间。而随着 PC 市场饱和，用户更换新机速度下降，整个 PC 生产陷入低利润和低增长的困境。

为什么股票价格一直这么低?

2001 年，戴尔成为全球第一大 PC 生产商。2002 年，惠普和康柏合并后曾经短暂成为第一名。2003 年，戴尔再次夺取第一名的地位。2004 年，迈克尔·戴尔认为 PC 产业竞争大局已定，决定辞去 CEO 职务。

在戴尔直销模式的压制下，竞争对手受到重创，但他们并没有放弃。惠普、宏碁、联想等学习戴尔的供应链管理经验，减少库存，提高了周转率。他们也建立了自己的线上销售渠道，甚至利用戴尔依赖线上渠道而缺乏线下渠道的弱点采用差异化定价。比如在线上灵活削价打击戴尔，用线下利润补贴线上损失。

更重要的是产品形态发生的改变。与台式机相比，笔记本电脑的定制化需求少得多，这就削弱了戴尔原有的基于定制优势的直销模式。2007 年，眼看公司业绩不断下滑，戴尔回归 CEO 职位。他取消了单一的直销模式，开始全面进入零售渠道。短期内，这一举措取得了成果，但也让戴尔和其他 PC 品牌变得没有区别，失去了独特性。

戴尔遇到的另一处威胁来自外包。哈佛商学院克莱顿·克里斯滕森教授在《如何衡量你的生活》一书中谈到了“戴尔外包悲剧”案例。中国台湾的华硕公司是戴尔最出色的零部件供应商，它向戴尔供应简单可靠的电路产品，费用低于戴尔自己生产。

21 世纪初，戴尔开始从低端电脑向高端电脑市场转移以获取更高的利润。华硕向戴尔建议，除了电路，还可以为它提供主板，并且成本比戴尔更低。戴尔愉快地接受了这项建议，之后，戴尔很快发现这样做还有其他优点。

作为上市公司，戴尔有一项重要的财务指标——净资产收益率。净资产收益率等于利润除以净资产。在竞争压力下，企业增加利润很难。提高净资产收益率的另一个办法是减少资产，用更少的资产生产出相同的利润，表示这家企业管理水平高，股价也会上升。

戴尔认为，将主板交给华硕生产，不仅可以降低成本，还可以从资产负债表上减去所有与生产主板相关的资产。按照同样的思路，戴尔陆续将更多的流程外包给华硕以提高净资产收益率。表面来看，这是一个双赢的安排，戴尔改善了财务指标，华硕增加了销售，它本身的净资产收益率也提高了。后来，戴尔将电脑组装外包给华硕，还将供应链管理和电脑设计也外包了。

最后，除了品牌之外，戴尔将所有个人电脑业务都外包给了华硕。2005 年，华硕注册并发布了自己的电脑品牌。此时，华硕已经学会了戴尔管理供应链的主要技术，它的产品成本比戴尔更低。

追求净资产收益率的路径通向“戴尔悲剧”。

克里斯滕森教授总结说，戴尔悲剧的原因是企业只关注自己的净资产收益率，而不理解究竟什么是企业最关键的资源和能力，其结果是失去了对消费者需求的洞察。戴尔品牌价值的确越来越高，可是，一旦行业本身发生变化，比如产品大众化，顾客变得对价格而不是品牌更加敏感，此时只靠戴尔品牌并不能帮助它保留顾客。

现在，戴尔面临着双重危机。首先，放弃直销模式意味着戴尔失去了商业模式独特性，不可能长期获得相对于竞争对手的优势。特别是直销业务中所包含的定制服务，是利润比较高的业务。其次，传统 PC 产业增长放慢，意味着整个行业处于生存危机，不会再有过去那样的高增长机会了。消费者对无差别的 PC 品牌感到厌倦，而之前在大众商品时代被边缘化的苹果却因为不断推出创新产品，让消费者获得惊喜。

1997 年，当苹果遭遇严重困难时，戴尔曾经讥讽苹果，说他们应当关闭公司，将钱还给投资人。乔布斯听到他的这番话之后专门给戴尔写过一封邮件，指责他失去了作为企业 CEO 最起码的体面。[1] 10 年之后，凭借一系列创新产品，苹果恢复了市值增长。2006 年，苹果市值超过戴尔。2008 年，戴尔的市值只有苹果的 1/4，而此时 iPhone 才上市不过一年。

戴尔是精明的商人，PC 市场的大势已经无可挽回。戴尔不像苹果，没有差异化的主张和本领。不像惠普，有打印机这个高利润产品。也不像联想，能够依托中国市场坚持低成本战略。继续在 PC 市场竞争，就会变成一家成本导向的硬件企业。高利润根本谈不上，反而因为随时需要准备打价格战，无法提高利润。

企业服务与私有化

从 PC 到企业服务

戴尔很注重战略思维，这样的局面他并非没有考虑。早在 1996

[1] https://www.cnet.com/tech/computing/the-steve-jobs-deal-with-dell-that-could-have-changed-apple-and-tech-history/#:~:text=I'd%20shut%20the%20company,t%20an%20opinion%20you%20hold.

年，当时还在贝恩咨询工作，担任戴尔公司战略顾问的凯文·罗林斯就提出，戴尔应当进入服务器市场与康柏竞争。他发现，为了打击戴尔，康柏不惜低于成本价销售电脑，而利用从服务器业务中获得的利润来补贴电脑。不过戴尔初次进入服务器市场的努力失败了，当时戴尔的品牌太弱，无法让企业放心购买。

进入 21 世纪，特别是在罗林斯出任戴尔 CEO 之后，公司加强了服务器业务，他们的设想是从 PC 生产转向企业方案和服务业务。因为 PC 的毛利很低，相对而言，存储设备的毛利可以达到 60%，而存储软件服务的利润甚至更高。为了向市场表明业务范围的调整，戴尔将公司名称从戴尔电脑改为戴尔公司。

戴尔复任公司 CEO 之后，继续推动这一转型，大笔投资购买存储企业。经过 5 年的努力，戴尔将公司的非 PC 业务销售额从 100 亿美元做到了 210 亿美元。他认为未来有机会增长到 400 亿 ~500 亿美元的规模。

2012 年，戴尔的 PC 业务收入占比已经从 2008 年的 61% 下降到 54%，并且其中主要是面向企业的销售，PC 利润占比只有 15%~20%，新的企业服务贡献了大部分的利润。在面向企业销售时，戴尔将 PC 作为亏本销售产品，捆绑服务器和其他企业服务，通过销售软件和服务获得利润。

企业级业务的特点是合同期限比较长，相对于 PC 市场，收入稳定可预期，听上去是一个不错的战略方案。但是，与戴尔处境类似的企业，比如 IBM 和惠普，也在向相似的方向转型，市场的争夺同样很激烈。

尽管 2012 年戴尔取得有史以来最好的经营业绩，但市场对这家企业的看法与戴尔却完全不同。2012 年，戴尔在《财富》杂志举办的头脑风暴科技大会上说，他们实际上已经主要不是一家 PC 企业，他希望投资人更关注公司在企业服务市场上取得的成就。显然，投资人并不这样看，他们注意的是戴尔在手机和平板产品上面的失败，关注戴尔在 PC 市场上的份额以两位数速度下降。

2011 年到 2012 年年底，短短一年多时间戴尔在 PC 市场的份额从 12.5% 下降到 10%。戴尔早已经失去了第一名的位置，变成了第四。投资人有理由怀疑，戴尔所强调的企业服务只是他对消费市场失去信心的表现。

企业市场并不比 PC 更容易，惠普、IBM 也在这个市场上竞争。戴尔未能证明自己具备独特能力，前景不大乐观。投资人的想法不无道理，戴尔担任 CEO 之后，先后花了 130 亿美元用于收购，就是因为戴尔本身技术积累薄弱，要想在企业服务市场上竞争已经等不及内部研发。

收购是捷径，但收购也是冒险。大笔收购改变了戴尔的业务结构，却没有为戴尔建立起令人信服的竞争优势。有些收购明显是得不偿失，比如 39 亿美元收购罗斯・佩罗的 EDS 公司，结果表现不佳。

作为上市公司，忍受外界批评是 CEO 的义务。2012 年，戴尔股票价格比戴尔回归 CEO 职位时已经下降了一半，市值从高峰时的 1000 亿美元减少到 200 亿美元。2012 年底，S&P 500 股票指数在成分股中剔除了戴尔公司。

当股东开始公开讨论戴尔是否应当离职时，他职业生涯中的至暗时刻到来了。毕竟这是从无到有亲手创建的公司，这样的结果让戴尔无法接受。另一方面，戴尔也许实在厌倦了不断辩解、不断受到嘲笑的处境。他希望有一个解脱的方案，但又不打算放弃公司的控制权。

就在他为此困扰的时候，一家私募基金找上门来。银湖资本是专门投资技术类企业的私募基金，它的投资对象包括 AMD、推特、Airbnb、Flixbus、蚂蚁金服等。2012 年 7 月，银湖资本联席 CEO 埃贡・德班（Egon Durban）要求与戴尔见面。

在他们的会谈中，德班提出了将戴尔公司私有化的设想。这个想法戴尔早已有过，可是他没有财务模型，不知道如何做。德班带来的消息是，银湖资本已经有了财务模型，并且银湖资本所设计的方案完全基于公开的财务信息。戴尔掌握着许多银湖资本所不知道的内情，他发现银湖资本对企业现状的判断相当准确。银湖表现出来的专业能力让戴尔印象深刻，增加了双方的信任。

银湖资本的私有化方案

银湖资本的提议并不新奇，德班主张用杠杆收购方法实行私有化。也就是借钱收购一家上市公司，然后通过管理改进，主要是削减开支等方法增加利润，用于归还借款。杠杆的意思是收购方用很少的自有资金来收购很大的一家公司。

历史上最著名的杠杆收购是 1988 年美国私募基金 KKR 收购烟草与饼干品牌 RJR 纳贝斯克。这笔收购花了 250 亿美元，其中绝大多数的钱是借来的。这次收购不算成功。因为花钱太多，公司不得不大量裁员，最终对品牌造成了损害。记录这次收购的一本书《门边的野蛮人》成为商业畅销书。由于杠杆收购暴露出许多不道德的行为选择，社会舆论开始谴责杠杆收购。杠杆收购被视为贪婪和违背伦理的商业行为，不太受人尊敬。

戴尔相信，市场给自己公司的定价是错误的，投资人和分析师不理解战略变革的意义。他希望能够不受限制地实施变革计划，私有化可以帮助他做到这一点。银湖资本认为杠杆收购能够让公司价值得到体现，他们也支持戴尔的战略变革，包括未来在企业服务领域继续投资，双方对企业的信心和对未来的期望完全一致。

戴尔公司市值大约 250 亿美元，戴尔持有公司 15.6% 的股份，除此之外的部分需要购买。银湖资本出资 14 亿美元，所差的部分再向其他人借钱。戴尔向微软借了 20 亿美元，向美洲银行、美林、巴克莱、瑞士信贷和加拿大皇家资本市场等借了大约 160 亿美元，从股东手中买回股份，实现了私有化。为什么这些银行愿意借钱给戴尔？这就涉及银湖资本为其定制的方案。

过去，人们认为杠杆收购通常不适用于高科技企业。比如前面提到的RJR纳贝斯克杠杆收购，它的目标对象是公司旗下骆驼牌香烟和奥利奥饼干。这两个品牌历史悠久，知名度高。它们的产品市场相对稳定，消费者忠诚度高，能够提供还款保证。

银湖资本认为，可以用收购消费品牌类似的模型来测算戴尔的还款能力，这样就可以说服银行提供贷款。

银行愿意借钱用于杠杆收购，前提是这家企业的收入是可测算的。技术类企业的困难在于不具备这样的条件。技术市场环境变化激烈，一旦发生不利的波动，就会影响还款。在这种情况下，银行无法建立还款模型。

戴尔公司的情况有所不同，它实际上已经不再是一家高增长的技术公司，而是一家在相对稳定产业中经营的成熟企业。PC市场尽管出现销售下滑，但PC的需求，特别是办公需求仍然比较稳定。戴尔品牌有市场价值，企业对PC和服务器等产品的需求是可持续的。因此，银湖资本认为可以用收购消费品牌类似的模型来测算戴尔的还款能力。

另一方面，戴尔账户上的现金数量很多，有90亿美元。高科技公司储备大量现金是行业惯例，2020年苹果公司账户上的现金多达2000亿美元。为什么高科技公司这样做，学术上没有明确的答案。但是，有了90亿美元现金在手，银行对戴尔能够按时还款就放心得多。这就相当于用现金购买自己的股票。因为现金没有收益，持有大量现金对股价是不利的，而用现金购买股票则可以增加公司价值。几年之后，股票回购将成为十分流行的做法。

如此大规模的债务，戴尔将承受很大的压力。为此，戴尔和银湖资本在财务计划中做了周密的预判。2000年以来，美国进入低利率时代，这意味着技术类企业的创业成本降低，而市场价值在上升，是投资于技术类企业的好机会。著名投资人凯西·伍德领导方舟基金大胆投资于颠覆性创新企业，她的投资逻辑与此相似。

购买创业公司是利用低利率市场环境的一种方案，银湖资本杠杆收购成熟技术类企业则是另一种选择。在银湖资本的运作下，戴尔私有化的融资成本低于公司过去 5 年的股息率。假定经营业绩不变，私有化本身就已经实现了利润。

除了经营层面和财务层面的问题，戴尔还面临着个人信心的考验。私有化也称为退市，从表面上看，只是一个和上市相反的技术操作。上市是将公司的股份卖给大众投资人，退市则要从股东手中买回已经发行的股票。然而公司上市是一个生成希望的过程，投资人乐意支持。退市往往代表着业绩下降和意见分歧，是一个令人不快的过程。尽管退市时收购价格一般高于市场价格，但那些在高价位购买了戴尔股票的投资者，他们的损失将再也无法挽回。这对戴尔来说，是个人声誉上的一项污点。

戴尔当时是有选择机会的，他的选择是牺牲个人声誉。他曾经解释说，尽管自己对公司转型有信心，但毕竟这是有很高风险的决策，让股东和自己一起承担失败的责任，同样是不道德的。戴尔认为，担心股东的反应，是导致上市公司高管不敢做高风险决策的原因。至少从事后来看，这样的解释说得过去。

一些投资人联合起来反对戴尔收购公司，他们提出竞争性的收购建议。比如著名的维权投资人卡尔·伊坎恩表示可以支付更高的价格，引入新的管理团队。这也意味着，戴尔有可能像乔布斯一样被赶出自己创建的公司。好在竞争性建议对戴尔的影响似乎并不算很大，因为他们所能提供的只有价格条件，缺乏收购之后的管理能力。而戴尔则有一整套成熟的解决方案，并且客户和员工对他个人有信心。

戴尔回忆说，在整个私有化过程中，公司的客户一个都没有离开。他不无得意地表示，除了他，没有人能够继续管理好公司。真实的情况很可能是，除了戴尔和银湖资本，没有人愿意借钱收购戴尔公司。银湖资本联合 CEO 埃贡·德班说：“戴尔的特别之处在于他愿意承担风险，但前提是要做得对，以一种会成功的方式来做，而不是鲁莽地烧钱。”

戴尔私有化过程引发了不少新闻报道，总体来看，市场对此并不特别关注。有评论认为，私有化代表戴尔已经失去重回巅峰的野心，满足于做一个普通的富家翁。戴尔很快就将让这些人大吃一惊。

670 亿美元杠杆收购

收购存储巨头 EMC

2015 年，戴尔宣布联合银湖资本收购存储巨头 EMC。这一消息引发了市场的议论，因为 EMC 的规模比戴尔大一倍，市值高达 670 亿美元。以小吃大通常会引发更多的关注。不过，在行业内部，戴尔的收购提议并不令人感到意外。因为这项收购建议符合戴尔的企业战略，也体现出 EMC 当时面临的竞争形势。

EMC 成立于 1979 年，主要业务是存储服务和企业解决方案。EMC 的出现代表着计算机行业一次重大创新，在 EMC 出现以前，计算和存储是合在一起的。像 IBM 生产的大型主机本身就配备存储，这些存储设备价格昂贵，就连大企业也觉得负担太重。

EMC 的创新是生产出兼容 IBM 大型机的外部存储，而价格比 IBM 低得多。在 EMC 的领导下，独立于计算的存储业务很快发展起来。从此，存储系统与主机 / 服务器、网络一起，成为数据中心三大构成要素，存储也成为一个专门的行业。

EMC 的收入包括出售储存设备和向企业提供存储管理的收费，它的顾客主要是特别注重信息可靠和安全的大企业，它们可以负担得起相对较高的价格。由于掌握着存储管理软件的开发能力，EMC 还可以从长期服务中获得收入。

EMC 的商业模式看上去非常稳健，全球数据量的增长速度越来越快，意味着它的市场空间根本看不到尽头。21 世纪初是 EMC 的极盛时期，当时的口号是“哪里有信息，哪里就有 EMC”。然而好景不长，EMC 的储存业务很快遇到了云计算的挑战。亚马逊、谷歌、微软等企业利用软件将分散在服务器中的存储空间统一管理起来，形成虚拟的存储池，它可以取代一部分专业存储的功能。

这些网络企业自己生产服务器，不再向 EMC 采购存储设备，反而向市场上投放存储服务。此外，Pure Storage 等新企业能够向顾客提供价格低廉的闪存产品，与 EMC 争夺存储市场。由于上述原因，在全球数据量高速增长的背景下，企业级存储市场却出现了负增长。云计算技术创新导致 EMC 不仅失去了市场增量，甚至可能失去原有的市场。

EMC 遇到的困难很像戴尔，云计算兴起后，独立存储业务的市场价值和前景都变得不确定。

EMC 遇到的情况和戴尔在 PC 市场的遭遇差不多，一个完美的商业模式突然不再有效了。当初戴尔不得不放弃直销模式，现在，云计算令 EMC 作为独立存储的业务受到威胁。2014 年，高端存储市场收入下滑了近 16%。作为市场领导者，EMC 存储业务营收增幅从 2010 年的 16% 下降到 2014 年的 2%。2010—2015 年，EMC 股价累计涨幅仅为 37%，远远低于标准普尔 500 指数同期 76% 的涨幅。

历史上，戴尔和 EMC 曾经有过密切的合作。2001 年，双方建立合作伙伴关系，Dell 帮助 EMC 进入中低端市场。因为 EMC 产品价格高，主要面向大企业，而戴尔在服务中小企业方面更有优势。后来，戴尔开发了自己的存储服务，两者间的合作中止了。此后，EMC 开始同联想展开合作。

戴尔 2007 年复任 CEO 之后，曾经向 EMC 提出合并的建议，两家公司已经秘密开展了合并谈判。由于金融危机突然爆发，谈判中断了。私有化完成后，戴尔决心加大企业服务方面的投入，与 EMC 的合并再次提到议事日程之上。

此时，EMC 也在考虑与其他企业进行合并的选项。它首先选择的是戴尔竞争对手惠普，惠普的企业规模远远高于戴尔，在存储业务上的技术积累也超过戴尔。但是，和惠普合作也有缺点。正因为惠普技术水平较高，两者重复的产品线就比较多。一旦合并，重复的部门和人力资源将导致大量裁员，影响新公司的士气。由此来看，与戴尔合并的优点似乎更多一些。

戴尔主要做中低端存储业务，与 EMC 的产品线冲突不大。由于惠普在报价上不能让 EMC 满意，两者的合并谈判终止，戴尔获得了成功机会。戴尔与 EMC 合并，可以帮助戴尔建立起更为完善的企业级存储战略格局，而 EMC 则可以获得戴尔的商用渠道、市场与用户体系支持。

EMC 的其他两项重点业务也和戴尔没有直接竞争。一项是 VMware 虚拟化软件技术，一项是 Pivotal 的云软件开发，这两项都能够帮助戴尔提高在云计算产业的竞争优势。合并之后，新公司将在企业级存储、服务器、超融合、数据中心乃至混合云领域中建立领导者地位。

收购 EMC 的资金准备

由于产业变革的影响，特别是以 Google 为代表的新一代网络企业兴起之后，传统 IT 巨头如惠普、微软、甲骨文都遇到了比较严重的困难。此时，戴尔的勇气显得弥足宝贵，敢于放手一搏以求突破困境。

不过，当戴尔收购 EMC 的消息传出之后，市场上很快出现了否定的声音。科技媒体《连线》杂志说，惠普、思科、戴尔、EMC、IBM、甲骨文，这些公司都已成为行尸走肉。《布隆伯格商业周刊》调查记者阿什利 · 万斯（Ashlee Vance）甚至说："IBM、惠普、EMC、戴尔和思科这些公司为何不全部合并，把这件事情做完？"他还给合并之后的公司起了名字，叫作"被云计算搞死的公司"[1]。

记者们喜欢发出惊人之语，而企业家的天职是始终对创新方案

[1] https://news.zol.com.cn/545/5454336.html.

抱有信心，最终将事情办成。有了之前私有化退市的经验，戴尔更有信心利用当前的低利率市场环境。只不过，如此大的一笔交易，戴尔和银湖资本在资金上差得太远。他们需要借入的总金额高达 500 亿美元，戴尔请摩根大通银行领导债务筹划。在戴尔和 EMC 董事会见面时，摩根大通银行董事长杰米 · 戴蒙也出席了。当一位 EMC 董事问戴尔有没有把握借到钱时，杰米 · 戴蒙站起来说，是的，他们有这笔钱，全场都笑了起来。

可是，算来算去，还是有 100 亿美元没有着落。当然，他们可以发行高利息债券，俗称垃圾债券。但这会极大地提高收购成本，给未来的经营埋下隐患。最后，戴尔和银湖资本转换思路，从 EMC 的资产组合中找出了办法。

VMware 是企业技术基础架构虚拟化的先驱。它提供云计算和硬件虚拟化的软件和服务，是 EMC 最值钱的资产。2003 年，EMC 收购 VMware。2007 年，VMware 独立上市，EMC 持有 81% 的股份。戴尔和银湖资本的设计是将戴尔所持有的 VMware 股权变成一只跟踪股票。所谓跟踪股票（tracking stock）是指将公司的一个部门作为上市资产，投资人可以获得这项资产的经济利益，但没有投票权。

多元化企业中，如果某个部门找到了高速成长的机会，它的业务价值将会突然增加。某项业务利润和市场份额上升，行业前景乐观，也会导致企业内部业务相对权重发生改变。为了保持增长，这个部门需要招募高价格的人才，向管理团队提供远远高于其他部门的报酬。公司原有的奖励机制不适用于这种情况，如果不改变，技术人员和管理层可能离开。

另一方面，投资人看好这个部门，但不愿意投资这家企业其他那些增长比较慢的部门。在这种情况下，企业往往考虑剥离上市的选择，比如 EMC 让 VMware 独立上市，就是为了避免将 VMware 的价值混在整个公司里面。

有时大型企业不愿意或没有办法将新的业务部门剥离上市，但又希望这个部门在企业内部拥有独立的经营地位。在这种情况下，他们可以采用跟踪股票的上市方式。这是证券交易所为方便企业成长性部门上市交易所做的一项金融创新，投资人就像在肉铺里挑肥拣瘦，只投资自己喜欢的那部分公司业务。1999年，迪士尼公司收购搜索网站 Infoseek 后成立 go.com 公司。迪士尼持股72%，其余部分作为跟踪股票上市。注意，在这个例子中，迪士尼本身已经是一家上市公司。go.com 是它的一个业务部门，跟踪股票涉及的只是这个业务部门的资产。高技术企业同样发行跟踪股票，例如 Google 母公司 Alphabet 也将旗下的一些业务作为跟踪股票上市。

戴尔收购 VMware 之后，拥有 VMware 的81%，这部分资产在金融市场上是有价值的，也有投资者愿意买卖。一项资产，既有高价值又有流动性，持有者自然有机会让它上市交易。戴尔收购 EMC 之后，需要进行内部整合，需要重新估值，暂时无法整体上市。但它所持有 VMware 却属于不同情况，消费者很了解，也愿意购买。

现在，戴尔提出将自己所持有的 VMware 股份拿出一部分作为跟踪股票卖给投资人。投资人购买的不是戴尔整家公司的股份，只是 VMware 这个部门的股份。跟踪股票没有投票权，跟踪股票的购买者纯粹追求股票的经济收益，他们对企业经营没有干预的兴趣，这符合戴尔掌握经营全权的希望。

跟踪股票的价格必须对投资人有吸引力，戴尔发行跟踪股票的价格只有 VMware 市场价格的71%，是非常少见的深度折扣。最终，戴尔和银湖资本将 EMC 所持有的 VMware 53% 股权上市，获得120亿美元现金。这个方案听上去有点像用收购对象的钱来完成收购，跟踪股票的本来意图是支持企业内部创业，没想到在这宗交易中成为杠杆收购的工具。[1]

[1] https://www.barrons.com/articles/new-tracking-stock-offers-cheap-play-on-vmware-1472678716.

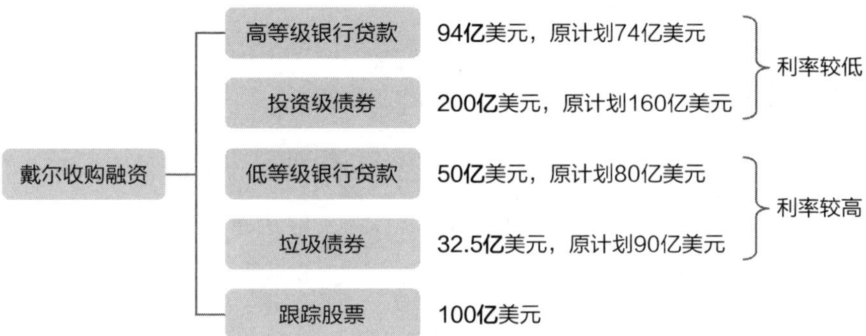

图 6.1　戴尔筹集收购资金所使用的金融工具

收购 EMC 的融资是分阶段进行的，不同阶段的资金信用层级不同。第一阶段是高信用级别的银行贷款，融资结束时间特意推迟了一周，以等待更多的投资进来。2016 年 3 月 28 日，戴尔获得 94 亿美元贷款，比预期多 20 亿美元。

两个月后，开始第二阶段融资，这次是投资级的抵押担保债券。由于市场反应良好，发债规模从 160 亿美元提高到 200 亿美元。其中 45 亿美元的 10 年期债券收益率约为 6%，低于预期 6.5% 的收益率。债券收益率降低显示市场对交易的支持，这一成功使得剩余的融资变得顺利。

两周后，戴尔发行了所谓的 B 级中长期贷款，这是低信用级别贷款。原定发行 80 亿美元，因为前期融资成功减少到 50 亿美元，节省了利息。最后，6 月 8 日发行了垃圾债券，利率为 6.5%~7.5%，远远低于预期水平，规模也从 90 亿美元减少到 32.5 亿美元。

6 月 20 日，戴尔以 20 亿美元出售了软件业务以增加现金储备。经过复杂的财务运作，戴尔终于顺利完成对 EMC 的收购。合并后的新公司一年息税及折旧前利润 70 亿美元，需要偿还的利息为 20 亿美元。[1]

[1] https://www.nytimes.com/2016/08/06/business/dealbook/how-dell-pieced-together-67-billion-to-buy-emc.html.

戴尔科技公司

在收购 EMC 初期，戴尔试图利用自身的市场地位，将企业客户的 IT 需求捆绑在一起出售。因此，他拒绝了一些股东提出的让 VMware 独立上市的要求。VMware 的主要业务是帮助企业用户上云，为戴尔增强多云环境下企业竞争力。

随着云计算基础架构渗透到全球 IT 部门，VMware 的价值飙升。2016 年，VMware 分别与 IBM 和亚马逊建立了合作关系，帮助企业将数据产品转移到公有云，并使用 IBM 和亚马逊提供的各项服务。许多大型企业数据中心业务非常复杂，既有公有云，也有私有云，VMware 的优势是能够让企业方便地管理混合云。由于 IBM、亚马逊等公司在业务上与戴尔存在竞争关系，VMware 独立上市有助于构建中立厂商的地位，更能够发挥其产品和服务的价值。2018 年，戴尔公司再次公开上市，改名为戴尔科技。2021 年，戴尔将 VMware 分拆上市。VMware 上市不仅让它获得了独立的发展路线，也有助于戴尔降低债务水平。

2013 年 9 月戴尔私有化时，标准普尔下调戴尔信用评级为垃圾级。2015 年宣布收购 EMC 后，戴尔的信用评级一直停留在投机级。而到了 2021 年 9 月 29 日，标准普尔已经将戴尔的信用评级提高为 BBB，属于投资级（惠普和联想的信用评级都是 BBB）。信用评级的改善，表明戴尔摆脱了由于杠杆收购沉重负债所带来的经营威胁，能够恢复发行商业票据，扩大其贷款业务，为更多客户提供资金，从惠普等竞争对手那里赢得市场份额。

21 世纪初，戴尔公司进入了所有商学院的课堂。阿里巴巴总参谋长曾鸣教授在长江商学院任教时曾经多次为学生讲解戴尔公司的案例。2009 年，戴尔在中国召开全球董事会，邀请马云到现场与他们交流。当时曾鸣教授已经加入阿里巴巴，他也参加了。

据曾鸣教授回忆，戴尔高管对马云的讲话基本不能理解，说明戴尔公司高管已经失去了对未来最重要和最核心变化的把握，走向英雄末路。戴尔知道 PC 产业必然会走下坡路，也愿意向阿里巴巴学习，但其固有的硬件厂商传统思维使得戴尔无法融入新一代互联网浪潮。曾鸣教授的观察准确地刻画出当时戴尔的困境，而美国投资人要到 2012 年才开始认真考虑抛弃戴尔，迫使他采取冒险的私有化收购。

从 2013 年到 2021 年，戴尔的处境发生了巨大改变。在私有化之前，他持有公司 15.6% 的股份，股票价值约 40 亿美元。现在，他持有戴尔公司 52% 的股份和 VMware 42% 的股份，股票总价值达到 400 亿美元。2023 年，博通以 690 亿美元价格收购 VMware，戴尔本人的份额对应着 200 亿美元以上的金额。

在 PC 创新走向停滞的背景下，戴尔保持着对顾客需求的洞察力，将 PC 与企业服务结合起来，让公司重新回到技术创新的前沿。

市场曾经认为戴尔将和过去的知名硬件品牌 Palm 与黑莓一样走向衰落，消失在历史中，人们会逐渐遗忘这一品牌。今天，戴尔公司已经是数据存储和管理领域中全球最大的基础设施提供商，而汽车、电信、电网、医院和物流网络等行业正在转型数字化，产生越来越多需要管理和存储的数据。Salesforce 联合创始人贝尼奥夫说："每个人的眼睛都在盯着亚马逊、微软和谷歌。他们没有意识到戴尔公司已经悄悄地积累了企业技术领域的市场份额。"[1]

有评论说，戴尔的再次崛起表明，他正确地理解了科技行业在关键时刻的走向。比如，戴尔对 PC 业务的长期前景持有信心，将 PC 作为价格竞争商品结合到企业服务方案中。当疫情来临时，商用 PC 市场出现暴发性增长。戴尔 PC 供应链的管理水平明显高于竞争对手，成为远程办公潮流下企业 PC 销售增长的受益者。

在云业务方面，戴尔退出了公有云的竞争，未来存储业务的收

[1] https://finance.sina.com.cn/tech/2021-08-04/doc-ikqcfncc0934641.shtml

入增长将受到公有云业务供应商如亚马逊、Google的持续压力。瑞士信贷估计，亚马逊AWS服务每增加1美元收入，传统IT厂商就要损失4美元。但大型企业通常采用混合云的方式，它们仍然需要戴尔的服务。

在和公有云竞争的过程中，戴尔也在学习，例如推出基于用户使用量付费的Apex产品，以对抗公有云的定价灵活性。戴尔认为，企业不会把所有数据都转移到云上。例如，戴尔与英伟达合作的Helix项目，将戴尔服务器与英伟达芯片、软件配合，可以快速实现内部部署的生成式AI功能。基于客户实际需要的专用模型，将AI技术用于分析顾客自有数据，实现客户服务、市场研究等功能的提升。Helix项目的软件和基础设施都是客户自己管理的，安全水平更高。

"边缘计算"可能是公司未来最大的机遇之一。与云计算需要将数据传回数据中心的做法不同，边缘计算是指在数据生成的地方管理数据，更适合实时的数据分析和智能化处理。边缘计算属于物联网的核心概念，主要应用于能源、交通、医疗和通信基础设施的数字化需要。戴尔预计，边缘计算需求将以每年17%的速度增长。边缘计算和混合云服务让戴尔有机会重新回到全球数字化潮流的中心，成为一家举足轻重的技术公司。

市场研究公司Wikibon首席分析师Dave Vellante长期跟踪戴尔科技的表现，他认为，戴尔面临的最大挑战是营造创新社区。不是一般意义上的技术创新，而是如何培养围绕戴尔产品的创新开发。戴尔每年投资数十亿美元用于研发，看上去数目并不少。但整个IT产业创新的发动机已经从公司研发转向软件开发社区。谁能够让全世界的软件开发人员主动基于自己的产品开发新服务，谁才是未来研发和创新竞争的领导者。

由于历史原因，戴尔在软件研发社区中缺乏影响力。如果没有开发人员为它设计新的软件应用，光靠公司自己，创新的前景并不确定。收购EMC之后，戴尔已经引起了公司CIO们的关注，现在，它需要解决的问题是如何引起开发人员的关注。比如向开发人员提供更多的开源工具，在边缘计算、多云和多云管理方面开发新的应用，以提高硬件产品的价值。

历史上，戴尔曾经实现过颠覆性的创新，但它的成功更多依靠管理创新而不是技术创新。从经营和财务角度来看，戴尔的故事非常完美。作为一家在名称中刚刚加上技术两个字的企业，戴尔仍然需要讲出新故事。

7. 爱回收：供应链驱动的二手电商

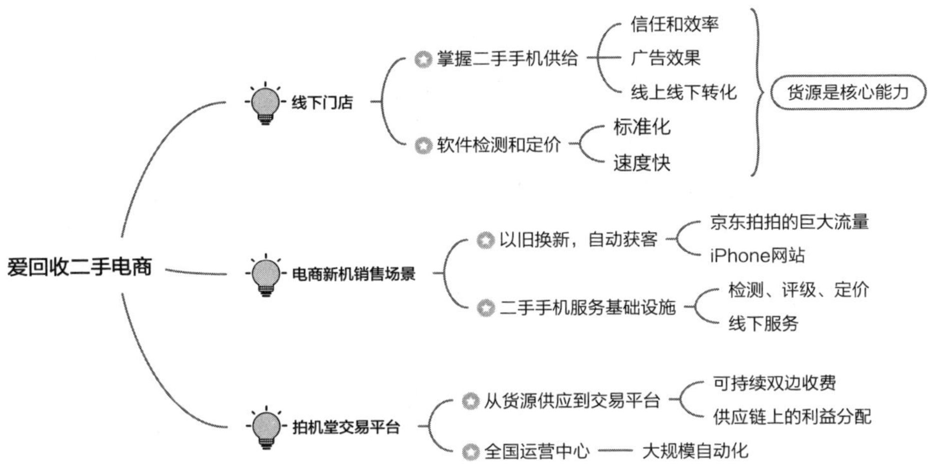

导言： 信任水平低，难以标准化和规模化，二手手机的回收与交易几乎是一个不可能的任务。爱回收从逆向电商概念出发，大胆采用创新方法，连续突破行业中的顽固障碍。今天，爱回收拥有全球最大规模的自有线下回收门店集群，通过京东平台掌握了电商新机销售场景下的回收流量。有了稳定的二手手机供给，爱回收得以建立起供应链驱动的电商拍卖平台，形成完整的垂直业务流程。

一家互联网公司要去做门店，那是又苦又累，还被认为很蠢的事，基本没有人认可。

——陈雪峰，爱回收（万物新生）创始人兼 CEO

爱回收是一家供应链驱动的二手电商，它的独特能力体现为大规模快速检测和定价、线下门店服务、平台交易价值和发起独占销售场景。本案例将回顾爱回收如何形成对二手电商业务的理解，以及基于这种理解所发展出来的独特能力。

在循环经济中，二手产品交易和回收占据重要的地位。爱回收成立已经有十多年了，在创业公司中算是比较长的。它早于今天人们所熟悉的闲鱼（2014 年）和转转（2015），是国内第一家成规模的手机回收专业电商。2021 年 6 月，爱回收在纽约证券交易所上市。之前，美国二手电商企业 Poshmark 和日本企业 Mercari 已经上市，市场反应不错。但爱回收上市却引发了大量的批评，市场上对它的经营模式存在不同看法。

有的分析师认为它不是ESG（关注环境、社会和公司治理的企业），其业务不属于环保和可持续领域，只是企业为了讲故事蹭一个概念流量。有的分析师认为，国外的成功模式都是面向消费者服务，爱回收却试图以企业业务为主。爱回收在消费者业务方面显著落后于闲鱼和转转等市场领导者，只能依靠投资方京东提供流量，经营前景缺乏说服力。还有的批评爱回收采用重资产模式，只得不断融资并迟迟不能实现盈利，说明它未能形成独特的业务模式，很容易受到竞争对手攻击。

爱回收对二手业务的理解

回收业务的基本能力

爱回收的历史始于2009年。孙文俊等人创办爱易网，他们的商业计划曾经获得复旦大学10万元创业基金资助。爱易网并不直接回收用户的旧电子产品，而是为电子产品以物换物提供一个交换平台。

这一商业概念来自美国Recelluar和Gazelle公司。由于文化差异，以物换物没能在国内撬动市场。爱回收曾在2011年时针对楼宇白领和高校学生做过一项调研，结果显示，80%的人都想把旧电子产品换成现金，而非以物换物。2011年，爱回收正式成立，早期只提供以消费者为服务对象的线上线下一体化电子设备回收。这就是爱回收延续至今的C2B模式，其回收产品主要是手机（67.7%）和电脑。

二手闲置物品号称万亿级市场，但商业模式非常复杂。据2020年10月腾讯《深网》报道，二手交易从业者普遍认为，这是电商中最难经营的几个领域之一。“商品无法标准化、服务无法标准化，这让二手商品很难规模化，毛利率相对低下。”转转母公司58集团

CEO 姚劲波也表示，二手业务很难盈利。[1]

二手电商主要有两种模式。一种是 C2C，用户在平台上直接交易，平台提供基础设施服务，如商品展示和支付，但不参与交易。C2C 平台可以提供全品类交易，以闲鱼为代表。也可以是细分垂直领域的平台服务，以旧书交易平台孔夫子为代表。

另一种模式是 C2B2C，产品从用户到平台，再从平台到新的用户或商户。二手电商既提供平台服务，也作为交易对手。爱回收是典型的 C2B2C 模式，它向消费者付费回收手机，分类后定价出售给个人或二手手机销售商，不能出售的部分则由电子垃圾回收商处理。2014 年，世界银行旗下的国际金融公司 IFC 参加爱回收 B 轮融资，投资 500 万美元支持再利用和循环回收，表明爱回收的可持续业务是得到认可的。

将交易过程进行分解，控制非标准化要素，是二手手机电商规模化的前提。标准化的目标是支持公开的和可理解的定价。

对于那些能够再次销售的手机，爱回收主要出售给二手手机销售商，出售的方式则是竞价。竞价销售除了加快成交速度，还有一项特殊的作用，提供定价参考。作为前端回收商，爱回收不仅没有定价权，也没有定价能力。与爱回收相比，二手手机销售商更了解市场需求和价格变化。竞价模式相当于帮助爱回收获得大量动态的市场价格信息，起到快速价格发现的作用。

在前端向消费者收购手机时，这种基于市场信息的反向定价可以向消费提供公平价格。掌握这一能力对于市场上其他主体是有号召力的，未来这项能力在爱回收建立交易平台，实现二手交易整合时将具有重要意义。

大规模回收二手手机，除了需要知道销售价格，还必须有收货后快速检测的本领。爱回收成立初期只做上门服务。当时二手手机交易的常见场景是买卖双方一手交钱一手交货，爱回收的特点是用

[1] https://36kr.com/p/931005974628745.

户可以先在网站或 App 上询价，通过在线询价系统给自己的手机估个价。如果对价格满意，用户在线提交订单。之后，双方再约定上门取货的地点和时间。

在线询价可以降低交易成本，能够吸引用户。为了尽可能获得准确定价，爱回收设计了复杂的估价问题清单，这些选项是爱回收从市场上向回收商学来的。结果由于选项太多，用户根本就不知道该怎么选，反而降低了效率。

比如有划痕的手机分为大花机和小花机两种。划痕是在上面还是下面，前面还是后面，都会影响价格。这就需要四个选项，用户还要自己判断轻微划痕还是明显划痕、轻微磕碰还是严重磕碰。在实际中，用户的标准和爱回收的标准常常不一样，带来许多差评。有用户指责爱回收以高价引诱用户成交，收货后再挑出种种毛病压低价格。

为了改善用户体验，爱回收决定去掉一些模棱两可难以界定的选项。对于外观，只划分完好、有划痕、有磕碰，不再划分划痕和磕碰程度。由此，爱回收开始尝试建立独立的检测标准。与爱回收联系的回收商们反映，爱回收在市场上最有价值的业务是它所提供的手机检测服务。

创业团队开发了一套名为 Observer 的 ERP 系统。上门检测收货时，收货人员使用这套系统，可以快速方便完成对二手电子产品的检测。当着卖方的面，收货人员使用自带的平板电脑，根据系统提示步骤，输入二手产品的各项特征后，系统会自动生成一个建议回收价格。

在用户体验方面，机器检测的优点是指标客观，避免“看人议价”。在此之前，回收商主要凭借个人经验来判断二手手机的价格。由于手机品牌型号众多，再加上二手手机往往有一些缺陷，导致回收商很难给出规范、可比较和有说服力的价格判断。二手手机回收定价效率低，风险高。

爱回收这套系统的优点主要是能够帮助企业在快捷和标准间保持平衡，只要事先规定好参数，马上可以计算出结果。机型数量和缺陷特征等过去人工回收时构成定价障碍的因素对于系统运算而言毫无困难。经过不断的调整，未来这一系统将以标准化和速度两项核心价值主张成为爱回收经营二手电商所凭借的主要竞争力。

手机具有制式统一、物流成本低、客单价比较高的特点，理论上讲货源供应也相对稳定。但二手手机交易的产业链环节和参与方众多，导致效率很低。如果一家企业能够设计出提高效率的方案，就有机会通过产业链整合建立竞争优势。爱回收平台可以自动完成手机检测评级，人工干预主要用来反映市场需求的改变。爱回收估价标准建立以后，不仅能规范后端的回收商，对前端用户也有教育作用，具备了市场整合的条件。

反潮流的线下门店

CEO 陈雪峰认为，爱回收最重要的价值是改善传统二手 3C 类产品交易链中无标准、效率低和供需错配问题。解决这些问题的前提是控货，只有培养出控制货源的能力，才能在标准化、定价、渠道、成本效率等方面建立起自己的优势。

手机回收的前提是能够从用户手上获得旧手机的供给。表面上看，旧手机数量很大。实际上，收购旧手机的效率却并不高。单一用户更换手机的频率比较低，二手市场服务并非刚需。就算通过广告引导顾客注册 App，但日常使用的机会非常少。爱回收曾经和其他创业企业一样投放广告来获取流量，效果不佳。

门店向顾客提供信任和期望管理，线下场景结合标准化作业，创造出二手手机的用户供给。

陈雪峰总结说，手机回收是一个供给驱动的行业，企业成功的关键是能够抓住货源。二手手机市场的启动因素不是流量，而是场景。“新机销售和新服务才是二手手机交易的最佳场景”。[1]京东商城一年新

[1] http://www.eeo.com.cn/2020/1223/449144.shtml.

机销售超过 5000 万台，是最佳的线上场景。而在线下也有一个最佳的转化场景，那就是购物中心。爱回收决定在购物中心开地面店。

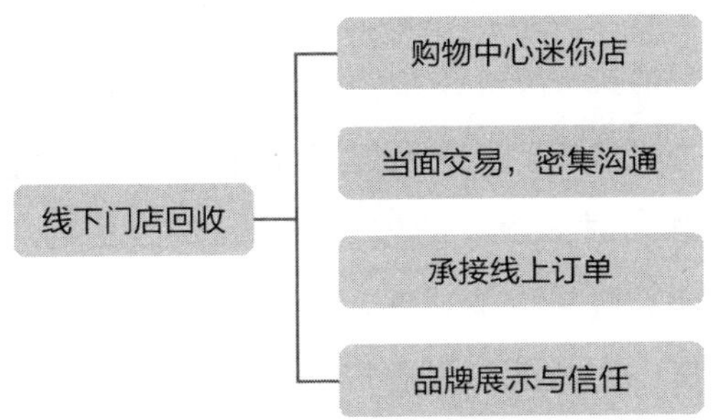

图 7.1　爱回收线下门店的价值创造

2013 年 12 月，爱回收在上海亚新广场开出了第一家门店。在投资人看来，这是一个奇怪的选择。互联网公司不去购买流量，而把钱花在高成本的地面店里。线下门店的尝试源自爱回收在运营中遇到的困难。没有线下门店时，用户先在线上询价，然后通过顺丰快递发给爱回收，经过检测得到最终定价。如果顾客不接受这个价格，还要将机器寄回。这样的服务方式难以培养信任感，因此成交率很低。

在邮寄模式下，100 个回收订单中，只有 40 个顾客愿意邮寄。100 个邮寄过来的物品，只有 60~70 个与客户描述一致，可以正常放款，其他的都需要和客户电话沟通重新修改价格。“虽然邮寄模式的运营成本低，但是会带来更高的隐形成本，比如沟通成本、口碑损耗。”

由于在邮寄前已经形成了价格心理预期，用户对定价修改往往很不满意。用百度搜索爱回收会弹出很多负面评价，最常见的批评是爱回收恶意压价。陈雪峰说，“大部分负面评价都是物流邮寄产生的，这是邮寄模式天生的弊端”[1]。邮寄固然能够获得大量的订单，但只有上门交易和门店交易才能显著降低投诉率。

另一方面，上门回收的体验也并不好，双方要约时间，用户待在家等候。定价前 15~20 分钟的检测要么在用户家门口进行，要么

[1] http://www.iceo.com.cn/magartical/bd033434-069c-4c01-9916-2ec2edc468c9

在家里，双方都觉得不自然。

二手手机交易的非标准化特点决定了用户对服务有较高的需要，门店交易可以满足这部分用户。门店可以当面报价、当面进行检测和数据清理，能够承担密集沟通的功能，实际上交易非常快捷。虽然看上去规模不大，但相比行业中常见的批量购买旧机，有着高质量回收和面对面服务的体验优势。商场门店本身可以提供流量，顾客到店能够降低取货成本，店员同时也可以承担门店附近的取货服务。上海中山公园店没有进行推广，也没有线上流量导入，已经能够做到一天上万元的营业额。受到初期成功的鼓舞，爱回收扩大样本量，在上海不同区域复制门店。当开到第 8 家店的时候，爱回收基本验证了开线下店的模式。更重要的是，门店在商场、地铁必经路线的人流中发挥着强大的广告效应和品牌效应，为爱回收占据了一个长期广告位，达到了教育用户的效果。

为了控制开店成本，爱回收采用迷你门店方案。选择商场进出口的位置，租下一面墙或是一根立柱，只要能摆得下一台电脑、安装两三面触摸屏就可以开业。站点式的门店开起来速度快、成本低。陈雪峰说："门店模式的成本比想象中要轻。门店的获客通过线上导流过来，运营成本也相对较低。因为体量都很小，新店装修 7 万块，每个月租金 1 万块。"[1]

自从开了线下门店，爱回收线上流量大幅度上涨，每个实体店的订单，有一半以上都是从线上导入的。爱回收总裁郑甫江表示，由于有线上的导流，门店的盈利能力其实非常好。[2] 陈雪峰认为，随着门店数越来越多，持续时间越来越长。门店的整体业务、整体转化率就会越来越高。

爱回收凭借 273 座城市里的 2000 家线下门店成为市场上服务最好的二手交易平台。爱回收招股书中提到，公开发行募集资金的

[1] http://www.iceo.com.cn/magartical/bd033434-069c-4c01-9916-2ec2edc468c9.

[2] https://repository.ceibs.edu/ws/portalfiles/portal/15764687/2017+CEIBS+CSR+Report-CN.pdf.

30% 将用于进一步扩大爱回收商店网络和其他销售渠道。

一些分析师不看好重资产的门店模式。即使按照轻型店的设计，爱回收线下运营成本仍然很高，未来这项费用很可能继续升高。此外，爱回收的线下门店具备可复制性。一旦巨头入场，必然会夺取爱回收的市场份额。

作为竞争对手，闲鱼已经在北上广深等地开设地面店。不过，在地面店方面，爱回收拥有领先优势，它的门店与手机回收的垂直业务结合得比较好。闲鱼属于全品类店，其地面店至少在功能性方面不一定比得过爱回收。

从竞争者到市场领导者

争夺电商销售场景

在二手手机市场上，货源始终是一个瓶颈。爱回收的货源来自App 用户以及线下门店吸引的用户，这些供给渠道从数量、质量和稳定性来看都还不够。爱回收很早就注意到电商作为大宗手机回收渠道的价值。爱回收与电商合作大致分为两个阶段，首先是单纯的旧机回收，之后则是以旧换新活动。

2013 年，爱回收开始与 1 号店合作，提供回收服务，采用的方式是“旧机回收兑换代金券”。创始人孙文俊利用了品牌杠杆（brand leverage）的原理。他说，对于低价的旧手机，比如残值只有 5 元，“给人家 5 块钱没什么感觉，给五听啤酒，用户可能觉得更有意思一点”。

他们直接向 1 号店采购，自己送货上门，以此在用户印象中搭建起爱回收与 1 号店的关联性。2014 年爱回收与京东达成合作，2015 年与小米和三星合作。

二手手机回收的供给不稳定，无法用投放广告或购买流量的方

> 爱回收力求介入新手机销售的电商场景，为京东提供旧机回收能力，实现二手手机回收的自然获客。

式来汇集供给。陈雪峰说："泛流量效率很低，以旧换新是效率最高的方式，控制新机销售场景很重要。"[1]用户点开任何京东网页上手机详情页都会看到一个以旧换新的链接，点击链接就会跳到爱回收的页面。如果用户选择爱回收，就能获得它提供的京东优惠券。

与京东合作后，爱回收运营中心每天接到的包裹数开始迅速增加，业务量增长了一倍左右。2016 年，京东"618"和淘宝"双 11"活动后，最多的时候每天收到过 25000 多台。

2019 年 6 月，京东集团旗下的 B2C 平台拍拍与爱回收宣布合并，让原来"回收和以旧换新"的场景进一步升级。依托京东的支持，爱回收能够将旧机回收与新机购买相结合，实现"取送同步"的消费场景。

爱回收在拍拍上设有旗舰店，销售自有或寄销的产品。由于京东的巨大流量，拍拍网的主要作用是为其他商户提供平台服务，也就是由第三方供货的 POP 店铺模式。爱回收对这类业务收取佣金，比例为成交价的 4%~10%。京东则向爱回收收取流量和服务费（2020 年这笔费用达到 1.66 亿元）。

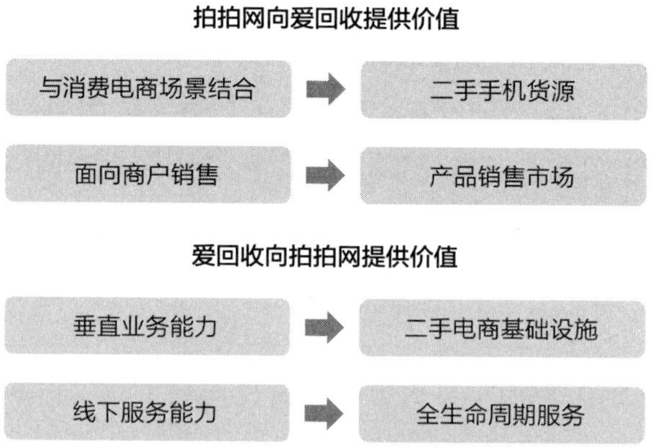

拍拍网向爱回收提供价值

与消费电商场景结合 ➡ 二手手机货源

面向商户销售 ➡ 产品销售市场

爱回收向拍拍网提供价值

垂直业务能力 ➡ 二手电商基础设施

线下服务能力 ➡ 全生命周期服务

图 7.2　拍拍与爱回收的互补

[1] https://36kr.com/p/973779261435910.

京东曾经考虑将拍拍网出售给二手电商转转，但转转是全品类平台，与拍拍在业务上是重叠的。双方合并之后，转转固然可以受益于京东的流量，但似乎缺乏新的价值创造能力。爱回收则不同，之前它面向商户能力比较强，消费者业务能力不足。京东的流量可以帮助爱回收补足业务短板，提升竞争力。

爱回收为京东提供的价值主要是承担京东一站式以旧换新的基础设施，包括检测、评级和定价技术，以及线下店面服务，争取将京东的流量延伸到全生命周期服务。这项工作的流程和逻辑与京东现有的新货销售完全不同，爱回收称之为电商赋能。由于爱回收可以将这项业务应用到其他电商的销售场景中，因此它是一项有战略意义的企业端服务能力。

爱回收与拍拍合并后，在货源和销售两方面都实现了显著的增长。之前 C2B 回收量为每天 7000~8000 台，与拍拍合并后，这个数字差不多增加了一倍。2021 年 5 月，快手加入了对爱回收的投资，试图通过短视频平台激发三线以下城市二手手机的交易。

2023 年，苹果将爱回收列入以“旧换新”服务商。苹果是从 2015 年开设这项服务的，以旧换新由富士康旗下公司承担，属于果链内部业务。爱回收以第三方身份承接这项服务，显示苹果对爱回收业务能力的认可。苹果网站服务正是爱回收一向最重视的新机购买电商场景，这一业务将显著提升爱回收的市场声誉。

对爱回收的消费者业务，批评意见一向比较多。有代表性的如申万宏源研报认为，与垂直类平台相比，国内二手电商综合类平台更有优势。爱回收手机日回收量达到 7000~8000 单之后，已经没有多少增长空间。从 App 活跃用户数量来看，闲鱼和转转已经超过千万级别，而爱回收只有 20 多万。因此，爱回收在二手电商市场恐怕没有机会，京东不可能消耗流量支持一个缺乏前景的业务。

这类分析所讨论的是全品类独立 App 的业务前景，而爱回收的业务逻辑并不相同。一方面，它通过专业回收增值服务吸引各类用户。另一方面，将 C2B 业务能力嵌入电商的 3C 销售场景，可以实现自动化获客。在电商场景业务转化方面，爱回收的专业能力明显优于竞争对手。此外，以旧换新有可能与新机促销有更多的结合点，这也是京东愿意用流量支持爱回收的主要原因。

交易平台与供应链驱动

2011—2017 年，爱回收的模式主要是直接将回收手机出售给中小商户。这种模式的效率比较低，它需要爱回收运营部门不断提供驱动，而最大的缺点则是难以实现大规模的快速流通。2017 年，爱回收成立拍机堂在线拍卖平台，提供标准化产品的拍卖交易，吸引更多小商户加入。在企业端市场，爱回收从货源供应业务扩大到开放交易平台的管理。

爱回收以自己的货源支持平台，吸引卖方加入。拍机堂上的货源，爱回收自营比例与入驻商户的比例，大约在 1∶3。一些大平台有库存想卖高价或者快速出货，它们将产品信息放在拍机堂上，让众多中小商家购买。每天晚上 8 点到凌晨 4 点，会有近十万商家在拍机堂上进行竞价拍卖。第二天手机就会打包发货，交易时间仅需两天。

拍机堂采用双边收费，佣金比例为定价的 4%~5%。其中对卖方的佣金以定价为依据，对买方则根据产品的定级来抽取。第三方商户出售二手机，可以选择拍机堂也可以选择拍拍。前者效率高，后者利润高。2020 年，爱回收购买的产品 88% 在拍机堂销售，12% 在拍拍销售。拍机堂的买方主要是小店，也有一些企业用户。上线 5 年后，平台上的销售商注册数量已经达到 45 万。平台采用匿名拍卖，只提供设备信息，不提供发售商户信息和其他参与拍卖商户的信息以及报价。

在拍机堂分销的手机中，68% 是在爱回收运营中心检测的。这些产品采用寄销方式，爱回收提供起拍价格建议和成交价预测。其余是第三方自行检测的 POP 模式，它们同样采用爱回收的评级标准，检测结果得到爱回收的认可。POP 模式可以自行定价，佣金比例低一些，为 1%~3%。

在拍机堂和拍拍的支持下，爱回收平台交易量出现快速增长。2018—2022 年，交易产品数量从 690 万台增加到 3200 万台。平台服务收入从 1.2 亿元增加到 11.9 亿元，占公司收入的比例从 0.4% 提高到 12%。平台交易增长速度超过自有产品，显示爱回收的服务为第三方商户创造了价值，能够吸引它们前来交易。拍拍平台主要销售高价机型，拍机堂主要提供中低价产品的拍卖交易。这类交易往往规模比较大，注重交易的效率。

表 7.1

陈雪峰回顾爱回收三次战略选择[1]

时间	战略选择	竞争地位的变化
2013 年	线下门店	大胆的 C2B 品牌沟通方案，解决二手机供给难题，取代传统的不夜城等二手市场。表面上看，只要有资金就可以开门店，但竞争对手很难复制，体现出爱回收的独特能力。
2018 年	拍机堂	投资 1 亿美元，以自动检测为基础，从规模化买断升级为 B2B 开放平台，有机会实现网络效应。
2019 年	收购京东旗下拍拍网	收购体量大于自身的业务，阻击了竞争对手转转的市场空间。在原有的 C2B、B2B 之外增加了市场上规模最大的 B2C 业务。京东成为最大股东，为上市创造了条件。

像拍机堂这样的平台与一般电商平台有怎样的不同？陈雪峰认为，爱回收本质上是一个逆向电商，核心竞争力还是效率，体现在前端用户获取、中间运营环节以及后端的渠道，包括价格利润的控制。

与新品相比，二手产品的非标准化导致了完全不同的服务需求。新品电商的服务重点是广告推送，产品服务主要由生产商承担。而在二手电商业务中，从回收、检测到分类定价都要在内部运

[1] https://finance.sina.cn/tech/2021-06-18/detail-ikqcfnca1845355.d.html?fromtech=1.

营中心完成。爱回收通过数百项规范描述将非标准化的产品转化为标准化的可用于交易定价的数据。检测流程包括外观检测、硬件检测（蓝牙、屏幕）和内部检测（浸水），之后自动生成检测报告产品。大规模作业条件下，平均每台产品检测时间为 6 小时。[1]

爱回收在全国建立了 8 家运营中心，分布在常州、武汉、成都、天津、西安、沈阳、东莞和香港，提供质检、分级、隐私清除等服务。另有 23 家城市处理站，同样采用数据驱动的处理技术。2019 年，“爱回收亚洲一号运营中心”落成，这是全国首家二手行业自动化运营中心，前端分拣时长缩短到 1/3。

无论拍机堂还是拍拍，爱回收都需要以自身的控货能力来支持。它通过线下门店和运营中心的投资形成了围绕平台服务的二手机回收、检测、处理、评级和定价。从整条供应链的服务能力来看，爱回收处于优势地位，能够同时满足二手手机出售者、买方商家、卖方商家和二手手机消费者的需求。同时，通过京东实现高效的消费场景汇集。将零散交易转化为集约交易，从低频率场景中筛选出高频、高转化率的场景，爱回收提供了相对完整的解决方案。

爱回收的方案能够相对清楚地规定整条供应链上参与各方的利益，以及爱回收的价值创造，体现出供应链驱动电商交易的独特能力。它的挑战在于平台能否通过双边服务建立起网络效应，实现市场整合。

[1] [ii]https://www.36kr.com/p/973779261435910.

8.Spotify：无限量免费与精准推荐

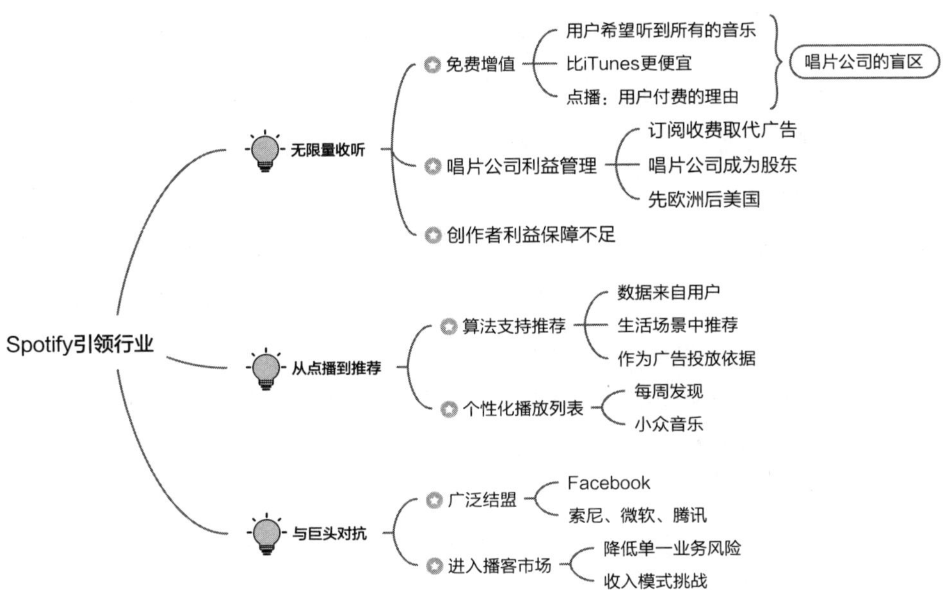

导言：生活离不开音乐。唱片公司曾经建立起稳定的商业模式，经由发掘、创作、表演、分销等环节，以相对低的成本提供大众音乐服务。数字化音乐时代到来后，消费者获得了很大的便利，唱片公司的商业模式则陷入困境。iTune一度被视为唱片行业的拯救者，但它带来的收入仍然太少，未能扭转音乐产业收入下降的趋势。

音乐行业的困难要等到流媒体和移动端应用技术成熟后才得以缓解。和很多其他行业的情况类似，突破性的解决方案不是来自如苹果、Google、Amazon等市场主导企业，而是来自一家瑞典企业。Spotify以深刻的用户洞察和颠覆性的创新设计为音乐行业复苏做出巨大贡献。

我意识到不可能通过立法解决盗版问题。法律当然有用，但无法消灭盗版。唯一的办法是创造出一种比盗版更好的服务，同时能够支持音乐行业。这就是Spotify。

——Daniel Ek，Spotify联合创始人、CEO

本案例讨论音乐流媒体技术企业对传统唱片工业的颠覆。Spotify是一家流媒体音乐播放平台，这家来自瑞典的小公司改变了移动时代用户的音乐消费习惯。它的商业方案不仅遏制了音乐盗版，提升了用户收听体验，也增加了唱片公司的收入。在这个意义上，Spotify对音乐产业的贡献甚至超过了乔布斯的天才设计

iTunes。面对苹果音乐和亚马逊音乐的竞争压力，Spotify 仍然保持了持续增长。

比 iTunes 更彻底的解决方案

从盗版到流媒体

流行音乐市场主要受四大唱片公司主导，它们控制了音乐的制作、发行、宣传，并通过版权控制了绝大多数流行音乐作品和音乐人，个体音乐人很难在市场中生存。

21 世纪初，盗版数字音乐对唱片业构成了威胁。一家名叫 Napster 的公司于 2001 年推出点对点（P2P）音乐共享服务。Napster 本身不提供下载，但提供搜索服务，所有人都可以通过它搜索其他用户的硬盘资源。只要有一个用户购买 CD 存入硬盘，全体互联网用户都可以共享。Napster 的主张代表着互联网早期创业者自由分享的理念，它的注册用户一度高达 8000 万。自然，这是公然侵犯版权的行为。所有的唱片公司联合起来起诉，2002 年，Napster 关了门。

然而，数字化音乐本身已经深入人心，唱片公司阻止人们方便获得数字化音乐的手段引发了市场的不满。由于 Napster 的示范效应，新的地下音乐分享网站不断出现，大量用户开始习惯于下载盗版音乐。根据国际唱片联合会（IFPI）数据，到 2003 年，音乐行业的收入已经下降了约 40 亿美元，超过 10%。

2003 年，苹果公司 iTunes 服务上线，它曾经被视为一种拯救唱片产业的解决方案。用户以 99 美分的价格购买一首数字歌曲，这个价格显著低于购买专辑的价格。苹果将其中的 60% 支付给版权方。用户可以将音乐下载到自己的苹果播放设备上收听，也可以存放在云端，在不同苹果设备间通用。

iTunes的解决方案获得音乐界的支持，但年轻人仍然以极大的热情参与音乐盗版，并且逐渐习惯下载免费的盗版歌曲。2008年，国际唱片联合会估计，有95%的数字音乐下载是非法的。美国唱片产业1999年的营业额为146亿美元，iTunes上市次年的2004年降到123亿美元，2008年又下降到了74亿美元。看来，仅有iTunes还不足以挽救音乐市场。

2007年左右，新的音乐流媒体服务开始兴起。音乐制作完成后，不再以实体唱片形式消费，而是转变为一种服务消费。用户无须从硬盘中播放和建立播放列表，所有的服务都以在线形式完成。

无限量免费与付费转化

Spotify创立于2006年，总部位于瑞典斯德哥尔摩，创始人为丹尼尔·埃克和Martin Lorentzon。Spotify名称是英语单词发现（spot）和辨认（identify）组合而来，代表音乐爱好者寻找和识别喜爱歌曲的基本需求。

丹尼尔·埃克受到Napster音乐分享模式的激励，希望寻找一种合法的方式为用户提供方便低成本的音乐共享服务。他和Martin Lorentzon确定了两项原则，音乐流媒体服务和合法的版权授权。接下来他们花了两年时间改进用户体验，并与各大唱片公司谈判版权。

音乐流媒体的原理是将一首歌曲的数据信息分割后打包缓冲下载，用户不需要下载音乐，可以实现点播即收听。Spotify提供订阅和免费两种会员服务。对于订阅用户，每个月9.99美元原本连一张CD都买不到，如今却能听到世界上所有的流行歌曲。考虑到每天都有全新的歌曲涌入，订阅的方式比一次性购买更合理。而对于免费听歌的用户，Spotify则通过插入广告来增加收益。

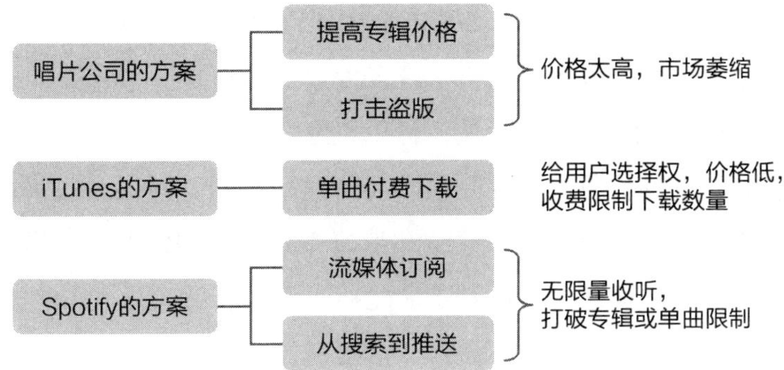

图 8.1　唱片公司、iTunes 和 Spotify 的解决方案

埃克认为，消费者并不喜欢盗版。因为盗版音乐有很多缺陷，比如音质难以控制，还可能遇到恶意软件，导致病毒感染。音乐爱好者本质上是想获得更好的音乐发现和听音乐的体验，而现有的所有方案，包括 iTunes，并不能很好地满足用户的需求。Spotify 注重无摩擦的体验，它的价值主张是立即交付音乐，无须等待，这是流媒体的优势。

当时流媒体服务还处于早期阶段，由于需要缓冲，在收听时容易出现卡顿等不流畅的现象。在产品设计阶段，埃克强调软件本身要轻便，拥有极佳的响应速度。人脑感觉不到小于 250 毫秒的缓冲瞬间，埃克将这一指标作为产品的技术标准，技术团队花了四个月时间才开发出一个工作原型。埃克说，达到这个标准之后，他就对产品有了信心，Spotify 给用户的感觉就像是每首歌都刻录在自己的硬盘上一样。

Spotify 采用免费增值模式获得收入。公司成立时，iTunes 已经问世 3 年，出售了 10 亿首歌曲，占据美国数字音乐市场 69%、整个音乐市场 25% 的份额。Spotify 要想与苹果竞争，唯一的出路就是免费。用户可以在 Spotify 上面免费听歌，只要用户愿意接受在歌曲间插入的广告，就能够一直享受免费服务。

Spotify 的主要吸引力是庞大和合法的音乐库，这是所有盗版服务所不具备的能力。当用户认可服务后，再提供更优质的增值服务选择。与 iTunes 相比，Spotify 的用户不再为曲目付费，而是以 9.99 美元的价格获得无限畅听，许多用户认为这是一个合算的价格。

Spotify 的创业逻辑是，音乐正在变为过剩产品。消费者的选择权变得更有价值。唱片公司不了解这一趋势，试图通过高定价控制消费者能够听到的音乐数量和消费方式。他们的解决方案与消费者的需求相差很远。消费者要求能够听到所有的音乐，并且立刻听到。谁能满足消费者的这一需求，谁就有机会在市场上成功。

换言之，iTunes 那种按歌曲计价的模式不再适用。iTunes 的局限性与唱片公司相似，毕竟用户能够花钱购买的音乐数量是相当有限的。埃克说，用户想听到全世界所有歌曲，并且立刻听到，我们所做的只是帮助他们用更好的方式实现这一愿望。[1]

如何说服用户从免费升级到付费？Spotify 想了许多办法，这些设计并不成功。幸运的是，一项不起眼的功能意外成为用户必须付费的理由。

Spotify 希望给用户的印象是，无限量的歌曲就像是存放在硬盘中，随时等待播放。埃克相信，这项服务拥有巨大的市场。他的判断是正确的，Spotify 上线一年后，用户数量就达到 100 万。

用户习惯的改变是很难的，Spotify 公司首席产品官 Gustav Söderström 回忆说，当时用户喜欢 Spotify 的原因是方便查寻歌曲和分享播放列表。当他们看到或搜到自己愿意听的歌曲名字后，他们还是会用 Napster 下载到硬件或上传到 iTunes 里面，而不是用 Spotify 播放。其结果是，Spotify 只能在用户的音乐消费中扮演一个服务性角色，而不是音乐服务的主体。对于多数用户，Spotify 的免费功能已经足够，他们没有理由转化为付费用户。

Spotify 的运气很好，智能手机出现了，替代 iPod 成为主流播放工具，给 Spotify 服务带来了新的价值。现在，用户要在手机上听音乐。Spotify 开发了 iOS 版和安卓版的 App，其中有一项重要功能是

［1］ https://www.nytimes.com/2018/03/31/business/media/spotify-streaming-music.html.

离线播放。因为当时用手机在线听歌还做不到，Spotify 向付费用户提供歌曲离线播放服务，并且在 PC 和手机之间实现了同步播放。

在市场调查阶段，几乎没有用户表示会购买付费功能，这些功能都可以免费获得。正如事先所预料的，付费服务上市后，用户数量增长缓慢。过了一段时间，付费用户增加突然开始加速。这是因为许多免费用户在出门之后拿起手机听音乐时，才想起忘记将他们在 Spotify 播放列表上面的歌曲同步到 Napster 或 iTunes 上面。

Gustav Söderström 认为，用户并不在意 Spotify 的曲目和播放列表功能，但无法忍受听歌过程被打断。获得接续听歌的方便，这才是早期免费用户转化为付费用户的主要动机。在相当长的一段时间里，跨设备接力播放成为 Spotify 一项突出的、能够说服用户付费的特色功能。

算法改造产品，产品引导用户

说服唱片公司给予授权

与研发和获客相比，Spotify 早期的主要困难是说服唱片公司提供授权。不过市场环境对 Spotify 有利，音乐行业的销售量逐年下降，iTunes 的出现提供了一种希望，但它终究未能扭转这一局面。

Spotify 将流媒体服务视为解决盗版问题的途径，几大唱片公司则对此持怀疑态度。它们不知道流媒体会不会像盗版一样导致消费者放弃购买 CD，进一步挤压它们的市场。一些行业分析师支持 Spotify 的看法，他们认为，由于技术、经济和消费者偏好的变化，音乐产业的衰退已经不可避免。整个行业收取相对较高的价格不过是为了捕捉收听市场的高端用户，而大部分人听音乐的需求却完全得不到满足，只能从收音机里收听免费音乐。

也就是说，市场上存在着很大一批音乐消费者，但他们不会花高价购买 CD。Spotify 提供的流媒体服务，哪怕是免费的，至少让这批消费者进入了音乐市场。至于采用免费还是收费的模式，则是可以测试的。

从相对边缘的市场开始测试业务模式，理解利益相关人的担心和要求，比如只有付费模式才能取得唱片公司的支持。

Spotify 需要从唱片公司获得音乐版权。埃克很清楚，贩卖希望是不现实的，唱片公司需要看到真金白银。他试图说服唱片公司高层，Spotify 的免费加广告盈利模式必将促进唱片销售。可惜没有人相信。开始时，Spotify 完全是免费的，只有广告收入。与唱片公司接触后，埃克认识到，广告分成金额太少，只有付费才能得到唱片公司的支持。为此，Spotify 设计了免费增值商业模式，其商业战略的重点是吸引免费用户，然后设法将免费用户转化为付费用户。

唱片公司无法评估免费点播对收入的影响，担心对唱片市场和数字音乐下载市场不利。最后的妥协方案是只让 PC 版本享有免费收听服务，而移动版则没有，以此来激励用户转向付费订阅。唱片公司还要求 Spotify 为免费版提供收入保证。

为了争取唱片公司，Spotify 不仅提供播放音乐的版权费用，还向唱片公司提供公司股权。据报道，索尼、环球和华纳等大型唱片公司分别获得了 Spotify 公司 4%~6% 的股份，一家独立唱片公司联盟获得了另外 1% 的股份。成为股东有助于唱片公司监督 Spotify 的经营行为，相当于为信任而付出的代价。2018 年，Spotify 上市时，这些股份价值数十亿美元。

唱片公司选择与 Spotify 合作，除了试图扭转业务下滑，还有一个重要原因是它们对 iTunes 的模式感到不满。iTunes 是只有苹果才有的独家服务，排斥安卓系统的做法不符合唱片公司的利益。安卓用户占手机市场的 80%，安卓手机上却没有 iTunes 应用。Spotify 没有这方面的问题，因此得以利用苹果公司利益相关人管理的弱点。

2008 年，所有主要的唱片公司最终都与 Spotify 签署了授权协议，它们在 Spotify 的股份也达到了 14%。不过，这次的协议只限于欧洲市场，唱片公司希望先看到 Spotify 的市场效果。埃克在回顾时承认，当初对版权谈判过于乐观。本来以为三个月就能解决，实际上花了两年。

2008 年 10 月，Spotify 先在斯堪的纳维亚半岛、法国、英国和西班牙上线运营。从瑞典市场来看，Spotify 的入场产生了十分显著的影响。2011 年，瑞典音乐产业自 20 世纪 90 年代以来首次出现营收增长。2012 年上半年增长幅度达到 30%，数字音乐增长 60%，抵消了实体唱片销售下降。其中，流媒体音乐收入增长了 80%，甚至挤出一部分数字音乐下载的市场。环球唱片瑞典负责人 Per Sundin 说，音乐消费出现了巨大的改变，消费者收听的歌曲比以往任何时候都多。[1]

瑞典一向对盗版音乐持宽容态度，一度被视为非法下载的国际中心，直到 2005 年才颁布法律禁止用户下载盗版内容。Spotify 在瑞典的成功表明，优质付费服务可以与盗版市场争夺空间。在现实数据的支持下，Spotify 与唱片公司达成美国市场版权协议。2011 年，Spotify 进入美国市场。

收听、搜寻和推荐

2005 年，美国音乐流媒体服务商潘多拉（Pandora）上线了互联网广播服务。它的特色是拥有自己的算法技术，采用基于算法的播放列表以及免费收听模式。免费收听音乐，插播广告，这是电台的特点，潘多拉将传统电台的经营方式搬到线上。尽管潘多拉后来也推出了按月订阅后可享受免广告的收听服务，但它的收入主要还是来自广告。Spotify 则不同，其收入主要来自付费订阅，广告收入的比重只有 10%。

[1] https://musically.com/2012/07/13/spotify-sweden-ifpi-figures/.

潘多拉的免费音乐受到市场欢迎，特别是个性化播放列表为它带来独特的吸引力。不过，电台所固有的线性播放与消费自主选择音乐的需求之间还是产生了矛盾。消费者想要的是随时随地听到自己想听的歌曲，电台的形式很难满足这样的需求。在版权方面，电台播放和自主点播也是不同的类型。这些问题导致互联网广播服务逐渐衰落，市场主导地位落到Spotify、苹果音乐和亚马逊为代表的在线自主点播服务。

用户喜欢自主点播，但音乐作品实在太多了，寻找和选择喜欢的音乐成为用户的一项负担。Spotify从潘多拉的成功观察到算法和个性化服务的重要性。Spotify说，用户超过2/3的收听时间来自播放列表。其中大约一半来自算法生成或点播播放列表，也就是个性化的播放。

在流媒体时代，消费者对服务的需求发生转移。现在，内容变得过剩，流媒体音乐服务的价值主张不仅是低成本收听，更重要的是帮助消费者了解音乐作品和选择音乐作品。Spotify的榜单非常成功，比如美国音乐40强（Top 40）影响力很大。

同样是推荐和发现，所谓千人千面。为什么社交媒体没有成为音乐创新的市场主导力量？Spotify需要的能力与社交媒体应当有怎样的不同？

Spotify成功后，围绕着平台服务出现了一些创业企业。它们向Spotify的用户提供服务，居然也做得不错。其中有一家名为Tunigo的创业公司，利用Spotify上面的播放列表向用户推荐适用不同场景的主流音乐。

2014年，Spotify收购了音乐智能分析公司Echo Nest。它们研究了15亿份用户生成的播放列表，找出用户听歌时的情绪特点。形成数据模型后，还将这些数据出售给投放广告的国际品牌。

情绪与购买行为之间的关系早已得到消费者行为研究的证实。2015年开始，Spotify平台上的广告商可以根据用户情绪数据进行针对性的广告投放。《广告时代》杂志报道说，像可口可乐这样的广告商会选择用户收听提升情绪的音乐时投放“畅爽开怀”广告。Spotify 还会利用数据帮助用户进行情绪管理，在播放悲伤的歌曲后，逐渐推送放松的音乐，避免用户陷入某种情绪。其他如工作、健身的歌单也会跟随时间而改变推送风格。

在日常生活中，人们经常需要为一些特定场合选择背景音乐，例如户外运动、商业发布或与朋友聚餐。并不是所有人都精通音乐选择，因此 Tunigo 才能将场景音乐推荐服务作为主营业务。Spotify 对音乐推荐能力很感兴趣，收购了这家公司。收购之后，Tunigo 的专家们可以接触到 Spotify 内部数据，使得它的推荐音乐更受欢迎。不过 Tunigo 也有一项缺点，推荐的音乐过于主流。尽管这是它的初衷，但挑剔的用户，特别是新闻媒体和音乐发烧友不满意，他们更希望获得小众音乐的推荐。

为避免小众歌曲没有讨论内容，Spotify 利用网络爬虫抓取有关音乐的文章和讨论内容，提取描述性语句作为音乐标签。Spotify 还运用机器学习技术分析歌曲的音频信号，提取速度、音量、调子和调性等特征信息，这些研发活动成为未来 Spotify “每周发现”（Discover Weekly）的技术基础。

2015 年 6 月，Spotify 发布算法驱动的播放列表功能“每周发现”，每周一向用户推荐包括 30 首歌曲的个性化播放列表。6 个月内，这项功能带来的访问量就超过了 17 亿次。“每周发现”里面的歌曲是用户之前没有听过的，但很可能是他喜欢听的。“每周发现”的算法主要是寻找与用户爱好相同的人，从他们听过而用户还没有听过的音乐中选择。然后根据用户对“每周发现”播放歌单的接受情况，比如保存、跳过或删除，再进行调整更新。

“每周发现”非常受欢迎，它用技术说服了挑剔的音乐发烧友，让他们获得之前从未体验过的满足。这项功能的成功让 Spotify 意识到，帮助用户寻找自己喜欢的歌曲可以是一项竞争优势。Spotify 决定投入更多的工程资源来开发算法和部署类似内部项目所需的基础设施。

Spotify 估计，“每周发现”上线后一年时间里已经吸引了 4000 万新的用户，通过播放列表功能播放了超过 50 亿首歌曲，极大地提升了 Spotify 的用户体验，甚至改变了公司的成长轨迹。

2016 年，Spotify 推出了另一项算法产品功能“新歌雷达”（Release Radar）。这个算法驱动的播放列表每周五发布，为用户提供其关注的或者常听的歌手最近发布的新歌。除了算法建议的准确性，“每周发现”和“新歌雷达”更主要的价值是以星期为周期的两个定期的活动。Spotify 的用户不仅喜欢这些功能，而且非常期待，Spotify 由此使自己成为音乐爱好者生活中每周出现的一项伴随活动。

2017 年，Spotify 推出了另一项个性化功能——时间胶囊（Time Capsule），也是一个算法驱动的播放列表，汇集了用户十多岁和二十多岁时的 30 首怀旧歌曲。时间胶囊听众广泛性不如 Spotify 其他播放列表，比如它要求用户必须年满 16 岁，并且已经在 Spotify 上听了足够多的歌曲。显然，这项功能对于年纪较大的用户有很强的感染力。许多研究发现，人一生中的音乐趣味是在年轻时形成的，之后就长期稳定下来，时间胶囊有助于为年长的用户群体创造出高度个性化的粘性体验。

Spotify 的工程团队还在探索多种新技术，以改进其产品。比如通过深度学习分析各个音轨的波形，而不仅仅是歌手或专辑的元数据，从而提出更智能和个性化的建议。这些改进对 Spotify 特别重要，因为在价格和音乐目录方面，Spotify 与最接近的竞争对手没有太大的区别。它必须向用户证明，自己有能力向大规模用户提供更好的个性化服务。[1] Spotify 在个性化服务方面的努力是有成效的，其表现之一是平台用户流失率（churn rate）不断下降，从 2018 年 5.8% 下降到 2021 年的 3.9%。

---

［1］ https://producthabits.com/how-spotify-built-a-20-billion-business-by-changing-how-people-listen-to-music/.

2021 年 1 月，Spotify 获得了一项专利，通过声音识别技术分析情绪状态、性别、年龄或口音，用于推荐音乐。构建推荐引擎投入很高，但优秀的推荐系统本身就是一个重要的卖点，它帮助 Spotify 从竞争对手中脱颖而出。

与电商总是要求用户增加购买相比，Spotify 的订阅费用是固定的，这样用户在使用时没有费用顾虑。在一些传统产业中，按固定费率收费的企业可能希望用户减少使用次数，从而提高利润，比如健身房或游泳池。Spotify 正好相反，它的推荐质量与用户的使用量直接联系。因此，它有动机鼓励用户增加使用频率和时长。

用户愿意通过频繁使用提交数据来获得更加准确的推荐服务。他们贡献的数据越多，平台推荐越准确，用户满意度越高。这也意味着，用户转移成本不断升高，Spotify 由此提高了服务的竞争壁垒。

在美国市场竞争的战略

广泛结盟

与竞争对手苹果音乐和亚马逊音乐相比，Spotify 的体量非常小。为了能够更有效地开展竞争，结盟是必经之路。市场环境对 Spotify 的结盟要求是有利的，毕竟苹果和亚马逊的规模让许多合作方感到不安。

2009 年，Napster 创始人和 Facebook 早期投资人肖恩·帕克听说了 Spotify 的产品。他立刻认出 Spotify 对 Napster 的继承关系，于是给 Spotify 写了一封信，表达了他的支持。帕克特别欣赏 Spotify 的用户界面，认为允许用户创建歌曲播放列表并与朋友分享的功能与 Facebook 之间存在着一致性。帕克将 Spotify 介绍给 Facebook 创始人马克·扎克伯格。扎克伯格在高中时就开发过在 PC 上创建音乐播放列表的软件，他对 Spotify 的产品同样表达了认可。

帕克和扎克伯格的态度带来了 Spotify 与 Facebook 的合作，帕克还参与了 Spotify 争取唱片公司授权的工作。Spotify 成为 Facebook 官方的音乐播放器，为 Spofity 进入美国市场创造了良好的条件。作为双方合作的成果之一，Facebook 用户只用几秒钟就可以创建一个免费的 Spotify 账户。这项便利减少了用户注册过程中的障碍，极大地优化了用户体验。双方合作上线之后短短 4 天，Spotify 就新增了 100 万个与 Facebook 相关的用户。第一个月，就有超过 10 亿首歌曲得到分享和传播。

Spotify 没有规模效应。用户数量增加，每位用户承担的版权费用并不减少，唱片公司特别喜欢这一点。

在进入美国市场时，唱片公司和 Spotify 之间就服务定价发生了分歧。四大唱片公司希望 Spotify 在美国市场上取消免费服务，只提供付费服务，就像当时的 iTunes 一样。Spotify 认为，免费产品代表着企业精神，不能妥协。最后，唱片公司做出了让步。无论如何，Spotify 用户增长对于唱片公司是有利的，因为它是按收听次数支付音乐版税。与很多平台不同，Spotify 没有规模效应。用户数量增加，每位用户承担的版权费用并不减少。

2015 年，Spotify 与索尼 Playstation Music 结盟。2017 年，与西南偏南音乐节结盟。2017 年与 WNYC 和 Waze 电台结盟。2020 年 5 月，微软宣布停止 Groove 音乐流媒体服务，所有用户提供的音乐转让给 Spotify。12 月 ,Spotify 与腾讯音乐交换股份。腾讯音乐以 9% 股份换取 Spotify 公司 7.5% 的股份，这项结盟有助于保持 Spotify 在全球市场上的优势。2018 年，Spotify 与视频点播服务商 Hulu 结盟，向大学生提供折扣价格。2020 年，Spotify 与 ESPN 和 Netflix 结盟，与 Chemin 娱乐合作制作电影和电视节目。

在企业愿景陈述中，Spotify 提到“要让 100 万创意艺术家可以靠平台的收入过活”。为了支持歌手和经纪人，Spotify 发布了艺术家版 Spotify App，帮助他们分析数据，如哪些歌单获得新粉丝、播放次数等。

其中一项有用的功能是歌曲播放的地区分布统计，可以用来指导歌手选择到哪些地区进行巡回演出。歌手还可以利用 App 发布信息，创建自选歌单和推荐歌曲。粉丝优先（Fans First）服务则通过数据分析找出对歌手最重要的粉丝，让他们获得参与活动的优先权、音乐会门票或特殊的周边产品。

随机播放曲库

由于版权原因，Spotify 早期未能进入美国市场。它只能在瑞典市场检验流媒体对音乐产业的作用，在欧洲市场获得用户反馈并做出改进。但这样做也有好处，比如避开了与苹果的早期对抗。进入美国市场之后，Spotify 将之前储备的知识和能力逐步释放，构建起竞争优势。

通过以往的推广经验，Spotify 发现区域性密度是一个决定性因素。进入美国市场后，早期的营销工作围绕美国的大学城展开。音乐在大学生生活中的比重相对更高，Spotify 对这些区域进行大力投放，取得了巨大的成功。[1]

2010 年，Spotify 注意到用户的音乐收听习惯已经开始从 PC 转向手机和其他移动设备。而根据 Spotify 与唱片公司的协议，只有 PC 用户可以享受免费流媒体，不包括移动用户。Spotify 向唱片公司申请为移动用户开放免费服务，但唱片公司不同意。

前面提到，移动用户所享有的接力播放功能是促使免费用户向付费用户转化的主要动机。唱片公司担心，一旦移动用户可以免费享受流媒体，他们就不会转化为付费用户，影响版权收入。2011 年，这一政策的恶果开始显现，用户增长速度变缓。在和 Facebook 结盟后，Spotify 用户数量恢复增长，暂时缓解了问题。但到了 2013

[1] https://www.acquired.fm/episodes/spotify-ceo-daniel-ek.

年 6 月，情况已经变得很明显，用户数量增长再次调头向下。

开放免费随机播放的大胆决策体现出 Spotify 的两项独特能力：用户洞察和唱片公司利益管理。

这时，产品副总裁 Charlie Hellman 通过对付费用户的数据研究发现，即使是付费用户，他们有 50% 的时间也只听随机播放歌单，而不使用点播服务。因此，将随机播放部分提供给免费用户，可以极大地改进免费用户的体验。同时，又不必担心付费用户会退出，因为点播才是付费用户最看重的功能。

与点播相比，音乐作品随机播放的版权便宜得多。更重要的是，随机播放是一种限制用户消费音乐的方式，对付费市场影响较小，更有可能得到唱片公司的支持。整个 2013 年秋天，围绕随机播放服务升级，产品团队和版权团队陷入极其紧张的工作状态。

根据对全体用户随机播放列表的分析，Spotify 提炼出一个随机播放曲库，并得到唱片公司授权。2013 年底，Spotify 面向所有用户推出了免费移动流媒体服务。当时美国市场上还只有潘多拉提供类似的免费服务，这项功能推出后受到用户的欢迎。Spotify 活跃用户数量恢复增长，半年之内从 3100 万增长到 4200 万。一年后，进一步增长到 6000 万。

2014 年，Spotify 在媒体上最受关注的新闻是泰勒·斯威夫特下架全部歌曲，引发公关危机。[1]但从商业上讲，2014 年却是 Spotify 的制胜之年，付费用户数量从 800 万增加到 1500 万。它不仅成功地从 PC 端应用跨越为移动端市场领导者，还利用免费功能升级的机会促进了付费用户更快增长。

---

［1］ 2014 年 10 月，泰勒·斯威夫特发行新专辑《1989》，同时宣布下架她在 Spotify 上的全部音乐作品。事情的起因是斯威夫特要求将自己的曲目从免费歌单中撤除，但 Spotify 方面不同意。评论认为，斯威夫特此举主要是为了刺激唱片销售。相对而言，Spotify 提供的版税金额非常少。专辑《1989》非常成功，上市第一周唱片销量达到 120 万张。2017 年 6 月，斯威夫特宣布《1989》专辑全球销售超过 1000 万张。为回馈粉丝，她将音乐作品在流媒体市场重新上架，包括 Spotify。

Spotify 用户增加，给苹果带来了很大的压力。2014 年上半年，苹果 iTunes 的收入下降了 14%，促使它加快采取对策。[1]这一年，苹果以 30 亿美元的价格收购了流媒体播放软件 Beats Electronics。2015 年 6 月，苹果发布苹果音乐 App。11 月，苹果音乐安卓版上市。

一般来说，苹果不愿意提供安卓版的应用服务。事实上，这是苹果为安卓平台开发的第三款应用。其他两款应用，一款是帮助用户将安卓手机上的信息转移到 iPhone，另一款是用安卓手机操作苹果自己的 Beats Pill 扬声器。但手机听音乐是主流习惯，苹果也无法对抗，除非它愿意将市场让给 Spotify。

在苹果音乐发布时，Spotify 已经有了 6800 万用户，其中付费用户 2200 万。但苹果追赶的速度也不慢，毕竟苹果有系统生态优势。2019 年 4 月，苹果音乐宣布在美国本土超越 Spotify，订阅用户数达到 2800 万，领先于后者的 2600 万，并且增长率高于 Spotify。此后，苹果没有再公布订阅数据。一般认为，除了美国和日本，在全球范围内，苹果的用户总量始终落后于 Spotify。目前，Spotify 在全球拥有 2.29 亿订阅用户，苹果音乐上一次公布的订户数是 6000 万。

Spotify 反复强调，当收费门槛撤除之后，消费者行为发生了改变，从盗版转向合法的平台。这一论断得到用户增长数据的支持，也让唱片公司看到了希望。与苹果相比，Spotify 的市场边界相对清晰。音乐产业由创作者、制作人、唱片公司、歌迷和播放硬件厂商组成。Spotify 的方案清晰地解释了各方如何获得利益，以及如何结算。

2011 年，Spotify 曾经将 97% 的收入交给唱片公司。随着规模扩大，它的议价能力开始提高，到 2018 年，这个比例下降到 70%，与苹果音乐类似并保持下来。Spotify 订阅模式对于唱片公司的好处

---

[1] https://www.newyorker.com/magazine/2014/11/24/revenue-streams.

是，不必再依赖专辑发布带来的季节性收入，而是可以获得相对稳定的收入流。

目前流媒体市场主导企业各家的曲目数量差不多，大约 7000 万首，苹果音乐多一些。一般认为，Spotify 在播放列表功能方面比苹果音乐表现略好。苹果和亚马逊大约各占 25% 的市场份额，Spotify 的份额则超过 30%。

苹果音乐的优势是拥有一些独家资源，比如 U2 乐队和泰勒·斯威夫特，也有自己的电台。苹果试图利用捆绑价格吸引用户，将苹果音乐、电视、游戏和 50G 的 iCloud 绑定起来，给出一个比较低的订阅价格，比如 15.99 美元 / 月。与苹果相比，亚马逊的服务捆绑效果更好，因为它的付费会员服务增长势头很强。

三家各有特点，亚马逊价值感最高，增长速度最快。苹果生态系统最健全，用户忠诚。而 Spotify 率先进入了音频平台阶段，进化出新的商业模式。和竞争对手相比，Spotify 与其他 App 的兼容性比较好，方便跨平台使用。比如它和 Facebook 的合作，可以让用户看到自己的朋友们正在听什么。

国际唱片联合会（IFPI）发布的《全球音乐报告》显示，全球音乐收入在 21 世纪前 14 年持续下跌，但随后走出低谷，连续多年实现正增长。对于这一转变，起主要作用的是流媒体。Spotify 是这一市场的领先者，世界上最大的音乐分销渠道。[1]

重新定义业务范围

Spotify 的挑战在于，市场迅速成熟，增长速度变慢。在这种市场环境下，它需要考虑遭遇价格战的风险。与生态系统类流媒体，如苹果、Google 和亚马逊相比，Spotify 的财务实力不算强。Spotify 没有自己的操作系统，只能与苹果和 Google 分账，苹果第一年收取

[1] https://globalmusicreport.ifpi.org/.

30%，第二年收取 15%。同样的客户群体，苹果和 Google 的利润高得多，并且它们还有其他业务可以支持音乐市场竞争，而 Spotify 只有一项业务。[1]

Spotify 能够领先于苹果音乐，免费服务的贡献非常大。免费收听服务是付费订阅增长的重要推动力，60% 的付费用户来自免费用户转化。但苹果音乐的增长是生态性的，用户一旦选择苹果音乐，就不大可能再转为 Spotify 的用户。在苹果音乐的追赶下，Spotify 出现了用户数量增长下降的危险。付费用户增长速度从 2016 年的 60% 逐步下降到 2020 年的 30%。它还需要找到新的增长动力。

Spotify 的第二增长战略是从音乐平台转型为播客音频平台，包括图书音频。

2017 年，Spotify 发现德国市场增长非常快，超过其他地区。他们对这一现象感到奇怪，研究发现，德国许多唱片公司同时也是有声书的版权所有者，他们将录制好的有声书上传到 Spotify 上面。Spotify 不是为有声书开发的，有些服务体验很不好。比如免费版用户只能收听随机播放，导致一本书不能按正常的章节顺序来播放。可是这些缺陷并没有影响用户的收听热情。

之前，埃克已经注意到瑞典唱片公司将一些播客节目上传到 Spotify 以增加节目内容和收入，德国的经验让他们意识到唱片公司和用户都愿意将 Spotify 当做音频平台，这是他们在使用过程中创造出来的新市场。

Spotify 决定进入播客市场，这相当于重新定义公司业务。战略管理课堂上讨论战略规划制定时，一项重要的工作是定义企业的业务范围。Spotify 将自己重新定义为音频服务平台，而不再只是流媒体音乐服务。在音频市场上，Spotify 的功能同样是帮助用户找到自己喜欢的音频节目，能够延续和扩大原有的竞争优势。

[1] https://medium.com/macoclock/how-apple-and-google-might-be-killing-spotify-7769c550292d.

2019 年，Spotify 宣布以 3.37 亿美元收购两大播客服务 Gimlet Media 和 Anchor。在新闻稿中，CEO 埃克解释说，音频，而不只是音乐，将成为 Spotify 的未来。Spotify 的播客将保持原有的两大特色，策展人和个性化服务。[1]

与音乐不同，播客不需要支付那么高的版权费用，有助于提升毛利率。另外，播客的内容通常是独家的。而唱片公司为了市场效果，通常不会授予独家权利。Spotify 希望播客服务不仅带来新的用户，还将增加原有用户停留的时间。

在苹果音乐的压力下，Spotify 进入播客市场是一种竞争反制。此前苹果是播客市场的主导者，用户主要来自预装。可能是因为没有竞争对手，苹果在播客业务上投入不多，差不多有 10 年时间没有进行大的改进。有分析师批评说，苹果只是提供了一个服务平台。既没有向用户提供策展服务，又没有向播客主播提供货币化工具。直到 2021 年，苹果才开始更新播客服务，提供更好的用户体验，允许播客主播设置收费服务。

苹果对播客市场的忽视给 Spotify 创造了机会。Spotify 将音乐策展的能力转用到这个领域中，向用户提供播客推荐。为了在播客市场争夺第一名，Spotify 付出了很大的代价，比如签约名人如奥巴马、梅根等，据说签约和制作的总费用达到 10 亿美元。[2]除了收购内容，Spotify 还收购了 Anchor 和 Megaphone 两大分销平台，支持播客内容销售，希望为创作者带来更高的收入。

至此，Spotify 介入了从播客制作到销售的所有环节，它的目标是在播客市场上通过垂直整合建立竞争优势。在竞争对手还不多也不算强大的时候（苹果当然强大，但它不重视播客），这样的战略能够帮助 Spotify 快速建立市场主导地位。

Spotify 播客在竞争中有一处非常不利的地方。因为苹果向付费

---

[1] https://newsroom.spotify.com/2019-02-06/audio-first/.

[2] https://www.wsj.com/business/media/spotify-podcast-gimlet-harry-meghan-kardashian-59866a5d.

服务收取苹果税（第一年30%，第二年15%），为了避开这项收费，Spotify付费播客只能在网页上注册，而不能在手机应用里注册，用户体验不好。Spotify采用排他性播客签约的做法引发了主播们批评。独家内容在吸引用户方面作用不大，主播则不满意自己的播放渠道受到限制。

此外，和Netflix这样的视频流媒体不同，播客几乎不可能出现能够左右流量的“大片”。采用垂直整合模式的缺点之一是需要公司对新业务持续投入巨额资金。然而许多重金打造的节目效果似乎并不理想，包括与奥巴马合作的节目。目前Spotify平台上面最受欢迎的节目仍然不是它自己制作的，这些节目有权离开平台。在这个意义上，Spotify的投资未能产生基于内容稀缺性的优势。未来，Spotify可能变得更像是Youtube，提供播客平台服务；而不是Netflix，靠自己投资制作电影来吸引用户。

随着投入增加，播客收入模式的缺陷暴露出来，让Spotify感受到压力。音乐节目的收入主要来自订阅，而播客的收入主要来自广告。尽管已经获得最高的市场占有率，播客广告收入占Spotify收入的比例仍然不到20%。Spotify的播客业务面临着严重的亏损，它需要尽可能提高播客广告收入。传统上，播客广告主要是插入式或口播广告。经过几年运营，Spotify积累了足够的数据，可以上线自动广告分发。广告商可以选择不同的顾客类型进行投放，不再受播客内容的限制。Spotify还希望通过给予主播更多的权限和分析工具，在供给端增加广告价值。[1]

同一种产品在不同企业的战略优先级可能有很大的差别。相对于Spotify在播客业务上的巨额投资，苹果对播客市场的热情显得不那么高。苹果播客和音乐是两个独立的App，Spotify只有一个，能够利用推荐协同。虽然Spotify是播客市场的后来者，但在

[1] https://www.theverge.com/2023/8/23/23842929/spotify-podcast-customize-show-pages-better-analytics.

追赶方面取得的成功已经超出了期望。据市场调研公司 Podtrac 数据，经过四年努力，Spotify 在美国播客用户市场已经占有 1/3 的份额，而苹果的份额为 1/4。不过在音频下载比例上，Spotify 还明显落后于苹果。[1]

[1] https://www.podpod.com/article/1816351/spotify-popular-podcast-app-us-apple-users-listen.

9. 多邻国：从社会价值到商业方案

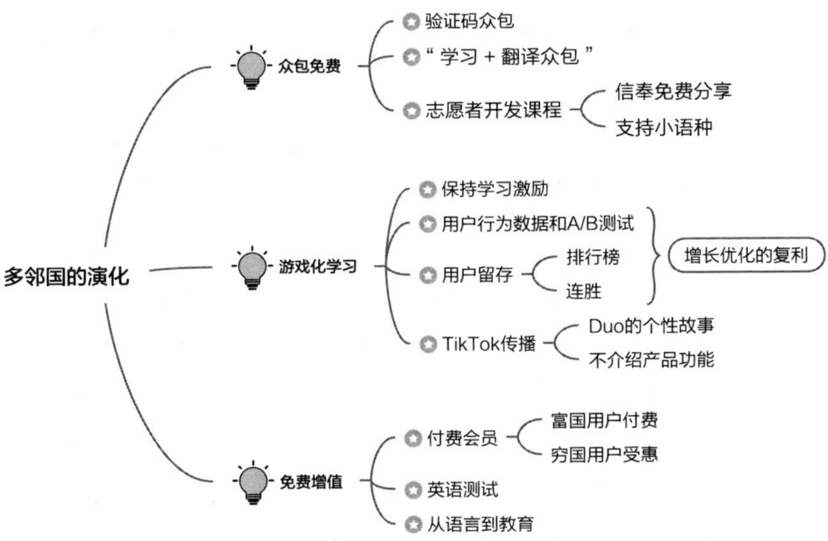

导言： 教育行业中的颠覆性创新可以有不同的路径选择。MOOC 的做法是在供给端创新，将传统课堂搬到线上，让学生在全球任何地方都能获得本学科优秀教师的指导。多邻国采用另一条路径，在需求端创新，用技术方法为学习者带来新的体验。他们分析影响学习者认知和情感的因素，学习游戏的做法鼓励期望行为，生成式 AI 技术则帮助游戏化学习设计者提升学习内容和学习方式。

和快速学习相比，我们（在设计多邻国时）更看重能让人上瘾的内容。因为如果有人放弃了，那学习速度就为零了。

——路易斯·冯·安，多邻国创始人、CEO

据市场调查机构的数据，世界语言学习市场年销售额大约 400 亿美元，巨大的金额反映出全球化进程带来的强劲需求。在创业投资领域，外语教育属于黄金赛道，与基础教育和留学相关的外语学习受到特别的关注。

多邻国是一家美国创业公司，主要产品是语言学习应用。它的特点是以成人为主要用户，以提高日常沟通能力为主要学习目标，并且可以做到免费学习。多邻国的另一项特点是多语种适应性，它是目前提供学习语种最多的应用。接下来我们将讨论多邻国在语言学习市场中的独特价值主张，它的创业假设和企业能力之间的互动，以及商业模式的演变。

动员众包的力量

关注商业模式的工程师

多邻国起源于 2009 年，是一家在线语言学习应用，由美国匹兹堡卡内基梅隆大学路易斯·冯·安（Luis von Ahn）教授和他的研究生 Severin Hacker 发起。多邻国（Duolingo）的名字来自拉丁文字根，duo 的意思是两个，lingo 的意思是语言。

在创建多邻国之前，冯·安教授已经是一名著名的工程师和创业者。每位上网者都曾经使用过他在 2003 年开发的一项产品——验证码（CAPTCHA）。验证码可以用于帮助网站区分真人登录和程序登录。冯·安将这项发明免费提供给商业网站如雅虎等，每天大约有 2 亿次使用。

冯·安注意到，如果每位用户花在输入验证码上的时间为 10 秒钟，全球用户一天就要 5 万个小时。这样大的劳动量白白浪费有点太可惜了，有没有什么办法将这部分工作转化为市场价值？冯·安测试了不同的验证码方案，发现人类可以识别一些模糊的字母图形，而机器却缺乏这种能力。Google 等公司正在进行历史文献的数字化，需要扫描大量图书和各类历史文件。其中经常会遇到由于字迹不清导致扫描软件无法识别的情况，然而这些内容人类却可以轻易地识别。

基于这一发现，冯·安在 2007 年开发出新的验证码方案，称为 reCAPTCHA。用户所看到的图像来自旧书和报纸里面的单词，输入这些单词可以在验证身份的同时帮助解决文件扫描中遇到的问题。冯·安的这项设计将填写验证码变成了一项众包工作，称为大规模文献图像识别。

图 10.1　验证身份同时帮助识别街景照片

众包的力量是惊人的，虽然每位用户每次只花 10 秒钟，但 reCAPTCHA 每天可以识别的单词数量多达 1000 万个，这是一项有商业价值的服务。最早联系冯・安教授的是《纽约时报》，请他帮助报社将长达一个多世纪积累下来的众多文献进行数字化识别。

2009 年，Google 收购了 reCAPTCHA。收购后，Google 扩大了 reCAPTCHA 的应用范围，不仅用它来识别扫描图书，还用于识别 Google 街景照片中机器无法识别的文字。reCAPTCHA 的另一项应用是帮助人工智能进行标注，提高人工智能的识别能力。reCAPTCHA 的设计方案通过大规模众包解决了收入问题，这也成为冯・安创建多邻国时所采用的基本原则。它的设计理念是，向全体用户提供免费的、无广告的语言学习工具，用户在学习过程中以众包方式帮助网站产生收入。

2011 年上线时，多邻国的登录页面上写着："学习语言，翻译网页。"（With Duolingo you learn a language for free, and simultaneously translate the Web.）用户在学习过程中要做一些翻译练习，这些翻译练习有收入潜力。市场上存在着免费学习语言的需求和网页内容翻译的需求，多邻国的商业模式是将这两大市场需求对应起来。

网站将需要翻译的内容交给用户作为翻译练习材料，通常是由学习某一语言的用户将外语文件翻译为母语。为了保证翻译质量，由翻译社区对译文进行投票，选出最好的表达。随着用户学习成绩越来越好，分配给他们的翻译工作难度也相应提高。

多邻国指望以低于市场价向企业出售翻译服务获得收入，不再需要向用户收费或投放广告来养活自己。2013 年 10 月 14 日，多邻国宣布与 CNN 和社交媒体 BuzzFeed 达成协议，为这两家公司的国际网页翻译文章。多邻国每个字的成本大约是 4 美分，翻译行业的平均价格是 6~10 美分。多邻国用户采用人工翻译的方式，也更能满足 BuzzFeed 和 CNN 对文字和表达细节的要求。

课程开发难题

语言学习网站的一项重要成本是课程开发与维护。多邻国团队早期几乎完全由工程师组成，只有一些外部的教育和课程顾问。为了解决课程内容供应，多邻国在 2013 年发起了语言孵化器项目。这是由志愿者用户贡献自身语言知识，协助创建多邻国课程的服务。多邻国社区第一个完全通过孵化器开发的课程是基于俄语学习英语，其他课程包括基于土耳其语、荷兰语、匈牙利语学习英语，以及基于西班牙语学习法语、葡萄牙语。

孵化器课程上线一般要经过三个阶段。首先，双语流利的志愿者们有足够的兴趣来开发项目，一门语言课程就可以进入“阶段一：尚未发布”。此时，网站上会出现这门课程的名称和进度，吸引志愿者和未来的用户，只是用户还无法访问。当课程经过充分准备，可以用于版本测试时，就进入到“阶段二：Beta 版本发布”，让那些愿意尝试的用户来使用，同时帮助改进。最后，当所有课程内容达到发布标准时，就会进入“阶段三：向公众发布”。

用户在使用过程中可以提交反馈，例如，发现系统出现问题、误导学生或把正确答案判错，用户可以提交反馈报告，课程开发团队会根据用户报告做出改进。多邻国让志愿者自主管理社区，在公司员工达到 100 人时，也只有三人负责志愿者社区。

一门课可能有 3~10 名志愿者，通常需要一位志愿者 4 个月的全职工作量，包括 400 节课、2000 个单词和 1 万 ~2 万例句。志愿者没有报酬，他们的收益主要是简历上的工作证明和社会形象。多邻国提出的免费学习和众包理念与互联网早期的分享和贡献精神一致，吸引了大批志愿者，最多时有 2 万人参与课程开发。

能够动员如此大数量的志愿者并不容易。这项成就和多邻国早期提出的价值主张有关。冯·安教授是危地马拉人，母语是西班牙语，由于家庭条件不错，能够从小学习英语。他认为，英语能力对于他个人的发展起到非常重要的作用。而在拉美，由于缺乏经济条件而无法学习和掌握第二外语的人为数众多。

《经济学人》的研究表明，在许多非英语母语的国家中，英语能力的提升与经济收入密切相关。多邻国的价值主张是让所有人，只要有上网条件，就能够免费获得学习外语的机会。这一创业原则坚持至今，在相当长的一段时间里，也是吸引大批志愿者加入课程创作的主要激励因素。

另一项激励因素与语言种类有关。在全球化的背景下，英语成为主要的交流语言，一些少数族群使用的语种面临衰退的危机。由于教授这些小语种无法获利，许多语言学习应用将这些小语种排除在外。而多邻国用户数量庞大，即使小语种也有大量的用户愿意学习，比如在中国用户中就有几十万人有兴趣学习小语种。热衷语言保护传承的志愿者们愿意为这些用户免费开发课程。目前，多邻国提供 40 种语言的 100 门课程，包括夏威夷语、纳瓦霍语、威尔士语、爱尔兰语及苏格兰盖尔语等濒危语言课程。

另一方面，志愿者通常不是教育专家，他们编写教材当然会有很多错误。多邻国对志愿者只要求双语，并不要求以学习语言为母语。网络上经常会有母语用户指出多邻国教学内容里面的错误，一位土耳其用户抱怨，他无法通过多邻国的中级土耳其语考试。

通常人们对语言学习教材有很高的期待，传统语言学习教材开发过程非常严谨，能够排除绝大部分错误。多邻国采用众包开发模式，更依赖用户反馈和算法跟踪来提高教学内容。与传统教材开发模式相比，多邻国模式的错误率高得多。选择众包模式就意味着要把握错误率与免费之间的平衡。

对于多邻国的课程开发模式，语言爱好者分为两派。一派认为多邻国这样做误人子弟；另一派认为多邻国改进速度快，技术必将战胜人工。争论增加了多邻国的品牌曝光，也让人们注意到多邻国的产品战略。完全正确的教材是一种选择，而在语言学习过程中容忍一部分错误也可以是一种选择。

游戏化学习设计

A/B 测试与语言学习应用的核心能力

2011 年 11 月 30 日，多邻国发布了封测版本，试用者候补名单甚至累积到超过 30 万。冯·安回忆说，多邻国上市初期的成功在很大程度上得益于他的 TED 演讲。在演讲中，他介绍了多邻国免费语言学习的实验，以及提供免费外语学习机会对低收入国家民众的帮助。

2012 年 6 月 19 日，多邻国向公众开放。11 月 23 日，多邻国在苹果 AppStore 发布了 iOS 应用。2013 年，多邻国被苹果选为 iPhone 年度 App，是教育类 App 首次获得这项荣誉。2013 年 5 月 29 日，多邻国发布了安卓版本。发布后三周内下载量已经超过 100 万次，成为 Google Play 商店下载量第一的教育类 App。而到此时，多邻国还只有 25 名员工。

多邻国以游戏化学习激励而知名，用户都会记住平台上那只带有孩子气的猫头鹰 Duo。多邻国创业之初，MOOC 在线教育概念正在流行。它没有选择像 MOOC 那样模拟课堂教学环境，而是选择了游戏化学习设计。冯·安认为，学习外语时最大的障碍是缺乏坚持的动力，多邻国非常重视跟踪用户学习时的激励水平。多邻国的用户都会注意到一项软件服务特色，反复多角度提示用户每天坚持学习。尽管这是一种打扰服务，效果却很好，受到用户认可。

在学习一种语言时，用户需要攀爬一条游戏化的技能树。每一棵技能树分为许多等级，有 50~150 级。每一级又分为许多技能，用户可以在上面逐渐向上攀升。用户在学习过程中会获得“积分”，每完成一课，获得 10 点经验值（XP）和最后剩下的红心。为了升到下一级，需要达到一系列的积分值。

多邻国的商业模式是一种大规模众包，必须有庞大数量用户才有可能。用户数量巨大对于多邻国的一项重要用途是让算法发挥作用。多邻国分析了数百万语言学习者的错误模式，包括用户曾经纠结于哪些问题，会犯哪些错误。在用户学习的每个环节中，系统会基于数据统计对之后的练习题内容与出现频次进行实时调整，为用户提供有针对性的练习材料，保证用户在碎片化的语言学习时间中也能针对自身的薄弱点进行必要的巩固与加强。

冯・安说，我们可以测试各种教学方式。比如是先教形容词还是先教复数形式，对不同母语的人来说顺序应当是不一样的。这样的研究过去在语言学习中是不存在的。现在，只要让 5 万人参与测试就可以了。软件不只是帮助用户，用户也在帮助软件。[1]

多邻国大量使用 A/B 测试，学习过程游戏化就是这些测试的结果。A/B 测试包括如何使用进度条，什么样的文案更有效，什么时间推送学习提醒。在 App 标志上放一个红色的通知点可以让日活用户增加 1.6%。改变推送通知的文案，日活用户数量提高了 5%。

多邻国注意到用户下载和打开的数量非常大，但注册量却不匹配。为了鼓励用户注册，他们设想了一个方案，将注册页面出现的时间向后推迟若干屏。这一改变让用户可以有更多时间体验 App 的

[1] https://www.fool.com/investing/2018/10/17/future-education-online-free-and-with-ai-teachers.aspx.

特性。经过 A/B 测试后，他们发布了这一改进，日活用户数量提高了 20%。[1]

放弃众包，转向免费增值模式

与其他语言教学平台相比，多邻国提供大量的听写、单词记忆及口语练习，语法单元则较为松散。David Freedman 是畅销书《别轻易相信专家》的作者，多邻国用户。他在《大西洋月刊》上发表了一篇文章，介绍自己使用多邻国的学习经验。

为了在旅行前掌握意大利语，他在多邻国上坚持了 70 多个小时的学习。出发前一周，他接受太太测试。太太给出的问题是，“如果你在机场，想到市中心，你会怎样问？如何在餐厅要求订一张四人桌？” Freedman 发现，自己脑海里飘过无数短句，却说不出一句话，他戏称自己只是“意大利语选择题大师”。

好在还有一周时间，Freedman 不得不拿起传统的外语学习书，学习语法和常用场景对话。有趣的是，之前在多邻国的学习经验让他学起传统内容时进步很快，最后在意大利时讲得也不错。他将自己的学习体验告诉冯·安，后者认为他的体验正是多邻国的设计初衷。[2] 据多邻国《2020 年语言学习趋势报告》，全球最热门的学习语言是英语，英语学习动机的排名依次是学业（34%）、工作（16%）、旅游（13%）和脑力练习（13%）。

冯·安说，自己曾经问人们为什么喜欢多邻国，他以为人们喜欢多邻国是因为想要学习语言。相反，他听到最多的回答却是多邻国很有趣，至少我不想把时间花在玩糖果游戏上。[3] 多邻国对用户保留率指标的要求向网络游戏看齐。网络游戏中常见的功能有经验

[1] https://producthabits.com/duolingo-built-700-million-company-without-charging-users/.

[2] https://www.theatlantic.com/magazine/archive/2018/12/language-apps-duolingo/573919/.

[3] https://www.fastcompany.com/3027354/the-founder-of-duolingo-tells-us-the-secret-to-creating-value-from-chaos.

值和技能树等，这些都成为多邻国的核心体验。

早期成功并不代表商业模式经受住了考验，多邻国只好放弃之前的故事逻辑。

多邻国初期设计的学员免费学习，通过众包翻译练习获得收入的商业模式，尽管受到许多好评，但在现实中成效不算好。翻译需求和翻译服务市场是零散的，往往有时间和质量要求。与竞争对手相比，多邻国的解决方案在价格上有竞争力，但在速度和质量方面并没有独特优势，难以实现市场整合。

2015年D轮融资之后，多邻国面临着增加收入的压力。冯·安不得不放弃众包翻译收入的商业模式。放弃翻译业务的另一个原因是，翻译属于企业服务，为了保证翻译收入持续增长，多邻国必须在内部设立面向企业服务的部门，这和它现有的服务消费者的市场方向和能力建设缺乏一致性。2017年，多邻国暂停了翻译服务，退出了可能有3亿美元收入的市场。

在暂停翻译业务的同时，多邻国决定开始在课程里面插入广告。多邻国仍然保持以往的承诺，向用户提供免费学习的机会，只是免费用户要接受广告，而付费用户则可以屏蔽广告。冯·安不喜欢在学习过程中插入广告，因为广告可能破坏学习的激励设计。因此，手机用户在完成一个单元的学习后才会看到一次广告。

增长的标杆：从用户体验到社交媒体

驱动用户增长

2018年前后，多邻国的日活用户增长速度下降到只有个位数，公司决定成立专门团队研究如何驱动用户增长。多邻国的用户中，有80%来自有机增长，也就是通过社交媒体和口碑传播，而不依赖购买流量。首席产品官 Jorge Mazal 认为，新用户的增长数据已经非常好。经过和游戏公司数据的对比分析，他们发现自己的用户留存数据相对不高，还有改进空间。

多邻国开始向游戏公司学习留存策略，比如做错若干题目就要回头重新学习。可是这项要求的效果并不好，因为游戏是有策略的，每次可以选择不同的策略。而做语言题纯粹是考核知识，再做一次还是不会。归零不能鼓励用户留下来继续学习。

多邻国只好再找其他办法，下一个学习对象是Uber。学习Uber的用户推荐法，推荐新用户可以获得一个月的付费用户福利。然而效果同样平平，因为想要免费时长的用户通常已经是日活用户了，奖励不能起到转化的作用。看来，模仿不是好的方法，学习的体验和游戏或消费品毕竟不大一样。

借鉴别人的做法行不通，Jorge Mazal团队只好回头审视自己的数据，试图找出适用于自己的关键指标。他们的选择是活跃用户留存率（CURR）。活跃用户留存率是指今天登录过，并且过去六天内登录过的用户比例。研究发现，与其他指标如新用户留存率相比，CURR对日活用户数量影响最大，影响因子是第二名的数倍。进一步的研究发现，过去多邻国的各种增长手段里面没有一种能够提高CURR，这是一个重大遗漏。

表 9.1

模拟不同指标变动的影响（数据来自 Jorge Mazal 博客）

模拟指标（每季度提高 2 个百分点）	对未来三年月活用户数量的影响	对未来三年日活用户数量的影响
新用户数量	11%	11%
回流用户数量	10%	11%
活跃用户留存率（CURR）	12%	75%
新用户留存率	0.4%	2%
召回用户留存率	0.1%	0.9%
回流用户留存率	0.1%	1%

为了提高活跃用户留存率 CURR，Jorge Mazal 决定仍然采用游戏化方法。他们做出的第一项选择是将排行榜（leader boards）用于提高 CURR。排行榜本来是游戏中的一项基本设计，过去多邻国也有。多邻国排行榜让用户与朋友和家人相互竞争，本意是通过社会压力鼓励用户学习提高。

Jorge Mazal 根据之前在游戏公司 Zynga 的工作经验提出，用户在竞争中最关注的因素是竞争对手的活跃程度，比如是不是经常刷新成绩，他们不那么在意竞争对手是不是自己熟悉的人。考虑到家人朋友在游戏中活跃的机会可能不那么大，将用户的注意力引向活跃竞争对手就显得更加重要。

基于这一认识，他们优化了排行榜，引入联盟的概念。用户可以参加分级联赛，分为金牌、银牌和铜牌三个级别。这样的设计可以让活跃用户更有成就感，而成就感是游戏设计中特别强调的一个提高用户参与度的技巧。

根据新的排行榜规则，用户在参与联赛时，会和上一周成绩接近的用户分到一组。本周联赛结束，成绩好的用户下一周就晋升高级联赛。同时，他们还考虑到学习和游戏的不同，放弃了游戏中经常采用的较为复杂的晋级要求（比如必须完成若干任务）。只要坚持常规的语言学习，就可以进入第一个联赛的排行榜前列。优化后的排行榜几乎立刻产生了非常好的效果，用户总体学习时间增加了 17%，高参与度用户（每天使用一小时，每周五天）数量增加到三倍。

接下来，Jorge Mazal 对推送进行优化。在控制推送数量每天只能一次的前提下，丰富用户体验。比如在推送时间、模板、图片、文案、本地化方面可以经常变换，通过 A/B 测试改进效果。不过 Mazal 建议采用推送 A/B 测试的创业公司谨慎改变推送频次，因为一旦用户产生疲劳，他们将不再关注推送，之后的优化也就没有意义了。在测试时需要把握一项原则，不能破坏这个增长渠道。

Jorge Mazal 团队还发现了连胜机制的重要性。假如某位用户连续 10 天打卡，这样的用户每多学一天，第二天回来的机会就更高。当然，连胜机制是 App 设计时常见的做法，多邻国的难题在于如何改进连胜机制设计。他们的做法是掌握时间点，在用户即将失去连胜时发推送，这项深夜推送的效果非常好。

后来，他们又开发日历视图、动画效果、连胜冻结（偶尔一天不登录不会中断连胜）和连胜奖励。连胜机制的一项重要优点是话题性，连胜是用户最喜欢谈论的多邻国体验话题。显然，坚持学习 1000 天的成就感和坚持打游戏 1000 天还是不一样的。在连胜机制设计方面，Jorge Mazal 团队的体会是，像连胜这样的机制看上去很普通，每家 App 都有，但产品优化的空间仍然非常大。[1]

多邻国认为，增长优化能够产生复利效应，实现加速增长。从 App 上线到 100 万日活用户，多邻国花了 8 年时间。而从 100 万日活到 300 万日活，只花了 21 个月的时间。

TikTok 上的巨大成功

从前面的介绍来看，多邻国是一家高度依赖技术能力的硬科技企业。不过这只是多邻国故事的一部分，让人意外的是，在社交媒体上，多邻国也取得了明星级的成就。它出现在周六晚间秀节目，电影《芭比》里面可以听到多邻国 App 独特的声音。这些都不是植入广告，体现了多邻国在时尚界的影响力。一款语言学习应用，如何占据社交媒体热点？答案是相信创意，相信年轻员工。

[1] https://www.lennysnewsletter.com/p/how-duolingo-reignited-user-growth.

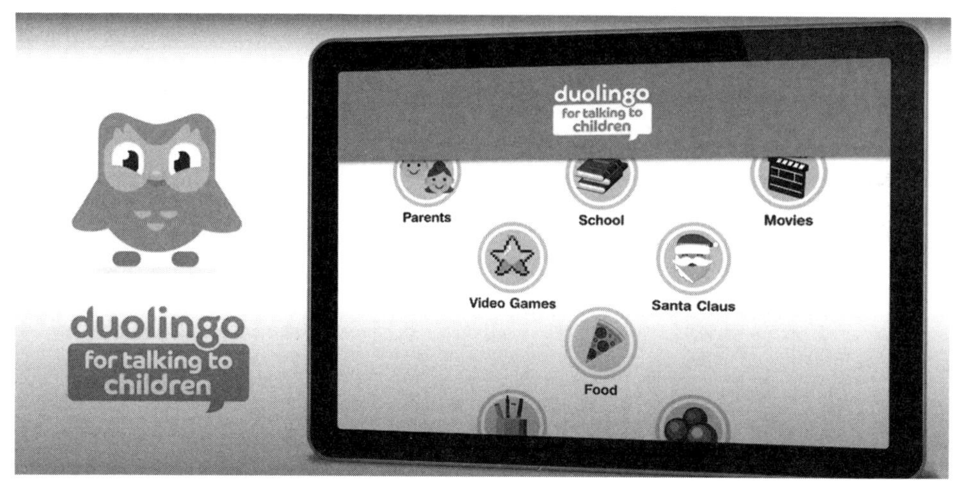

图 9.2 周六晚间秀节目调侃成人不会和儿童说话，建议多邻国开设一门儿童语言课程

多邻国在社交媒体 TikTok 上的成功堪称业界传奇。多邻国 TikTok 账号有 660 万粉丝，苹果账号粉丝数量为 280 万，迪士尼 410 万。2021 年 2 月，刚开始做 TikTok 视频时，多邻国与一家机构合作，采用传统方法开展社交媒体传播。他们招募了一批网红，请他们制作上传一些有趣的语言学习活动，比如用家乡的语言介绍食物。这类视频在传播上表现中规中矩，但行之不远，无法激发用户的热情。语言学习属于教育类应用，和金融、法律、健康属于一类，内容沉闷，很难产生传播量。6 个月后，多邻国停止了这项合作。

社交媒体账户管理员 Zaria Parvez 总结说，多邻国的错误在于采用产品驱动的策略。公司试图向受众介绍产品功能的优越，而用户到 TikTok 来是为了找到乐趣。多邻国发布的信息属于促销类信息，与用户之间没有情感上的关联，无法唤起传播热情。公司内部并不认为 TikTok 会是一个有效的渠道，没有专人负责，忙的时候就会停更。

2020 年，Zaria Parvez 从俄勒冈大学新闻与传播学院毕业后加入多邻国，时年 22 岁。她参与了前期 TikTok 项目，尽管项目不算成功，但她确信年轻人对 TikTok 的喜爱为多邻国提供了重要的传播机会。她说，当看到 TikTok 用户数量达到 10 亿级规模后，她说服公司尝试新路径，冒险一搏。

Parvez 是新人。她注意到营销团队身后放着多邻国的吉祥物 Duo，一只绿色猫头鹰。团队成员对此熟视无睹，但 Parvez 很好奇。她觉得 Duo 很滑稽，完全可以作为视频的主角，围绕 Duo 的形象以非传统方式讲故事。

在多邻国 App 的讨论社区中，本来已经有不少关于 Duo 的议论。在用户眼中，它的形象是“不可爱也不温柔，但会时刻提醒你学习”。Duo 催促学习时总是很严厉，如果不上课会被它追杀等等。如果是娱乐 App，每天催促打卡可能令人生厌。但在学习环境下，人们默认自己都想偷懒，Duo 的催命式劝学是理所当然的，就像生活中的老师。

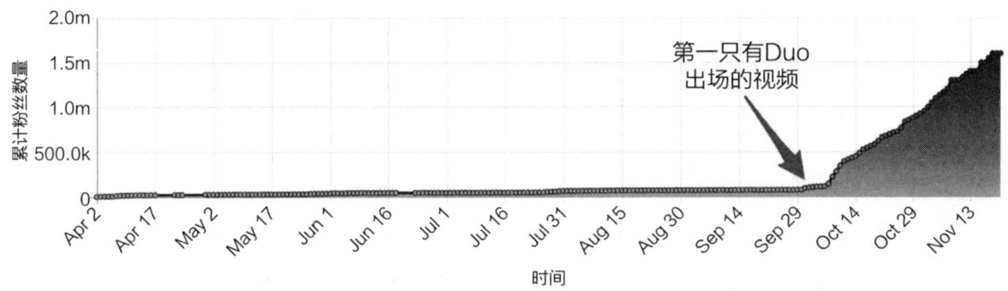

图 9.3　运用吉祥物 Duo 形象作为视频素材后，TikTok 粉丝数量快速增长

营销部门老板支持 Parvez 的直觉。2021 年 9 月，第一支 Duo 视频上线，收获 80 万次播放和 13 万个赞，是之前商业合作的 3 倍。Zaria Parvez 将吉祥物 Duo 作为 TikTok 视频的主角，出场背景设置在多邻国总部。这个比真人还大的吉祥物在办公室里转来转去，参加会议，监督员工工作，取笑学习进度落后的用户，和员工开玩笑，在公司地板上大便。

多邻国由此成功地为吉祥物 Duo 增添了人设。现在，用户不再将 Duo 看成促销工具，而是有独特个性、具备真实感的网络人物。比如 Duo 特别不喜欢别人用 Google 翻译，它会抱怨说，“每次你打开谷歌翻译，我都会失去一根羽毛”，甚至追打使用 Google 翻译的员工。

Duo 的故事有点像是情景喜剧，用户看视频不是为了学习，而只是想知道 Duo 今天又做了什么。有关 Duo 的视频和评论开始了病毒式传播，这样的传播几乎不需要成本。多邻国 TikTok 账户在 18 个月时间里吸引了 600 万粉丝、6.5 亿次播放，换算为媒体购买大约为 650 万美元。Zaria Parvez 介绍说，所谓的投入只是一件吉祥物的衣服和一部 iPhone。[1]

在 TikTok 上面，多邻国几乎没有任何产品推广的内容。因为用户将 TikTok 作为娱乐工具，那么多邻国就让他们收获快乐。为此，几乎每个视频都会安排 Duo 出场。Duo 的故事题材从哪里来？Parvez 说，这些题材主要来自网络。他们会跟踪用户在网络上如何讨论 Duo，然后将可能流行起来的话题和 Duo 的表演结合起来。经过测试，他们发现短视频效果更好，现在每期视频的长度已经从初期的 40 秒减少到 10 秒。有一条视频只有 6 秒，文案是“我把公司三楼的马桶弄堵了”。这条视频获得 63 万条赞、1.5 万条点评。

在视频制作方面，多邻国坚持严格的审核标准。如果没有合适题材，宁肯空缺，因此视频数量并不多。多邻国全球营销负责人 Emmanuel Orssaud 说，公司只要求 TikTok 上 20% 的内容发布统一设计的营销活动，其他部分由 TikTok 小组自主决定，这样才能做到快速反应。

多邻国 TikTok 的成功让 Zaria Parvez 成为行业明星。在一场 TED 演讲中，Parvez 感谢了多邻国给予的创作自由。她认为颠覆性传播的成功需要两个要素，足够的试错时间和批判性思维。多邻国恰好允许她花费大量时间用来试错。她承认多邻国在 TikTok 平台上的成功有时势的因素，同样的方法并不适用于其他产品。比如面向儿童的 ABC 教育项目，使用类似的趣味设计在 TikTok 就不那么成功。

[1] https://www.digitalnative.tech/p/how-duolingo-grew-its-tiktok-to-66m.

语言学习网站的业务扩张

利用技术能力发展英语测试业务

2014年，多邻国发布了多邻国英语测试（Duolingo English Test）项目。2016年正式提供服务，简称DET。这项测试产品源自一项独立研究发现，该研究指出用户在多邻国上取得的成绩与TOEFL iBT（托福网考）的成绩密切相关。对那些希望凭借学习外语获得工作的人来说，英语语言认证测试一直是一个障碍。因为这些标准化测试非常昂贵，还要预先申请并前往测试中心现场考试。

多邻国的测试价格为49美元，标准化测试中心的收费要200美元，选择DET可以节省不少费用。考试形式包括在单词中补上缺少的字母，判断句子中的词汇是否正确，听写短句，发音，以及30秒的延展演讲或50个单词的写作。还有两项不打分题目，3~5分钟写作短任务和一个3分钟的视频问答，成绩直接发给申请的学校。

DET考试允许用户在家中自行测试并获得英语语言证书。研发总监Burr Settles说，多邻国英语测试是第一家采用端到端人工智能技术的测试。从题目生成、考试管理、打分到考试现场监督，全部采用人工智能。

新冠疫情暴发后，线下雅思和托福等测试停考。多邻国英语测试凭借线上考试、时间短和低价等特点受到学生和家长的欢迎。2019年，只有约600所高校接受这一成绩，测试购买次数仅为1.7万。2020年，测试服务购买次数达34.4万，这些用户多是潜在的国际学生。多邻国英语测试和其他收入在总营收的占比也从2019年的2.5%增加到2020年的10%。到2021年，已经有3000多所高校接受DET测试成绩。

冯·安介绍说，他们改良了考试的逻辑。托福、雅思等考卷的设计耗时耗力，每个人要花三四个小时完成相似的考题，这种体验并不友好。多邻国的考题设置是智能的，它会根据考生答题的正确率动态调整出题。考试全程只需要 30 分钟，但足够证明一个学生的语言水平。简言之，多邻国利用人工智能技术降低了出题的成本。另一个不同是，托福需要两周的时间才能拿到成绩，而多邻国是 24 小时。[1]

英语测试市场是由雅思和托福主导的产业，年销售额接近 50 亿美元。多邻国利用人工智能技术攻击现有考试的弱点，得到大学、企业（如 Uber）和机构（如哥伦比亚政府）的支持。[2]

颠覆性技术通常开始时绩效不佳，只能采用低价战略吸引非传统用户。

批评者说，DET 考试内容与大学学习中所需要用到的能力关联不大。例如，不考核对话体的、篇幅较长的任务。托福官方说，两者间的相关只是表面的，因为托福测试是明确地以学术英语为测试对象，其测试内容 100% 取自大学课程内容。雅思官方的反应差不多，廉价的、低水准的考试不能全面反映学生的能力，对学生和高等教育机构都是有风险的。

托福和雅思对多邻国英语测试的一致反应，与其他面临颠覆性技术创新的行业主导企业相似。它们总是从功能上贬低新技术，因为颠覆性技术通常开始时绩效不佳，只能采用低价战略吸引非传统用户。

与传统语言测试不同，多邻国英语测试的考题开发不依赖大量测试对象的答题表现，不需要进行试题前测评估。DET 向欧洲语言共同框架（CEFR）及词汇表看齐，根据不同单词出现的语境、难度分级等对大规模语料库进行标注，采用统计方法预估未来将要生成的题目难度。

针对 DET 缺乏对话类题目的批评，多邻国上线了互动听力（interactive listening）的新题型。其场景为学生之间和学生与教授之

[1] https://www.yicai.com/news/100657017.html.

[2] https://www.insidehighered.com/news/2020/05/19/more-colleges-accept-duolingo-english-test-scores-evidence-proficiency.

间的互动，用来测试学术环境下的沟通能力，这是颠覆性创新从早期功能落后到不断改善的精彩事例。多邻国方面披露，它们的英语成绩与托福机考和雅思考试成绩的相关度达到 0.77 和 0.78。尽管方法不同，但对学生能力的预测结果却是相似的。

从语言学习扩展到在线教育

多邻国对 1500 万用户的调查发现，22% 的人是作为学校语言学习的一部分，其次是头脑训练，接下来是旅行、工作和家庭原因，各占 11%。[1] 对多邻国课程的主要批评是内容太简单，完成一门课程的学习之后，用户只能达到 CEFR（欧洲语言共同框架）A2 级别，相当于语言能力的基础水平。

多邻国产品经理 Natalie Castillejo 说，多邻国课程从初级起步，也许很多人认为过于简单了。但是对于想要学习一门外语且没有任何基础的人来说，他认为多邻国在这些人中仍会有可观的市场。多邻国很擅长帮助用户从零基础提升到中级水平。[2] 2020 年，公司开始增加 B1 和 B2 级别的课程，还计划通过播客、自由写作和听力课程来增加难度，未来的教学目标是让用户学到 CEFR B2 级（中高级）的内容。

多邻国需要始终保持大量活跃的免费用户。免费用户的行为数据可以帮助改进课程和用户体验，仍然体现出众包的价值。

冯·安表示，多邻国的目标用户是 15~40 岁之间的人群。他们的心态非常开放，也愿意为更好的生活付出努力，比如很多人利用乘地铁的时间学习英语。他们可以在多邻国上学习很多语言，达到 B2 的水平。这意味着你的语言程度已经可以胜任一些工作，即使你会有一些口音和错误。

[1] https://www.edsurge.com/news/2020-09-10-the-secret-to-learning-any-new-language-may-be-your-motivation.

[2] https://www.geekpark.net/news/252130.

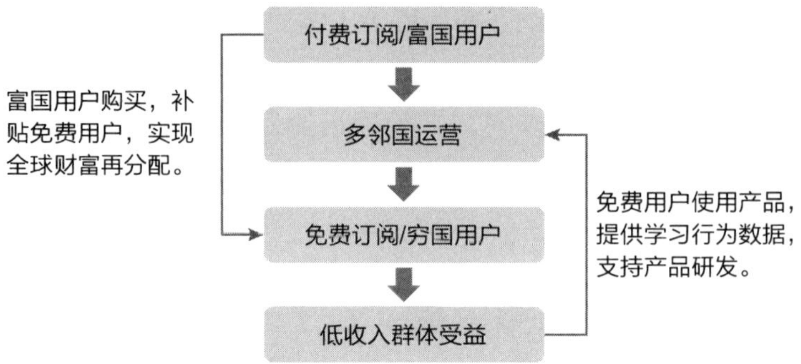

图 9.4 多邻国模式的全球财富再分配效应

据近期财报，多邻国月活用户 7400 万，其中付费用户 520 万，占比约 7%。多邻国用户只有 25% 在美国，体现出一个高度国际化的用户基础。在公司收入中，会员付费占 75%，广告和周边产品占 17%，英语测试占 8%。

多邻国付费用户年费大约 80 美元。付费用户都会收到公司的感谢，他们提供的资金支持多邻国向更多的用户提供免费语言学习。创业时，冯・安曾经许诺永远不会投放广告和应用内购买，在不收费的前提下让用户学习语言。经历试错和尝试后，多邻国最终决定采用基于免费增值模式的变现方式。尽管用户仍然可以免费学习，但多邻国已经从初期反商业的姿态走向了传统的消费者订阅模式。

冯・安在一次 TED 演讲中解释说，多邻国的免费增值模式仍然保持了创业初期让穷人受惠的理想。他指出，多邻国收入主要来自付费的订阅用户，这些用户大都生活在富裕国家。比如，美国是主要产品收费贡献最多的国家，但英语却是多邻国上面学习人数最多的语言。这也意味着，是美国订阅用户在付费支持穷国的学习者。多邻国由此实现了财富的全球性再分配。[1]

多邻国利用财富再分配获得的资金支持低成本精准投放，而投资的结果又是可以严格测量的。这和传统的 NGO 教育项目形成对比，那些项目可能需要大量的行政费用，评估结果往往不够透明。

[1] https://www.youtube.com/watch?v=P6FORpg0KVo.

有分析师认为，免费增值并不是理想的解决方案。免费增值的成功代表是音乐流媒体 Spotify，但音乐市场的经验不见得能够适用于教育市场，毕竟流行音乐的听众基础比语言学习大得多。多邻国的回应则是在免费增值业务中进一步寻求差异化的价值主张，比如在普通付费会员基础上增加了一级名为 Max 的会员服务。Max 使用 GPT-4 技术，会员答题时可以获得基于人工智能的诊断分析，可以和多邻国吉祥物练习对话。与之前较为枯燥的对话相比，Max 的对话场景中能够自动插入一些趣味故事线，改善用户体验。

在商业模式转变的过程中，多邻国也遇到了一些挑战。比如，负责挪威语课程开发的志愿者在服务 6 年后退出，导致这一语言课程的中断。2021 年，多邻国宣布停止志愿者课程开发模式。官方的解释有两项。第一项是因为课程转型为营利性项目；另一项原因是课程规范性和研究性要求提高，志愿者开发模式成本增加，难以继续支持。无论如何，这项决策意味着多邻国创业初期的众包模式走向边缘化，多少失去了原有的号召力。

2015 年，多邻国学校功能上线，老师可以免费用这一功能来跟踪管理学生的进步，并且实现个性化诊断。上线一个月后，10 万名老师注册。2021 年，多邻国宣布推出数学课程。冯・安说，他最早是想将数学教育作为创业方向的。可是数学学习不能直接带来收入提高，而外语可以。现在，有了用户基础，他终于可以尝试这一学习方向了。下一个课目则是音乐课程，音乐学习和辅导可以很好地发挥人工智能技术的优势。

多邻国的产品系列包括主应用多邻国、面向教师的多邻国学校、英语测试、面向儿童的多邻国 ABC，还有线下活动、播客、小故事和字典。随着数学课程的加入，未来多邻国将从语言学习转向在线教育，而投资人乐意看到这样的转变。

第三部分

竞争与战略选择

10. 极兔：慢快递的竞争优势

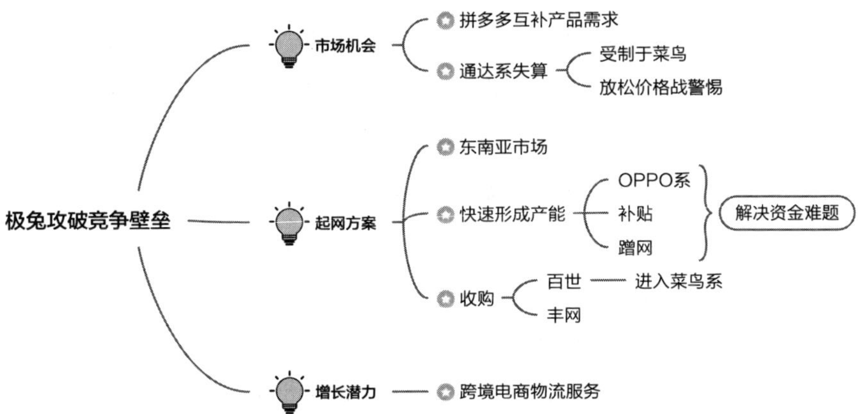

导言：经济型快递行业以通达系为主导形成了寡头竞争，它们并不畏惧价格战，因为寡头地位本身就来自价格战，而且价格战也是阻止外部企业进入本行业的竞争壁垒。经济型快递行业的另一个特点是需求驱动，电商市场格局动荡对整个行业有直接影响。当拼多多崛起时，通达系受困于历史路径选择，未能抓住行业竞争关键要素改变带来的机会，竞争壁垒被极兔攻破。

快递是非常辛苦的生意，每单不到1元毛利的背后，是每年持续上百亿元的重资产投入。即便是经营效率最出色的公司，也很容易被外部逆风环境影响，基本没有护城河可言。

——沈方伟：《一场起初不被看好的奇袭》，晚点 LatePost

很多人是通过拼多多知道极兔速递的，其中有相当一部分还是因为极兔服务不大令人满意而注意到这个品牌。常见的抱怨是极兔送货速度慢，“速递”名不相符。

快递出现在日常生活中不过一代人的时间，但它的进步实在太快了。隔日到已经成为行业标准，偶尔出现一家比较慢的快递，自然会引起人们的关注，极兔因此受到来自全产业链的批评。不过对于极兔速递，慢并不只是服务能力问题，还与它选择的竞争战略有关。

在快递行业，慢代表服务质量比不上竞争对手。产品或服务质量比不上竞争对手通常是企业需要竭力避免的情况。但在战略管理课堂上，学员经常需要讨论产品和质量比不上竞争对手时有哪些选择，因为这是许多企业的现状。如果企业没有核心技术，或技术水平不够高，就没有市场机会吗？

哈佛商学院教授 Felix Oberholzer-Gee 负责中国高管培训项目，他对中国企业很熟悉。在《战略是简单的》一书中，他评论了海尔公司电子酒柜的竞争战略。欧美国家消费者喜欢在家里储存红酒。过去，红酒要储存在酒窖里面，不太方便。电子酒柜能够自动管理温度湿度等环境因素，让消费者可以将红酒储存在室内，随时取用或欣赏。

电子酒柜的质量评估标准主要是温度波动水平，超出一定指标就会损坏红酒品质。海尔电子酒柜在温控方面不如竞争对手 Eurocave 等公司的产品，经常有收藏家抱怨海尔酒柜温度波动造成损失。Oberholzer-Gee 问学生，有谁会愿意买一台可能让红酒变质的酒柜呢？另一方面，海尔酒柜深受市场欢迎，市场份额高达 20%。这样的反差结果合理吗？

答案是合理。因为对保存温度控制要求特别高的往往是红酒收藏家，他们收藏大量年份比较久远的红酒。这些红酒价格昂贵，一旦发生温度波动，损失很大，自然对海尔酒柜非常不满意。但多数消费者并没有长期存放的需要，他们会在比较短的时间里消费掉。在这样短的时间里，消费者感觉不到红酒质量的变化。海尔电子酒柜的价格只有 Eurocaver 的 1/5 到 1/4，非常有吸引力。通过准确定位，即使产品和服务质量不如竞争对手，企业仍然有机会获得相当大的市场份额。

一个看上去密不透风的行业

快递业的不均衡

快递行业的业务主要可以分为两类：一类是商务快递，包括企业间快递和消费者日常快递；另一类是电商快递，主要支持电商商户向消费者发件。商务快递市场的领导者是顺丰、EMS 和京东物流，电商快递的领导者是京东和四通一达。

两类业务的区分并不绝对，相互间有交叉。其中，四通一达还以阿里巴巴为中心组成菜鸟网络，提供电商快递服务，并且形成了一定程度的垄断。一般认为，四通一达依赖电商快递业务。如果没有电商快递，它们是竞争不过顺丰的。由于电商快递业务集中于阿里巴巴，四通一达也被视为依附于阿里巴巴的快递企业。

高峰时期，市场上曾经有 2000 多家快递公司提供服务。经过 20 多年的发展，快递企业的数量已经大幅度减少，业务阵营变得十分明显。尽管它们相互之间仍然会激烈争夺客户，但市场份额的变化幅度相当小。

2015 年 9 月，社交电商拼多多上线，改变了由阿里巴巴和京东主导的电商竞争格局。2016 年 7 月，拼多多实现日订单 100 万。2017 年 10 月，拼多多日订单超过 1000 万。在此之前，阿里巴巴和京东分别实现了产品与服务升级。例如，阿里巴巴关闭了过去为价格敏感顾客所开发的聚划算业务。那些有能力提供低价格产品的商户失去了规模化的电商渠道。

拼多多则从阿里巴巴和京东平台上缺少的农产品品类起步，同时接纳了阿里巴巴拒绝的价格敏感商户，降低了商品供给的门槛，吸引了大批商户入驻。在推广时，拼多多利用微信生态中的熟人关系动员消费，绕过头部电商对广告流量的控制。大致来说，头部电商向上发展，留出市场空白。拼多多找出了填补这一空白的方法，以相对较低的定价、质量和服务实现了颠覆性的电商业务创新。

拼多多的突然崛起让阿里巴巴和京东非常紧张，两家都推出了新的产品和服务，试图与拼多多争夺低价电商市场，为此消耗了大量的资源和宝贵的高管关注。与此同时，电商快递也感受到拼多多的冲击。拼多多和阿里巴巴是竞争对手，但四通一达在菜鸟网络之外仍然可以自由接单，电商快递当然欢迎拼多多的订单。

有报道说，拼多多 2020 年全年订单数达 383 亿笔，日均包裹数超过 7000 万个，约占全国日均总包裹数的 1/3。这是一个增量市场，快递市场上的所有企业都是受益者，但主要的受益人还是以四通一达为代表的相对低端的电商快递。由于拼多多电商属于成本敏感型，对快递价格有压力。不过，只要业务量能够保证，电商快递也愿意做些让步。

遗憾的是，没有人能够认识到拼多多的增长潜力，以及拼多多对快递成本的要求与阿里巴巴有什么不同。阿里巴巴作为菜鸟系的核心，关注的是快递服务升级，对快递成本不敏感。拼多多作为低价电商，需要的是降低成本，这一要求没有得到快递企业的充分重视。

近年来，菜鸟创新的重点转向国际业务。2018 年，马云提出国内 24 小时、全球 72 小时送达目标。阿里巴巴在东南亚推广电子面单，在全球范围内则引进智能合单技术。这些投资让阿里巴巴有能力与国际货运巨头展开竞争，向上打开增长空间。

阿里巴巴虽然是超大型企业，但它的资源也是有限的。由于国际业务消耗了主要的管理资源，国内业务创新速度放慢。从阿里巴巴的角度看，主动追求快递费用下降并不是最有利的选择。在这个意义上，阿里巴巴将重点放在国际业务上是合理的，这部分增量拼多多能够争取的份额相对不高。

拼多多平台上的电商商户对价格更敏感，快递需求的价格弹性更高。因此，快递降价会刺激拼多多以更快的速度增长。作为后来者，拼多多处于一个有利的位置，它可以直接使用菜鸟网络作为电商快递。无论阿里巴巴采取怎样的创新战略，拼多多都是受益者，这就是战略管理中常说的后发优势。

根据前面的分析，阿里巴巴很难通过菜鸟网络的政策改变来破坏拼多多的竞争优势。因为菜鸟网络的初衷就是开放式的快递服务，拼多多正好提供了实现这一价值主张的市场机会。

当然，阿里巴巴对四通一达大接特接拼多多的订单想必不会很高兴，因为四通一达的数字化能力是在阿里巴巴领导下才取得突破的，阿里巴巴对快递行业电子面单的普及做出了很大的贡献。现在，拼多多成却为四通一达数字化的受益人。

当拼多多表示不会涉足物流业务时，他们很可能已经研究过如何利用淘宝和通达系之间的利益不一致。

2018年，在接受《财经》杂志专访时，创始人黄峥表示，拼多多不会跨入物流业务。他感谢阿里巴巴所做的贡献，让拼多多在创业时受益于现成的快递、支付和电商基础设施。特别是阿里巴巴对快递行业的规范和促进，极大地降低了快递管理的成本。2018年拼多多上市时，全年订单量超过100亿，但在组织结构中甚至不需要设置统筹物流业务的总监。[1]

拼多多在物流方面几乎无所作为，连电子面单都直接采用菜鸟系统。开始时，菜鸟将拼多多视为与京东竞争时的助力。随着拼多多业务增长，阿里巴巴与拼多多的矛盾开始显现出来。

此时，在阿里巴巴眼中，四通一达为拼多多服务的含义发生了改变。拼多多每增加一单快递，意味着阿里巴巴可能损失了一单销售增长的机会。一方面阿里巴巴将拼多多视为威胁，一方面阿里巴巴旗下菜鸟系统与拼多多的合作量却越来越大。阿里巴巴的损失不是四通一达造成的，但阿里巴巴的损失却和四通一达的增长有了联系。就这样，菜鸟母公司阿里巴巴与四通一达之间的关系变得微妙起来。

从包裹数量来看，拼多多已经成为有资格与淘宝对抗的力量。拼多多业务量迅速增长，快递公司照单全收，提供与服务阿里巴巴商户相同的标准，或者略低。问题在于，提供这一增量业务的拼多多对电商快递公司的服务满意吗？如果不满意，那么就意味着市场上出现了一种不均衡，它会导致行业发生比较大的改变。

---

[1] https://www.huxiu.com/article/238632.html.

通达系与阿里巴巴的崛起

我们可以暂停一下，谈谈 2005 年发生在圆通和阿里巴巴之间的一个故事。这年春节前，圆通总裁喻渭蛟的妻子张小娟在淘宝买了一件皮大衣。淘宝店的送货速度实在太慢，她向丈夫抱怨淘宝的物流能力不行。喻渭蛟不知道什么是淘宝，向妻子问清楚之后，他立刻从中看出电商快递的业务前景，于是前往杭州和马云谈合作。

邮政系统的快件价格是 22 元，“通达系”全国件价格是 18 元。马云要求圆通做到 8 元一单。此时，淘宝一天的包裹量不过 1 万件。不过喻渭蛟很看好电子商务的前景，他答应了马云的条件，圆通成为首家正式加入淘宝系统的快递公司。

据说，当喻渭蛟决定接受这一价格时，不仅圆通合伙人不同意，整个桐庐系的快递公司都怪他破坏行业规矩。然而，正是喻渭蛟的决策让桐庐系快递企业有了今天的局面。他做出的让步决定不是帮助了马云，而是帮助了自己和所有同乡。

拼多多会不会成为下一个淘宝？它和阿里巴巴有哪些不同的需求？四通一达似乎对此缺乏认识。也许它们并不担心，因为不论谁成为电商第一，总是需要快递服务的。拼多多毕竟是小兄弟，菜鸟网络发展出来的数字化能力足以满足拼多多的需要。四通一达要做的是加大对库房、车辆的投资力度，在电商业务的增量中分到最大的部分。

很难想象在快递行业现有的企业外还会有竞争对手加入。如果用波特的五力模型分析，电商快递行业内部竞争强度很高，购买者也就是电商平台讨价还价的能力强，进入壁垒和退出壁垒都很高，不是一个好的投资方向。

波特五力模型描述的是一个相对稳定的行业，当产业环境发生改变时，五项竞争要素就有可能发生改变。在市场普遍认为电商增长速度放缓的前提下，快递行业的进入壁垒非常高。因为新的竞争者需要从原有企业手中夺取市场份额，而这是非常困难的。

拼多多兴起后，行业格局发生了显著的变化。拼多多贡献的快递需求完全可以容纳一家新的快递公司。四通一达对市场增量很敏感，他们的选择是扩大产能，承接所有新增业务，让觊觎这一市场的潜在竞争对手无利可图。事后来看，这样的选择背后所依据的看法是有缺陷的。它假定电商快递市场要解决的首要问题是快递数量，因此产能是优先事项，价格战的风险比较小。

如果拼多多像所有其他电商平台一样增长，四通一达的选择没有任何问题。但在现实中，拼多多的情况恰好相反，它以一己之力带动电商快递市场。当阿里巴巴和京东增速下降时，拼多多为市场提供了主要增量。也就是说，市场增长出现了不平衡，并且是结构性的不平衡。

拼多多创造出来的不平衡有点像当年阿里巴巴对电商快递行业的影响，电商件取代商务件成为快递的主要业务。凭借垄断性的电商业务，阿里巴巴控制了四通一达的业务选择，将四通一达改造成为阿里巴巴业务互补性最好的服务。今天，市场力量发生转移，轮到拼多多向市场提出要求了。

在波特“五力”之外，将互补产品也作为影响竞争环境的要素，这是英特尔总裁安迪·格罗夫提出来的。

站在四通一达的立场上，似乎拼多多没有什么可抱怨的。它充分得益于阿里巴巴的前期投资。在价格方面，四通一达也提供了一定程度的让步。这一逻辑看似合理，却有一个缺点。它们只是将自己看作商业基础设施，而不是电商的互补产品。

互补产品是指与本企业产品相互间存在正向影响的其他企业产品，互补产品供给增加或成本下降有助于本企业产品销售。典型的互补产品有操作系统与应用软件、游戏机与游戏、电动车与充电桩等。互补产品的活跃对企业竞争优势有着很大的支持作用，相反，互补产品缺失或价格高昂会破坏企业的竞争优势。

互补产品战略的案例之一是亚马逊电子阅读器 Kindle，它依赖电子书作为互补产品，在美国市场打败了索尼等公司的电子阅读器。尽管竞争对手的电子阅读器性能更加优越，但亚马逊能够提供数量更多和价格更低的电子书。Kindle 的战略是在硬件上不赚钱，通过电子书获得利润。然而，在中国，亚马逊阅读器却无法获得与美国市场相似的竞争优势。因为中国市场电子书通常是免费的，Kindle 实现赢利所必需的互补品不存在，无法支持它的竞争战略。

市场机会与战略主动

极兔选择的时间点

我们将在案例后面的部分继续讨论互补产品。现在先将话题转向极兔，看看这是一家什么样的企业。极兔速递创立于 2015 年，英文名“J&T Express”。创始人为原 OPPO 印尼 CEO 李杰（Jet Lee）和 OPPO 全球 CEO 陈明永（Tony Chen）。关于极兔这个名称的含义，官方解释是 J 代表 Jet，像喷气飞机一样速度快，T 则代表准时和技术。不过极兔印尼 CEO Robin Lo 提供了另一种解释，J&T 就是极兔两位创始人名字的英文字头。[1]

2015 年，李杰辞去 OPPO 印尼 CEO 职务，专心于印尼市场的快递业务。Robin Lo 在介绍公司历史时，提到 OPPO 系对极兔的支持。所谓 OPPO 系是指围绕企业家段永平所建立的一系列企业组织，包括 OPPO、vivo、小天才等。OPPO 系的特点是在产品与销售网络间建立起紧密的联系。

[1] https://voi.id/en/technology/44893.

极兔印尼成立后，OPPO 除了提供快递订单之外，还在手机里面预装极兔 App，极兔可以依托 OPPO 开辟的经销商网络进行初步的网点建设。OPPO 对印尼当地的快递服务很不满意，也愿意有一家效率更高的快递，让消费者可以更快拿到手机。在这个意义上，OPPO 与极兔之间是互补产品的关系。

东南亚市场有成熟的商务件快递运营商，可以提供类似顺丰的快递服务。它们的问题在于，不熟悉电商件运营。当电商快递市场突然崛起时，本地运营商来不及做出反应，它们对电商服务要求的理解仍然停留在商务件时代。相反，中国快递企业的优势在于电商件。比如通达系都是从电商快递发展起来，积累了多年经验和技术。李杰团队借鉴了国内快递“免费上门取件”“设立直营网点”“24 小时客服”“包裹流程监控”等创新举措，对本地快递市场进行了降维打击。短短两年后，就成为东南亚市场排名第二、印尼第一的快递公司。2021 年，极兔在印尼的快递日单量达到 250 万件。

由于国家间电商规模的差别，极兔这个数量级别的业务在中国内地市场排不到名次。在内地市场，至少需要每天达到 2000 万单才算是有参与竞争的资格。2019 年，极兔收购龙邦快递，以借壳的方式解决了国内市场经营资质问题。原计划 2020 年 1 月起网，受疫情影响，起网时间推迟到 3 月。在宣布起网的公开信中，李杰称，要在 2021 年冲击快递行业日均 2000 万单的“盈利生死线”，并在 3 年内做到中国快递前三名。

外界看来，李杰的计划并不可靠。的确，极兔有在印尼成功的历史，有一定的管理能力。它在国内可以依托 OPPO 系的经销商网络，还可以获得起网所需要的资本补充。不过，和当初极兔在印尼的竞争对手相比，四通一达无论从电商资源、管理能力、资产配置和网络分布来看，都不是一个级别的对手。它凭什么两年做到日单量 2000 万？

应该说，极兔选择的时间点是非常有利的。2018 年，拼多多订单数量从前一年的 47 亿单增加到 111 亿单，对市场产生了明显的影响。这一年，快递行业发生了价格战。

> 通达系对价格战有心理预期，但它们对电商件需求价格弹性的看法和极兔不同。相信价格战能够带来电商市场的显著增量，这是极兔入场时的基本判断之一。

义乌是全球最大的小商品交易市场，快递行业费用一般以浙江义乌为基准。国家邮政局发布统计报告时通常不会专门发布义乌数据，但我们可以通过义乌所在的金华市数据观察义乌市场。2021 年，金华市快递量为 116 亿单，全国第一。其中，义乌占到 92.9 亿单。

2018 年，通达系掀起价格战。快递单价平均价格从 2 元以上压到 1.9 元，之后进一步下降到 1.2 元，甚至 0.9 元。此后，由于各大快递公司普遍陷入亏损，价格战难以持续，价格一度回升到 2.5 元。

查阅金华市的统计公报数据，可以看到价格战的影响。2017 年，金华市快递业务量增长 51%，收入增长 32%，两者间关系比较均衡。到了 2018 年，快递业务量增长 43%，收入增长只有 3%。业务量增长接近 50%，收入几乎没有增长，这是价格战的结果。

2019 年，价格战结束。这一年金华市快递业务量增长 62%，收入增长 31%，业务量增长和收入增长之间的比例得到恢复。极兔是在 2019 年启动内地市场的，它已经知道了 2018 年价格战的结果。可以想象，它对 2018 年价格战做过仔细的研究，并且得出有利于自己的结论。

这轮价格战时间不长，整体市场份额变动不大，最后大致以保持原样而收场。造成这一结果的原因可能有两个。一是价格战导致各家公司盈利水平迅速逆转。四通一达作为上市公司，盈利压力非常大，大家都有止损的愿望。二是因为拼多多和直播电商带来的市场增量很大。快递公司不需要从竞争对手那里夺取市场，反倒是需要增加投资以承接快递量上升，客观上缓解了价格战压力。

从四通一达内部来看，中通市场份额出现显著增长。行业分析指出，中通专注投资于仓储、设备和干线运输能力，在快递量增长时处于成本优势地位。有了中通的榜样，加上对市场增量的乐观情绪，四通一达纷纷扩大投资，提高产能。此时，它们很可能没有办法留下足够多的资金用于准备价格战的消耗。对于极兔来说，这是发起价格战突然袭击的绝好机会。

再来看快递行业，2019 年似乎是一个不错的年份。业务水涨船高，竞争压力有所缓解。但从需求市场来看，不平衡的问题并未解决。站在拼多多立场上可以发现，快递企业从自己的增长中坐收渔利，却没有为平台提供额外的价值。面对拼多多这家新平台，快递行业并不觉得有必要设计一种不同于以往的服务模式。

电商和快递是典型的互补产品，其中一个降价，会给另一个带来增长。拼多多平台订单价低于阿里巴巴，相当于电商降价，自然刺激了快递订单。另一方面，拼多多也需要快递降价，用更低的快递价格来吸引商户和刺激商户增加交易。从通达系的表现来看，它们没有这样的方案，也没有这样的决心。面对阿里巴巴和京东的打压，拼多多需要互补产品支持，哪怕只是短期的价格战，对它也是非常有用的。

极兔起网三张牌

2018 年快递行业价格战产生了两项重要结果。第一，经过价格战的试探和缓解，通达系进入了心理麻痹状态。他们认为，短期内不大可能再有全面价格战。同时，它们对行业壁垒也非常有信心。因为菜鸟网络具有封闭性，外人无法加入。而它们相信，没有阿里巴巴的支持，电商快递是站不住脚的。何况，行业外的竞争对手无论在资源和管理能力上都不可能与它们相比。

第二，价格战探测出市场价格的底部。假定不考虑盈利要求，只要将市场价格快速下探到每单 1 元，就足以刺激电商商户放弃四通一达前来使用，用户转移成本很低。当然，如果想要夺取一定的市场份额，还必须有充足的资源储备，在这个价位附近能够支撑一段时间。李杰曾经表示，起网后准备亏损两年，代表着极兔对储备的规划。

将这两项发现结合起来，就形成了极兔指导价格战的竞争战略。它知道夺取市场份额必须将定价维持在怎样的水平，而只要动作迅速，完全可能对通达系构成突然袭击。在价格战中，当价位下限确定之后，成功的关键要素就变成了速度。必须在短时间内建立起足够的产能，充分利用价格袭击带来的短暂优势。

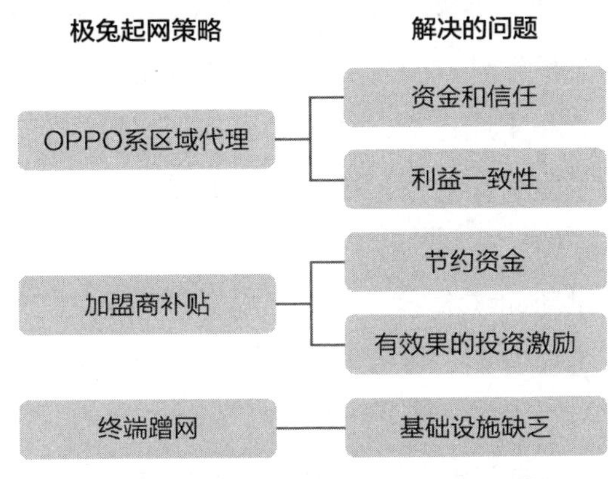

图 10.1 极兔在起网阶段所采用的策略

为了实现日单量 2000 万的目标，除了降价之外，极兔还需要有本领快速形成产能。为此，极兔接连打出了三张王牌：OPPO 系、补贴和蹭网。第一张牌是 OPPO 系的内部资源。起网是一个复杂的过程，不可能对外保密，但可以设法加速。极兔采用的是老办法，动员 OPPO 系统的经销商。

极兔采用区域代理加盟制，和通达系相比，在总部和加盟商之间多了区域代理这个层次。区域代理拥有相当大的自主权，可以决定自营还是加盟，可以灵活定价。区域必须执行总部制定的市场战略和计划，包括投资硬件和服务能力。首批区域代理主要出自 OPPO 系统，这样做不仅速度快，而且由于内部信任程度高，降低了管理成本。

通达系利用菜鸟网络的概念，极兔则利用 OPPO 系的概念。和通达系相比，OPPO 系的优势之一是国际市场，有更大的复制空间。

一般来说，实行区域代理，会出现总部控制减弱的情况。但 OPPO 系的历史特点恰好有助于弥补这一缺点。OPPO 系企业和经销商网络遍布全国，经营相对稳定，经过多年合作，拥有相似的企业文化和价值观，有助于抑制区域代理加盟制的缺陷。据说极兔进入内地市场的初期投资是80亿元，这部分资金只够建立转运中心和干线运输车队，而各地网络则需要区域代理，也就是OPPO系经销商投资。

第二张牌是补贴。OPPO系可以帮助解决大区布局，但不能解决最后一公里派件和收件。四通一达采用直营和加盟模式，总部直营转运中心和干线运输，揽收和派件则交给加盟商。极兔采用类似模式。为了吸引加盟商，极兔通过多样化补贴，利用财务杠杆快速增加网点产能。

据腾讯新闻《潜望》报道，极兔对华北某市的加盟商提供的补贴类型有客服补贴、车线补贴、扩点补贴、KPI考核补贴等。加盟商每增设一个客服，极兔就会补贴3000元/月；每购入一辆快递车，补贴2万元；每扩张一个新网点，奖励5000元；完成KPI考核后，还能得到绩效补贴。[1]这样，极兔就可以用相对较少的资金作为杠杆，撬动社会资金投入可验证的产能扩张。

快递员是另一个产能瓶颈，特别是大城市的派件，需要设计出专门的激励机制。据网络媒体"《财经》E法"报道，极兔速递的快递员按照"底薪+计件派单费"来结算，每单的派单费加底薪可以高到接近2元，而"通达系"基本在1.5元。[2]有报道说，初期极兔给出的派费甚至达到通达系的一倍。

极兔打出的第三张牌是蹭网。在起网初期，极兔只能覆盖核心城市和东部地区，无法渗透广大的三四线市场，但这些市场同样存在派件的需求。极兔的对策是大规模的蹭网。快递市场在地区间是不平衡的，有些快递量不大的地区往往一家网点挂出多个快递品牌。对它们来说，多一家快递公司多一份收入。极兔只要略微提高派单价格就足以获得这些网点的支持。

极兔的有利条件是订单以拼多多为主，消费者主体来自三四线

[1] https://new.qq.com/rain/a/20210408A012RJ00.

[2] https://www.huxiu.com/article/408125.html.

城市或农村地区。这些地区原有的网点普遍存在产能闲置，它们非但不会拒绝，反而会欢迎极兔带来新业务。[1]极兔甚至将蹭网发展到中心城市，动员竞争对手的加盟商为自己服务。加盟商常常抱怨四通一达利用自己的市场地位压低派件费用，极兔则利用通达系加盟商与总部的矛盾，以补贴吸引加盟商为自己派件。

2020 年 7 月，圆通总部下发通告，禁止全国网点以任何形式代理极兔业务。随后，申通、韵达等通达系快递企业均发布了类似通知。这些明令通知客观上反映出极兔政策的有效性。而从之后快递单量增长来看，对手的禁令并未阻止极兔的业务发展。显然，在加盟商有利可图的情况下，如果通达系总部不能为他们提供补偿，蹭网的行为很难阻止。

需求洞察与利益相关人

没有阿里巴巴，极兔也能活

起网之初，加盟商对于极兔能够取得多大的市场份额是有怀疑的。因此，极兔曾经暗示，它会和阿里巴巴取得谅解，尽早进入菜鸟网络。画饼最终并未兑现，大概是因为菜鸟网络对此不很热心。这是很自然的，就算阿里巴巴愿意接受极兔，四通一达的工作也不那么好做。在竞争中失去份额是一回事，主动邀请对方加入则是另一回事。

另一个可能的合作对象是京东，京东平台上的第三方商家可以使用极兔发货，但京东并未出现在极兔合作伙伴的名单里面。极兔只是争取京东的中立，并不指望京东会支持它。尽管极兔高管在口头上用阿里巴巴合作机会来安抚加盟商，但在现实中，极兔也并不急于接入菜鸟网络。极兔的订单主要来自拼多多，业务量已经大到

[1] https://www.36kr.com/p/1120193671590400.

让极兔难以承接的程度。

2018年，拼多多创始人黄铮曾经宣布拼多多不会涉足物流领域，要将专业的事交给专业的人。行业里可能认为这个专业的人指的是四通一达，但黄峥已经在四通一达之外找到了专业人士。据晚点LatePost报道，正是在这一年，黄铮邀请极兔创始人李杰回国发展。[1]

由于阿里巴巴与拼多多之间的竞争关系，拼多多与四通一达的合作更多体现为商业需要，却做不到相互信任。2019年初，拼多多要求平台上的商家放弃菜鸟网络，转而使用自己的电子面单。

所有局外人都看得出来，拼多多需要一家专门或主要为自己服务的电商快递，而人选一定不会是四通一达。四通一达并非不知道，但它们身处菜鸟网络的限制之下，无法解决这一矛盾。只能假装看不到危险，一门心思争取瓜分拼多多的市场，提高新加入者的竞争门槛。

2020年3月，极兔揭开价格战序幕。在义乌市场，万件以上快递价格降到1元。如果重量轻，还可以降到0.8元。义乌快递市场是接近完全竞争的市场形态，价格信号最敏感，极兔发出的低价信号刺激了电商快递订单大规模转移。

2020年6月、10月以及2021年初，极兔日单量分别达到500万、1000万、2000万，市场份额从0上升到接近8%。当初李杰提出用两年时间做到日单量2000万，很多人以为这只是一个激励加盟商的口号。现在，极兔用一年时间就做到了这一规模。

2021年4月6日，义乌市邮政管理局对极兔、百世快递出具警示函，告诫其不能用低于成本价进行倾销。4月9日，两家公司义乌转运中心的部分设施被关停。监管当局的反应速度不算快，禁令下达时极兔的初期目标已经完成，对市场格局影响不大，这一禁令更多反映出四通一达的焦虑，它们对极兔崛起缺乏有力的应对策略。

极兔起网的消息是公开的，动员OPPO系经销商是惯用做法，发起价格战也不算新鲜事，补贴和蹭网都是通达系用过的招数。那

[1] https://36kr.com/p/1120193671590400.

么，为什么通达系未能做出有效的反应？

一种可能的解释是四通一达采用相互模仿的战略方案，整体处于戒备不足的状态。价格战告一段落后，它们将资源投入到扩大产能上，缺乏反击价格战所需要的储备。

通达系内部无法协调，需要阿里巴巴牵头，然而阿里巴巴同样没能拿出可行的战略。

同时，四通一达虽然同属菜鸟系，但毕竟是相互独立的。企业间沟通协调成本比较高，所谓的协同只是表现为向邮政部门投诉，以及内部封杀极兔的蹭网。这些措施不仅出台时间太迟，而且力度不足以对极兔造成损害，无法阻止极兔夺取市场份额。

极兔的竞争对手认为这是一场不平等竞争，拼多多和极兔之间显然存在利益关系。拼多多没有指定商户使用极兔，但为了帮助极兔获得订单，拼多多主动向选择极兔的商户提供补贴。据晚点LatePost 报道，一名中通快递的经理在义乌调查时发现，如果卖家选择极兔，拼多多会直接返还一半的运费。[1] 极兔加盟商则在市场上公开散布拼多多与极兔之间存在联盟关系的传言。

2021 年 4 月 8 日，拼多多发布声明称，春节期间同极兔开展的特约保障合作已经结束，平台发货规则按照统一标准执行；拼多多对极兔无投资关系，无特殊合作，无政策倾斜。这项声明更接近于对四通一达的讽刺。就算拼多多偏向极兔，但它的多数订单还是给了四通一达，它们实在没有多少理由抱怨。

换一个角度来看，即使拼多多与极兔之间没有任何联系，在极兔起网后，拼多多会如何对待极兔呢？极兔所采用的低价策略，正是拼多多盼望的互补产品，比四通一达的服务更能够提升拼多多平台的价值。

按照波特五力模型，市场上多了一家快递供应商，可以增强拼多多作为购买者讨价还价的力量，改善拼多多的产业环境。此外，

---

[1] https://www.36kr.com/p/1120193671590400.

极兔作为独立于菜鸟网络的市场力量，也是拼多多唯一可以选择的盟友。显然，照顾和支持极兔是符合拼多多利益的。

支持极兔的主要现实力量则来自平台电商。与淘宝卖家相比，拼多多平台电商成交金额低，商户对快递价格极度敏感。极兔是市场上唯一一家专注于向这类卖家提供服务的电商。如果极兔由此建立起基于低价电商快递的独特能力，那么它就实现了与其他电商快递的差异化，同时与拼多多构成强互补关系。

"《财经》E法"在2021年1月进行了一次随机调查，通过拼多多购买7件商品，所有店家均表示发货所选的快递会在极兔、圆通、中通等快递公司中随机选择。但在最终发货时，选择使用极兔的有5家。此外，"《财经》E法"询问了25家拼多多店铺店主，有19名店主明确表示，除非买家专门提出，否则发货将选择极兔。卖家介绍说，拼多多作为平台方没有强制要求使用极兔，但有过推介。极兔的运价略低于其余几个快递品牌，是他们优先选择极兔的原因。[1]

当然，极兔也面临着业务量暴涨的风险，特别是产能管理的压力。一旦订单超出产能，服务质量必然下降，客户投诉将导致品牌声誉受到损害。2020年，极兔一度是邮政公布投诉最多的快递企业。不过，分析投诉的具体数据可以发现，极兔的投诉呈现结构性特点。大城市和沿海地区投诉比较多，三四线城市投诉相对少得多。这也反映出极兔借助蹭网完成派件的现实。在大城市和沿海地区，竞争对手监控严，蹭网难度大，派件优先级靠后，服务质量自然要差一些。

在相当长一段时间里，拼多多订单占极兔业务量的90%，其余部分来自快手、抖音等。极兔在满负荷状态下也只能承接拼多多20%的订单量。2020年10月，拼多多CEO陈磊接受媒体采访时披露，拼多多每天发送的包裹数量超过了7000万个。按照这个数字推算，极兔日单量已经达到1500万。

此时，极兔不得不控制业务增长的速度，特别是在"双11"、

[1] https://mp.weixin.qq.com/s/hQCMd2BMrd6tS-2_u-vLkA.

春节两个快递旺季。2020 年“双 11”，极兔原本制定的目标是日单量保住 1000 万，冲击 1500 万，实际成果是日单顶峰达到 1800 万。据腾讯新闻《潜望》报道，“这是控了量的结果”，“控量主要是怕客户体验差……快递爆仓”。在接下来的几个月中，极兔按照原有规模 5 倍以上来租赁土地、建设厂房和购进设备。[1]

极兔与通达系的不同选择

2020 年第 4 季度，极兔在国内快递业的市场份额迅速提升。中通创始人赖海松承认，在一年时间里，极兔市场份额已经提高到 8%~10%，整个行业中每一家企业的市场份额都被极兔夺走了一部分。中通是四通一达中市场份额的领先者，2020 年市场份额甚至还有所上升，但上升的幅度很小。令四通一达尴尬的是，极兔的增长表明，没有阿里巴巴的业务，极兔也可以活下来，并且达到日单量 2000 万的资格线。在获得了平等竞争的资格之后，极兔的战略地位发生了极大的改变。

快递行业的壁垒是什么？网点、仓储、信息化、管理能力或是物流能力？

极兔起网时，有媒体认为它已经错过了中国快递业发展的最佳时机，不可能后来居上，这样的分析在当时近乎整个市场的共识。很少有人注意到，在所谓的下沉市场中存在着巨大的交易需求没有得到释放。极兔的经验表明，在一个高速增长市场中，仓储与设备、信息化、物流能力（如车辆）和网点密度，都不再是难以克服的壁垒。

菜鸟网络的确是一个壁垒，如果不能加入就没有足够的电商订单保障。拼多多的出现消除了这一壁垒，让价格再次成为单一主导要素。通达系对价格战浅尝辄止，以为壁垒还在。极兔掌握了市场价格的下限数据，据此可以推算价格战所需要的资金储备，准备相

[1] https://new.qq.com/rain/a/20210408A012RJ00.

应的灵活产能计划。

在这里，对价格战的不同预期反映出不同阵营的立场差异，因此形成对市场机会的不同看法。需要说明的是，这并不代表四通一达缺乏战略规划能力，而是由于立场不同造成的。有人认为，极兔核心能力在于低价，这个看法可能不够全面。价格战可以用来解释增长，但无法解释如此大幅度的增长。极兔的增长主要来自通达系的损失，是通达系对市场价值和行业壁垒的判断错误造成的。通达系将绑定阿里巴巴作为战略，将菜鸟系统作为竞争壁垒，但它们也因此失去了利用新市场机会的能力。

在拼多多兴起时，四通一达立场暧昧，犹豫不决，未能主动寻求有利的市场定位，提供有效的互补产品，从而给极兔留下空间。电商快递行业的壁垒曾经是仓库、物流和网点规模，以及接入菜鸟网络的许可证。拼多多的出现改变了产业环境，四通一达只将拼多多看作市场增量，未能理解拼多多带来的独特市场机会，没有细分出专门向拼多多平台商户提供价值的服务部门。它们没有意识到或者不愿意承认，拼多多的电商商户与淘宝是不一样的。

拼多多平台商户对价格高度敏感，形成了不同于淘宝商家的新需求。在这个市场上，通达系沿用之前的服务方式会导致竞争地位变得脆弱，很容易受到来自下方的攻击。比如，极兔在补贴时，对收件和派件的补贴力度差别很大。收件补贴达到每件2元，而派件补贴不超过5毛。

收件的服务对象是电商，而派件的服务对象是消费者。极兔的补贴偏向收件，等于向电商让利。向一个月订单量几万件的商户让利，对拼多多平台的互补效应极强，这表明极兔很清楚如何为拼多多和它的平台商户创造价值。表面上看，极兔的补贴对于所有电商商家都是一样的。然而不同商家价格敏感性水平不同。普通电商商家欢迎运费补贴，主要是因为能够获得更高的利润。拼多多平台商家则不然，补贴降低了它们进入市场的壁垒，大批因为物流费用无法入场的商户因此得以加入竞争。站在拼多多立场，极兔的价格补贴不仅是对商家的补贴，也是对拼多多平台本身的补贴，并且是在市场增长关键期给予的补贴。换言之，拼多多享受了极兔烧钱的外部性，这是竞争市场中很少见到的奇观。

通达系的另一个弱点是协同性比较差。外来者入侵行业时，需要顾虑行业内现有企业的报复。阿里巴巴和京东无法限制拼多多，是因为拼多多的获客机制是社交电商，与传统电商完全不同。除非腾讯介入，否则没有其他力量能够限制拼多多。

在极兔发起的价格战面前，通达系没有做出步调一致的报复行为。快递是标准化服务，价格报复措施并不复杂。通达系有充分的准备时间，也有价格反击的能力，可是它们没有这样做。更糟糕的是，对极兔冲击市场的忍耐暴露出它们的虚弱。在下一次价格战到来时，情况恐怕会变得更加不利，除非通达系内部通过相互合并提高市场集中度。

进入 2021 年之后，极兔的投诉量明显下降。到 2021 年 6 月，极兔将客户投诉降低了 90%，从 5% 降到了 0.5%，其服务质量已经与中通相当，接近顺丰。这说明提高服务质量属于极兔管理能力范围，慢快递更多是出于战略选择而不是因为能力不足。

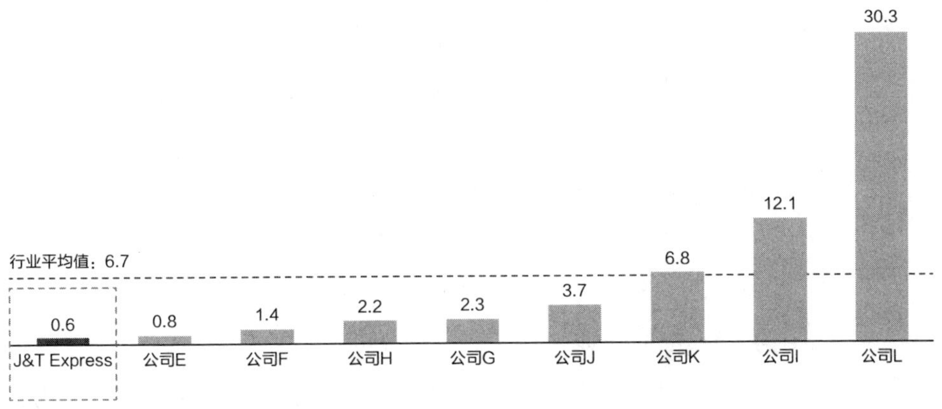

资料来源：中国国家邮政局、弗若斯特沙利文。

图 10.2 极兔在招股说明书中介绍投诉改进情况

早期大量投诉与极兔依赖蹭网派件的政策有关。投诉下降的另一个原因是顾客逐渐接受拼多多快递的服务差异化。9.9元包邮的价格，快递速度下降成为整个行业的共同选择。有了预期，投诉的动机就会减少。在电商快递行业，慢曾经是一项不可接受的缺陷。但对于拼多多用户，慢已经成为企业价值主张的合理组成部分。

媒体有可能夸大了2020年极兔所挑起的价格战。实际上，半年后市场份额达到能力极限的极兔已经开始提高价格，只是保持了相对低价，对竞争对手持续施加压力。[1]根据金华市统计公报，2020年快递业务量增长52%，业务收入增长26%。2021年，快递业务量增长29%，业务收入增长18%。与2018年价格战期间相比，极兔加入竞争后，义乌市场快递业务量与收入增长之间的比例还是比较正常的。

打开市场空间之后

极兔的收购

2021年4月，极兔募资18亿美元，估值78亿美元。9月，极兔宣布以11亿美元收购通达系最弱的成员百世快递，市场份额提升到接近通达系的水平。这次收购让极兔的基础设施能力有了很大的提升。之前，极兔的转运和集散中心主要来自收购龙邦快递和天天快递的场地。由于两家企业市场地位弱，这些场地条件相对比较差。百世在创业时得到阿里巴巴和菜鸟的支持，它的基础设施条件好得多。更重要的是，百世是菜鸟网络成员，这意味着极兔可以承接阿里巴巴电商快递。

不看好极兔的人士认为，极兔收购百世将在管理上遇到瓶颈。

[1] http://finance.sina.com.cn/tech/csj/2021-12-06/doc-ikyamrmy7093163.shtml.

不过作为成熟产业的后来者，极兔在管理上也是有优势的。后发优势的一项表现是，行业里面已经积累了一批有经验的业务人员和管理人员。

百世出售在行业内早有传言，不过本次收购的市场环境比较特殊，需要从各方的战略处境来做出分析。先来看百世，它的处境在收购之后会变好吗？百世出售只是时间问题。出售给通达系，市场和网点高度重叠，资产处置和人员安排难度比较大。出售给极兔，双方有一定的互补，百世资产卖价更高。

极兔收购百世之后，拼多多的处境会变好吗？可能性很大。拼多多不仅需要低价，还需要一个有能力的供应商提供低成本互补产品。收购百世之后，极兔竞争地位得到提升，商业模式可持续性得到确认。极兔也许不得不涨价，但它基因中的低价本能是不会改变的。拼多多作为受益者，仍然会向极兔倾斜流量。

在百世收购决定中，阿里巴巴的选择是最重要的。因为百世曾经是阿里巴巴的主要扶持对象，它持有百世 46% 的表决权。那么，极兔收购百世之后阿里巴巴的处境变好了吗？

阿里巴巴的难题在于无法应对拼多多在低价电商市场上的竞争，这个难题不是极兔造成的。从另一个角度来看，极兔也可以成为阿里巴巴的互补企业，帮助阿里巴巴发展低价电商抗衡拼多多。菜鸟网络中原有的快递企业在降低成本方面仍然有潜力，极兔的加入有助于提升菜鸟网络的效率，也有利于阿里巴巴吸引低价电商商家。

据说顺丰曾经有意收购百世，将百世注入丰网，增加电商快递市场份额。但阿里巴巴与顺丰之间存在竞争关系，它肯定不愿意自己扶持多年的企业落入顺丰手中。至于三通一达，它们主要考虑在新的竞争环境下如何保住市场份额，战略方案聚焦于自建而非收购。

2023 年 5 月，顺丰将旗下加盟电商快递业务丰网以 12 亿元的价格出售给极兔。从金额上看，这笔交易低于极兔 68 亿元收购百世。但市场高度关注，因为它反映出顺丰对电商快递市场竞争格局的新认识。

丰网成立于 2020 年，它的特点是采用加盟制，和顺丰长期以来强调自营的战略不一致，更像是通达系业务。顺丰方面的解释是要建立一个双层结构——中高端快递自营，经济型快递则实行加盟制。丰网成立时，加盟费用明显高于其他快递公司。顺丰方面认为，这是加盟商对市场和公司品牌有信心的表现。

丰网的口号是“顺丰的服务，通达的价格”。丰网的作用之一是在通达系基本市场上给这些企业带来威胁，阻止它们向上攻击中高端快递市场。2017 年，顺丰和菜鸟网络因为物流数据控制权问题发生争议，顺丰由此脱离菜鸟网络。丰网可以服务阿里巴巴商家，但不大可能得到阿里巴巴平台的支持。当然，丰网可以选择全力支持拼多多。但在丰网的运营中，没有体现出丰网对拼多多商户需求的洞察和响应。

丰网在经济型快递市场上并没有可持续的竞争优势。它在经营中需要依赖顺丰的资源，比如占用顺丰转运中心产能，毛利却显著低于顺丰其他业务。顺丰时效件产能的确有一些富余，比如货机满载率不到 50%。顺丰曾经期望这部分产能可以用于丰网电商件，突出速度优势，即使毛利低也能承担。

这套做法在平日是可行的，也的确提高了用户体验。但电商订单的特点是季节性非常强，“双 11”期间，电商件订单量暴涨，超过货机运载能力。为了保证核心业务时效件，顺丰不得不压缩丰网电商件数量。作为电商快递，在电商业务最繁忙的时候居然拒绝订单，可以想象加盟商和客户会有什么样的反应。价值主张错位暴露出顺丰战略设计上的重大缺陷，很难通过运营优化来克服。此外，丰网服务标准低于顺丰，然而顾客经常无法区分丰网和顺丰。这种印象会连累顺丰主品牌，同样是危险的信号。

丰网起网后的情况不很理想，日单量只有 800 万。看来，顺丰对市场潜力的评估是正确的，电商市场完全有潜力出现一家新的竞争者。只是这家竞争者不是丰网，极兔冲进市场抢走了丰网的机会。

极兔加入竞争，改变了经济型快递市场的格局。现在，丰网变成顺丰的负担。在领先企业大打价格战的市场上，丰网遭遇了可怕的亏损。未来，丰网将不断消耗顺丰的财务资源，而加盟与自营之间的矛盾则会消耗它的管理资源。

与电商件市场停滞不前形成对比的是，顺丰供应链和国际业务增速加快，出现了新的市场机会。在这种情况下，出售丰网是一项合理的选择。出售丰网后，顺丰并没有退出电商快递市场，而是通过自营业务在中端市场竞争。自营业务的灵活性比较强，规模和毛利更加可控，必要时仍然可以对低端电商市场施加压力。另一方面，通达系和极兔忙于电商件快递竞争，至少短期内不大可能对顺丰的核心市场构成挑战。

极兔的想象空间

2021 年 11 月，极兔再次募集 25 亿美元。媒体报道说估值达到 200 亿美元，差不多 1300 亿元人民币，超过三通一达市值的总和。[1] 这个数字在上市招股时下调为 1000 亿元，仍然是一个非常高的估值。如果说极兔的增长是利用了通达系战略判断失误和协同能力差的机会，那么估值的巨大差异如何解释？

极兔的市场份额乐观地看也只有 15%，竞争远未结束。为什么极兔可以获得如此高的估值？从行业角度来看，极兔在快递业务方面没有什么独特创新。尽管它已经实现了规模经济，但在成本上并不具有显著优势。极兔在核心数据如转运中心、网点、干线数量和自有车辆方面并没有表现出优势，通达系的市场份额在初期的战略震惊之后也逐渐得到恢复。另一个隐患来自区域代理，虽然极兔自夸是唯一成功采用区域代理制的快递公司。但这种设计的缺点也是很明显的，未来存在着不确定性，很可能仍然需要转向主流的总

[1] https://www.huxiu.com/article/750758.html.

部－加盟商模式。

一种解释是，在为极兔估值时，投资人很可能将菜鸟网络作为参考。菜鸟网络估值 2200 亿元，它的优势，除了依托阿里巴巴电商，还有数字化技术上的领先以及跨境电商物流。极兔在国内市场的主要概念是服务低价电商的能力，尽管这项能力还没有得到清晰的定义，但至少得到了拼多多的认可。只要拼多多继续增长，极兔在竞争中就会处于更有利的地位。如果通达系未来获得电商增量业务的成本持续高于极兔，资本市场的估值当然会有差别。

收购百世之后，极兔成为菜鸟网络成员，它将受益于菜鸟的增长。作为菜鸟成员，极兔与通达系有明显的不同。通达系的想象力止步于菜鸟，无法超越菜鸟的增长潜力。极兔在国内和国际业务方面拥有更大的自由，为它带来估值溢价。

国内方面可以看到的是未来的并购机会。极兔加入菜鸟，对通达系属于利空，未来通达系的处境有可能进一步变差。菜鸟限制了通达系的订单和利润，也限制了它们利用新兴电商平台的能力。极兔拥有相对独立的地位，对其他电商如抖音快手更有吸引力，它的市场潜力还远远没有得到发挥。

如果电商增长放慢，国内快递行业格局将立刻发生改变。无论如何，三通一达并存的局面不会持续很久。可能出现的一种情况是极兔收购其中一家，其他三家陆续合并为一家。这样形成快递市场上顺丰占据高端市场，中低端市场只剩下菜鸟系两家加上京东一家的局面。极兔在东南亚地区已经实现连续多年盈利，有能力支持国内市场承受竞争亏损，对通达系而言是一个重大的压力。

国际业务方面，菜鸟跨境包裹的数量已经超过 DHL 和联邦快递，这是跨境电商的威力，是下一个暴发增长的业务。考虑到亚马逊已经是美国第一大电商快递公司，超过了 UPS 和联邦快递，菜鸟需要设法加速追赶。

在此过程中，国内电商将受益于菜鸟所领导的全球电商物流服务。特别是中小电商，它们在国内市场竞争中逐渐形成了新的独特能力，这种能力正在吸引海外市场的消费者。与以往基于大规模制造的出口模式相比，中小电商缺乏境外供应链管理能力，需要完全不同于过去的出口服务基础设施。极兔能不能将低价电商快递的服务模式推广到其他国家？答案是肯定的，极兔的电商快递业务已经从东南亚扩大到中东地区和美洲地区。

跨境电商物流服务方面，阿里巴巴凭借速卖通取得领先地位，但阿里巴巴缺乏本地快递服务的积累，比如在美国就显著落后于亚马逊。海外市场没有菜鸟生态系统，通达系的海外拓展不够积极，而阿里巴巴不得不为此投入大量资源。据《经济观察报》报道，2020 年，光是为了在东南亚推广电子面单，阿里巴巴就动员了 600 名工程师半年的工作量。[1]

近年来，阿里巴巴扶持百世在海外开展电商快递，已经传递出强烈而紧迫的需求。最后一公里跨境电商市场即将出现高速增长，理解这一需求的企业数量很多，但有能力提供服务的企业数量很少。

极兔凭借东南亚市场的早期布局居于有利的地位。随着极兔在国内市场站稳脚跟，它开始将更多从市场领导者贴身竞争中学到的能力转用于东南亚市场。极兔在海外主要采用直营模式，可以充分发挥跨国企业的学习效应。据弗若斯特沙利文数据，2022 年极兔东南亚市场份额达到 22.5%，是第二名的 5 倍。

套用互补产品的概念，极兔的海外电商快递是菜鸟的互补产品，正如它的国内电商快递是拼多多的互补产品。当拼多多发力海外市场时，极兔也顺理成章继续提供物流服务。拼多多旗下 Temu 进入美国市场，极兔承担了 50% 的跨境电商头程承运。与国内电商快递相比，跨境电商快递在价值链上拥有独立于电商的价值创造能力，可以捕获更多的价值份额，有利于极兔的估值提升。

[1] http://www.eeo.com.cn/2020/1225/450094.shtml.

11. 达美乐披萨的堡垒战略

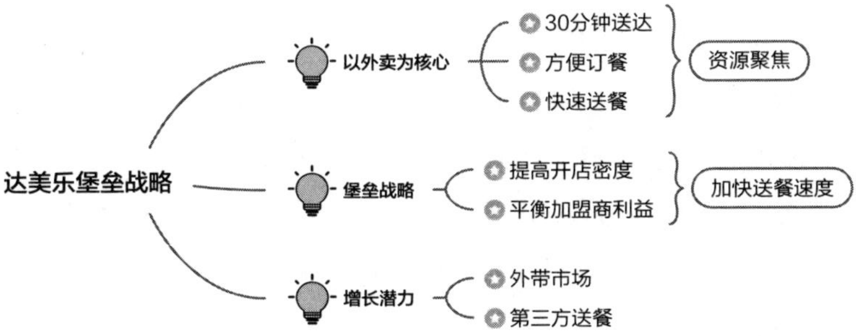

导言：餐饮行业连锁店的一个主要挑战是如何保持持续增长，企业的选项包括涨价、菜单创新、增加店面、增加服务、增加副品牌、进入零售渠道等。不论是星巴克、麦当劳、肯德基还是国内的海底捞、西贝等都面临着类似的选择。在透明度相对比较高的餐饮行业，打败竞争对手需要制定大胆的战略计划。达美乐的堡垒战略看上去有很大的风险，竞争对手往往不敢尝试。而当它们确认这是一项有效战略时，却因为企业资源和能力而无法快速模仿。通过大胆的战略选择，达美乐的股东回报超过了绝大多数高技术企业。

在送餐这门生意中，靠近用户很重要，堡垒战略让我们能够做到更加靠近用户。

——Russell Weiner，达美乐 CEO

达美乐是美国最大的现制披萨连锁餐厅，它的最大特色是送餐服务。提到达美乐，人们就会想到街道上看到的披萨送餐员。达美乐在美国披萨送餐行业的市场份额超过 20%。无论是披萨制作还是送餐，似乎都不需要高深的技术，也没有多少秘密可言。在这个接近充分竞争的市场上，达美乐提出了独特价值主张，围绕价值主张发展企业能力，将竞争对手甩在身后。

2004 年 7 月，达美乐在纽约证券交易所上市。一个月后，网络时代最重要的科技企业 Google 在纳斯达克交易所上市。那么，这两家企业谁为投资人带来了更大的回报呢？直觉上似乎肯定是

Google，它的技术壁垒是达美乐无法想象的。作为创新驱动的企业，Google 的员工队伍是科技精英，而达美乐的员工队伍则是普通打工人。投资媒体 TradeSmith 曾经给出一张对比图，显示从上市开始投资两家公司的回报率。2015 年之后，达美乐的投资回报高于 Google。[1]

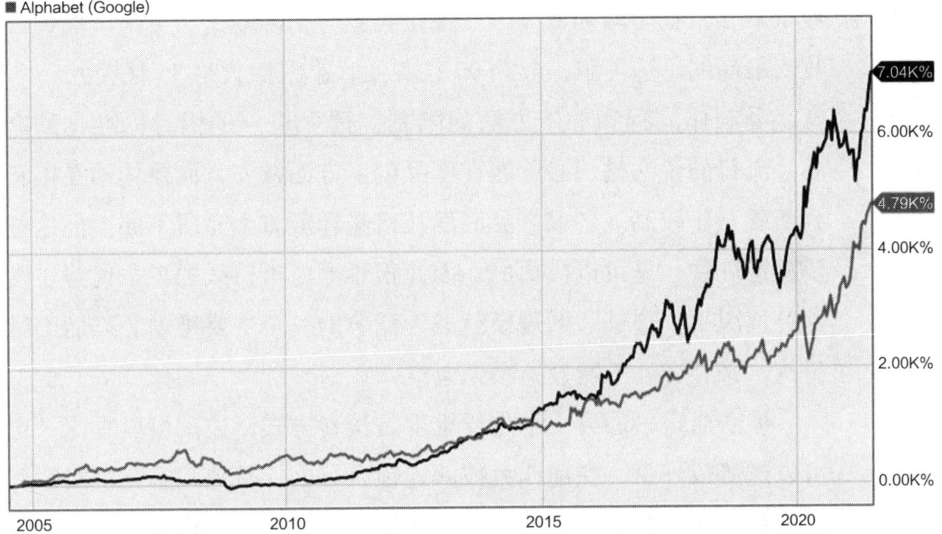

图 11.1　2004—2021 年达美乐与 Google 投资回报率对比

专注于送餐服务

披萨产业的市场环境

披萨是一种意大利食品，由移民带到美国。早期，披萨店主要服务意大利裔顾客。20 世纪 60 年代，大型披萨连锁店开始出现。必胜客成立于 1958 年，达美乐成立于 1960 年。经过几十年的竞争

[1] https://tradesmith.com/better-than-google-history-says-this-stock-is-exactly-that/.

和发展，这些动辄上万家店面的大型连锁企业让披萨从地区美食成为一款世界流行食品。

全球披萨市场规模大约为1400亿美元，其中美国占了480亿美元，店面数量约78000家。每天，美国有13%的人会吃披萨。据快餐连锁行业媒体QSR数据，目前美国市场上排名前四位的披萨连锁企业分别是达美乐、必胜客、棒约翰和小凯撒，达美乐店面数量最多，在全球拥有19500家，必胜客18800家。美国市场销售收入最高的是达美乐，大约90亿美元，小凯撒大约35亿美元。

受制作流程和加工方法的限制，披萨是一种相对标准化的产品。流行的说法是，必胜客在产品创新方面领先，而棒约翰在馅料方面质量比较高。各家产品固然在口味和配方上有所不同，但这些要素特征往往是可以模仿的，因此很难形成可持续的竞争优势。在这种情况下，连锁店的规模就成为竞争的一个主要维度。以店面数量论，必胜客处于明显的领先地位。

披萨店竞争的另一个主要维度是消费方式，披萨可以堂吃，也可以送餐或外带。在前四大披萨连锁店里面，其他几家竞争对手都以堂食为主，只是兼营外卖。达美乐不同，它的销售几乎完全来自送餐和外带，也就是纯外卖模式。

从口味和新鲜度来看，与堂食相比，纯外卖处于不利的地位，在订单消费金额上往往也低于堂食。因此，达美乐对以堂食为主的连锁店似乎不构成直接的威胁。两种商业模式并行发展，共同带动披萨成为全球流行食品。

送餐服务领导者

由于长期坚持以外卖服务为核心的商业模式，达美乐逐渐形成了一些独特能力，这些能力是围绕着订餐和送餐服务发展出来的。达美乐很早就认识到，外卖速度是顾客最看重的服务指标。经过反复调研测试，达美乐确认，30分钟是人们在等待送餐时心理承受的极限，应当力求在30分钟内将披萨送到客户手中。1973年，达美乐提出“30分钟内送到，送不到免费”的口号。

送餐员和店面经理一起规划外卖路线。每份外卖的规定送餐时间是8分钟，路上预留7分钟以备交通堵塞和路况事故。据说，超过99%的达美乐比萨都能在30分钟的承诺时间内送到。但强调速度也会带来问题，送餐员为了在30分钟内送达可能忽视交通风险。1993年的一场交通事故导致公司付出1300万美元的赔偿。之后，达美乐在美国市场放弃了时间承诺。

尽管不再用做口号，“30分钟送达”已经与达美乐的品牌形象联系在一起，深入人心。后来达美乐在进入国际市场时还曾经用过，比如印度。在美国，达美乐更多采用向顾客发布透明流程的方法来提高顾客满意度，让顾客知道披萨订单目前处于哪一环节，快递员的位置等。达美乐自建送餐服务，所有的送餐流程都是自营的，不假手于他人。这是非常合理的，送餐速度是核心价值主张，送餐服务当然应当掌握在自己手中。

当竞争对手将主要的精力用于配方创新、店面服务时，达美乐将企业资源投入改进订餐和送餐服务。

在第三方送餐服务兴起之前，达美乐是整个快餐市场上规模最大、最领先的送餐企业。当竞争对手将主要的精力用于配方创新、店面服务时，达美乐将企业资源投入改进订餐和送餐服务。移动网络技术的兴起推动了达美乐外卖业务的改进。在服务组织方面，与电话订单相比，移动订单和网络订单能够提高订单执行的效率，如GPS技术可以帮助规划送餐路线。达美乐还推出了热点位置送货，顾客可以下订单要求将披萨送到非传统的地址，比如体育场的停车场，甚至是送到海滩上。达美乐无接触取餐方案在疫情期间很受欢迎。顾客在线点餐，开车取餐。到店后不必下车，只要在App上确认已经到达，店员就会快速将准备好的披萨放在车座上。

在顾客端，达美乐开发出跨平台的订单响应系统。顾客可以打电话订餐，也可以用电脑或 PAD，可以用短信、App、社交媒体，甚至可以直接用语音下单。现在，汽车、智能电视、智能音箱、智能手表都是达美乐的销售渠道。达美乐数字订单已经达到 75%，其中移动订单超过 50%。据市场调研公司 Edison Trends 的数据，在线业务方面达美乐有明显的优势。三大披萨连锁店的外卖市场中，达美乐份额为 50%，必胜客为 29%，棒约翰为 21%。

大胆的战略选择：将时间和空间作为盟友

第三方送餐的冲击

达美乐提出的以外卖为核心的差异化价值主张牺牲了店内服务和社交聚会体验，也牺牲了部分口味质量。通过将资源聚焦于送餐速度和订餐便捷，以自营送餐来控制服务质量，达美乐形成了领先于竞争对手的独特能力。它是披萨送餐市场上的领导者，据 QSR 杂志的数据，达美乐占美国披萨外卖总销量的 29%。[1]

达美乐价值主张的成功取决于一个条件，那就是在送餐和订餐服务方面形成领先优势，让竞争对手无法追赶。在相当长的一段时间里面，达美乐的确做到了。不过，在移动网络技术进步的背景下，市场环境发生了改变。

技术进步降低了达美乐送餐服务成本，同时也降低了竞争壁垒。新的竞争对手进入披萨行业，给达美乐带来了威胁。其中最主要的就是来自技术平台的第三方送餐服务。在美国，第三方送餐服务主要是 DoorDash、Uber Eats 和 Grubhub，这三家占了大约 80% 的市场份额，整个第三方送餐服务市场规模 5 年之内已经增加了 204%。[2]

---

[1] https://www.qsrmagazine.com/pizza/red-hot-dominos-and-road-30000-restaurants.

[2] https://www.businessofapps.com/data/food-delivery-app-market/.

第三方送餐的出现，令达美乐的业务前景蒙上阴影。小型披萨饼店可以借助第三方送餐参与大型连锁店竞争，而其他传统上非送餐类的餐厅也得以加入竞争。2014 年，第三方送餐开始后，达美乐的单店增长立刻开始下降。达美乐订餐 App 使用量一度在美国排名第一，第三方送餐兴起后逐渐下滑。目前大约在 15 位，只在披萨这个类别中仍然排名第一。

竞争对手，诸如必胜客、棒约翰等，都已经与 Grubhub、DoorDash 等第三方送餐平台合作，以获取更多增长机会。在补贴政策下，通过第三方平台订披萨还可以打折，对消费者很有吸引力。而达美乐的送餐服务均为自营，没有和第三方送餐平台合作。第三方送餐的费用每单 6~8 美元，达美乐的费用是每单 2.99 美元。第三方送餐初期有补贴，对达美乐压力很大。

达美乐前任 CEO Ritch Allison 认为，第三方送餐对达美乐的冲击是不可持续的。因为与第三方送餐平台合作的餐厅可能损失到店消费客流，而支付额外的送餐费则会侵蚀餐厅的利润。一旦补贴停止，达美乐的成本优势仍然能够显现出来。[1] 另一个需要考虑的因素是工资成本，无论像达美乐这样的自营送餐还是由第三方送餐都面临着人工成本上涨的压力。

堡垒战略

2008 年金融危机对达美乐造成了重大打击。之前采取的一系列降低成本的措施影响了服务质量。达美乐认识到，单纯的店面数量增加和扩大送餐范围并不能带来销售和利润的增长，更重要的是单店销售和利润。

2010 年，达美乐开始试点一项名为堡垒（fortressing）战略的计划。所谓堡垒战略，是指在已经有店面，但送餐距离超过 1 英里

[1] https://money.cnn.com/2018/03/06/news/companies/dominos-pizza-hut-papa-johns/index.html.

的地区开新店，也就是在现有店面服务的市场上增加店面数量，以加快送餐速度，同时让到店自取更加方便。

调查发现，顾客对披萨外卖最大的不满是收到食物时不够热或不够新鲜。由于用户越来越喜欢在家而不是到店用餐，高速低价成为竞争优势的来源，达美乐正处于有利的位置。堡垒战略的目标是缩小送餐范围，提高送餐速度。通过改进服务吸引顾客，保持单店销售增长，同时应对第三方送餐的压力。

达美乐将超出一英里范围的区域称为品牌受损区（brand damaging zone）。这一区域中的顾客仍然可以享受送餐服务，但送达的时间会比较长，影响顾客体验。达美乐沟通与投资人关系副总裁 Tim McIntyre 说，堡垒战略的做法是在两个品牌受损区之间增加一间店，提升每间店每小时的送餐数量。

据说堡垒战略的灵感来自印度市场，达美乐管理层注意到当地特许加盟商采用了密集开店的策略。店面数量越多，营销费用越低。因为店面本身就可以起到营销作用，提高达美乐的服务密度，还有助于排除本地其他企业的竞争。

一般来说，开新店是连锁企业维持增长的主要方法。但开新店通常会选择之前没有店面的地方，这也是必胜客等竞争对手的做法。外界曾经认为，达美乐堡垒战略可能导致新老店面之间业务上自相残杀。在连锁行业，这是一个比较敏感的话题，通常会受到加盟商的抵制。为了减少加盟商之间的矛盾，达美乐规定堡垒政策适用于加盟商自身店面范围，而不是新引入一个加盟商。

2010 年，达美乐在西雅图试行堡垒战略。店面密度增加后，一家特许加盟商的广告费用从销售额的 12% 下降到 8%。每小时的送餐数量则提高了一倍。[1] 2010 年，西雅图单店周销售平均为 14000 美元，2017 年增加到 26000 美元，单店利润从 67000 美元增加到

[1] https://table.skift.com/2019/01/09/the-real-estate-strategy-behind-dominos-effort-to-improve-delivery-times/.

2016 年的 158000 元。

达美乐在美国有 6000 多家店面，其中只有 390 家为公司所有。如果想让加盟商支持开设新的堡垒店，就要能够说服他们，更多的店面会带来更多订单、更高的销售额和更高的利润。达美乐每间店面的平均建造成本为 30 万美元，特许经营期为 10 年。按照西雅图的经营数据，加盟商在前 3 年就可以回本，有 7 年时间获取利润。

并不是所有加盟商都可以获得这样好的结果。至少，单间店面加盟商会觉得不高兴。因此，达美乐开始减少单间店面的加盟商。从 2007 年到 2017 年，单间加盟商减少了一半，目前只剩下 278 家。现在，平均每家加盟商拥有 7 间店面。同时，对加盟商的要求也在提高，2019 年取消了 22 家绩效不达标加盟商的合约。

受堡垒战略影响，老店往往需要三年才会恢复到原有的销售额。2018 年，公司承认在新店开业初期可能对老店销售有影响，但强调影响范围只有 1%~1.5%。达美乐对受影响店面给予免缴广告费的补贴，这笔费用大约为销售收入的 7%。

达美乐是上市公司，每季度都要公布业绩。每当单店销售增长下降，就会有怀疑的声音出现。而那些单店销售下降的加盟商也可能向公司施加压力，这些都是达美乐的独特挑战，也是对管理层的重大考验。

CEO Russell Weiner 说，为什么我们要采用堡垒战略，因为在送餐这门生意里面，位置靠近很重要。增加店面密度可以更加接近顾客，提供更好的服务。此外，如果市场留有空隙，其他人就会进入这个市场。[1]

2018 年，达美乐客流增长 7.4%，而行业平均水平只有 1.7%。达美乐是少数几家增加客流量的连锁店，竞争对手的增长则主要来自涨价。Weiner 认为，客流增长才是可持续的，是正确战略的结果，

［1］ https://www.forbes.com/sites/aliciakelso/2019/01/22/how-dominos-plans-to-gain-even-more-market-share/?sh=6c06499d5132.

否则只能是用各种手段诱使顾客多花钱来实现增长。[1]

堡垒战略的成效可以从单店业绩中看出来。2010—2022 年，达美乐美国店面数量从 4929 家增加到 6686 家，增幅超过 50%。同期，单店指标一直保持了增长，单店平均息税前利润（EBIT）从 2010 年的 67000 美元增长到 2023 年的 15 万美元，增幅一倍以上，从一个侧面显示堡垒战略带来的增长实现了规模效应。

外带业务与人工成本

达美乐的外卖业务收入分为送餐和外带两个类型。在送餐市场上，达美乐占据绝对领先，但它在外带市场上还不是第一名。这是因为外带顾客的敏感因素与送餐顾客略有不同，口味和距离是外带购买的决定因素。堡垒战略对口味影响相对较小，但密集开店可以极大地减小顾客的取餐距离，引导顾客增加到店外带的业务。

堡垒战略的一项意外结果是外带用户的稳步增长，成为新的业务增长点。时任 COO 的 Russell Weiner 介绍说，在拉斯维加斯，一位加盟商在同一地区从三家店增加到四家店，单店年销售反而增长了 42000 美元，其中主要是外带业务的增长。基于这一数据，达美乐决定将拉斯维加斯的店面数量增加 25%。

在堡垒战略指引下，达美乐仍在铺设更多门店。随着密集店面的开设，越来越多的顾客进入了一英里范围。当店面离顾客距离小于 30 分钟，他们就更有可能自取外带。达美乐承认外带订单金额相对低，外带订单增加的主要效果是大幅度降低服务成本。

达美乐前任 CEO Ritch Allison 认为，顾客越来越不愿意等待。企业战略方案应当解决的问题是，如何在提高速度的同时，引导顾客采用更节约成本的取餐方法。他说，像麦当劳那样用第三方送餐

[1] https://www.forbes.com/sites/aliciakelso/2019/01/22/how-dominos-plans-to-gain-even-more-market-share/?sh=795601575132.

来代替外带，实际上是将顾客推向成本更高的渠道。

Allison 主张，增长业务的战略机会应当是结构性的。达美乐的选择是在送餐这一侧采取防卫战略，阻击第三方送餐，而尽量推动外带业务增长。堡垒战略正好能够增加外带销售，有助于降低工资成本，帮助公司克服人力成本持续上升的不利影响。

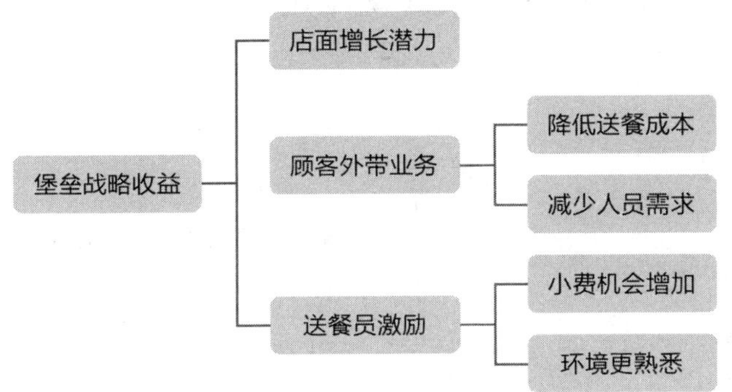

图 11.2　达美乐堡垒战略的主要收益

外带用户不光会从老店转向更方便的新店，还会有很多过去没有服务到的用户加入。对于餐厅来说，外带业务比送餐收益率更高，因为外带订单不需要骑手配送，成本相对更低，能够帮助新店更早实现盈利。达美乐在外带市场上是追赶者，仍有不少增长空间。当它在这个空间中实现业务增长时，订单的边际成本会出现下降。

竞争对手在第三方送餐的支持下试图扩大送餐范围，达美乐却在缩小送餐范围。CFO Stu Levy 问道，如何实现特别好的服务？达美乐的回答是争取离顾客更近一点。披萨外卖的规模经济取决于送餐半径，它决定每位送餐员每小时的送餐次数。送餐次数增加，送餐员还有机会得到更多小费。减小送餐半径是达美乐的努力方向，也是顾客需求所在的方向。

堡垒战略实施后，与非堡垒地区相比，平均送餐时间减少了 2 分钟。GPS 技术帮助加盟商掌握送餐员的行踪，当他们接近回到店面时，店内就可以提前开始安排披萨出炉，从而压缩送餐时间。送餐范围减小也缩短了送餐员熟悉周围环境所需要的时间。[1]

目前，达美乐全球平均送餐时间为 22 分钟，而第三方送餐的速度是 40 分钟甚至一小时。Allison 说，过去达美乐的 30 分钟送达还不够好，公司的目标是将 9 分钟的路上时间压缩到 5–6 分钟。如果送餐时间控制在 17 分钟以内，意味着整个订单流程缩短，从菜单选择到抵达客户家不到 25 分钟。这样，外卖披萨就可以直接和冷冻披萨在准备时间上竞争，具备在另一个细分市场上参与竞争的能力。

堡垒计划的目标之一是在开店地区以服务体验和速度优势驱逐竞争对手。

竞争对手如必胜客等也在从堂食模式转向外卖模式，但转型需要很长时间。和达美乐不同，必胜客以堂食为主。外卖店面与堂食店面在位置和结构上有着很大的差别，人员构成和技能要求也不相同。此外，必胜客还面临着许多困难的选择。比如增加新地区开店还是在原有市场上密集开店，扩大送餐范围还是缩小送餐范围，借助第三方送餐还是自建送餐团队等。

竞争对手都在模仿堡垒战略，但它们面临着各自的困难，难以发挥堡垒战略的效能。达美乐则利用先行者优势尽量拉开与竞争对手的差距，堡垒计划的目标之一就是在开店地区以服务体验和速度优势驱逐竞争对手。瑞士信贷分析师 Lauren Silberman 认为，过去十年里达美乐的表现超过全行业……从规模较小的竞争对手和必胜客手里抢夺了不少份额。达美乐围绕订餐和送餐服务所建立起来的壁垒是竞争对手难以克服的。[2]

2017 年，达美乐的收入超过必胜客，成为全球最大的披萨连锁店，尽管它在美国的店面数量比必胜客少 2000 家。在印度，棒约

[1] https://www.wsj.com/articles/most-businesses-were-unprepared-for-covid-19-dominos-delivered-11599234424.

[2] https://fortune.com/2020/08/12/coronavirus-food-trends-takeout-delivery-pizza-dominos-covid/.

翰无法与达美乐竞争，在 2017 年退出印度市场，另一家美国披萨连锁 Sbarro 也同时退出。[1]

堡垒战略让达美乐密切了与顾客的关系，提升服务质量，对抗第三方送餐的冲击。每小时送餐量增加和外带业务扩大则降低了人工成本，加上自营送餐服务的成本优势，单店利润上升更加明显。堡垒战略的另一个结果是为达美乐的店面增长提供了非常大的潜力，特别是来自原有市场区域的增长潜力。在掌握了堡垒战略的诀窍之后，加盟商们开始积极在自己的市场范围内增加店面。在熟悉的市场中开新店可以降低店面开业成本，从而让达美乐更有信心大幅度增加店面数量。

2020 年，达美乐送餐业务大幅度增长，但 2021、2022 年分别遭遇挫折。2021 年的问题是送餐司机短缺，2022 年则是因为受到通货膨胀的影响，单店利润从 17 万美元下降到 14 万美元。CEO Russell Weiner 对通货膨胀时代的业务前景表示了信心。他说，到店自取的顾客和送餐顾客很少重叠。价格上涨时，到店顾客将披萨作为高性价比商品。我们不只从竞争对手那里夺取顾客，还从其他餐厅那里争取顾客。[2]

CEO 不能只提供信心，还需要给出业务层的对策，解释为什么达美乐的增长仍然是可持续的。新的解决方案是和第三方平台达成合作，顺应而不是一味对抗市场潮流。竞争对手必胜客和棒约翰从 2019 年就开始使用第三方送餐 App，据市场调查公司 Circana 数据，第三方送餐平台的披萨订单数量已经占到美国市场的 14%。

2021 年，达美乐发起大规模的促销活动，为订餐的顾客提供免费惊喜，攻击第三方平台的高费用。整个促销活动耗资 5000 万美元，达美乐方面没有披露活动效果数据，看来，促销很可能没有实现预期效果。第三方平台拥有流量优势，这是达美乐无法克服的市

[1] https://alphabridge.co/featured/dominos-pizza-the-dough-is-rising/.

[2] https://chiefexecutive.net/dominos-new-ceo-drives-fortressing-strategy-to-great-results/.

场力量。许多新的年轻用户习惯于通过固定第三方平台订餐，不愿意专门保留达美乐 App。促销有助于保留顾客，但要争取第三方平台上的顾客却很难。

2023 年，达美乐与 Uber Eats 达成协议，顾客可以在 Uber 平台上订餐，但执行送餐的仍然是达美乐自己。从乐观的角度来看，第三方送餐可能对堡垒战略起到支持效果，能够放大餐厅密度带来的优势。Weiner 说，“所有平台上披萨订单加起来有 50 亿美元，我们应当在其中争取到 1/3”[1]。

---

[1] https://www.theatlantic.com/technology/archive/2023/07/dominos-deliver-uber-eats-app/674716/.

12.Brandy Melville：只有一个尺码的女装品牌

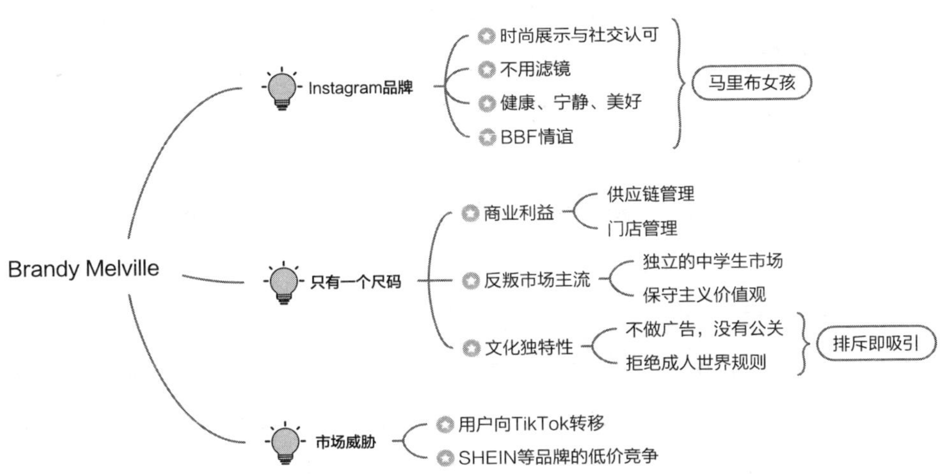

导言：服装品牌零售店通过差异化设计聚焦于细分市场，理论上是可行的。然而在实践中，成功的例子却很少。原因包括广告成本过高，难以吸引足够多的细分市场顾客，产品概念与时尚之间的联接出现中断等。Brandy Melville 通过选址、社交媒体影响和供应链管理设计出解决上述困难的运营方案。这一方案的核心是建立社区认同，“一个尺码适用所有顾客”。

店里只有小码衣服，这算什么特色？这不就是断码么？

——颜怡颜悦，脱口秀演员

Brandy Melville 也许是世界上最著名的小码女装品牌。它不是大众产品，很多人从来没有听说这个品牌。关于 Brandy Melville 成功的原因和它代表的价值观，在美国引发了大量的争议。

Brandy Melville 诞生于 20 世纪 80 年代，是一对意大利父子企业家 Silvio Marson 和 Stephan Marson 的创业成果。这个品牌能够产生世界级影响，是在 2009 年之后。这一年，Brandy Melville 登陆美国加州，之后以加州女孩的品牌形象闻名于世。市场调查发现，到 2014 年，Brandy Melville 已经成为最受美国青少年喜爱的服装品牌。它的受欢迎程度有点像 20 世纪 90 年代早期的年轻女装品牌 Abercrombie & Fitch。

Brandy Melville 在 2020 年进入内地市场，先在上海开店，一年后在北京三里屯开设了店面。绝大多数人听到这个品牌名称会感到陌生，因为它不做广告。Brandy Melville 没有电视广告和路牌广告，不做品牌冠名活动，也不会在视频节目或公众号里面看到它的广告。没有广告是 Brandy Melville 营销战略第一个特点，它的第二个特点则是服装尺码单一。

2020 年夏天，Brandy Melville 上海店开幕，引发轰动。脱口秀演员颜怡和颜悦在她们的节目中曾经谈到过这一品牌，她们到访上海的店面后发现多数衣服穿不进去，因此批评 Brandy Melville 助长女性身材焦虑。

在服装零售行业中，尺码是一个令人头痛的问题。由于很少有人拥有像模特一样的身材，零售店通常要准备多个尺码以备顾客试穿。有些特色店，比如大码专卖店，为一些身材特殊、难以买到适合衣服的顾客服务。Brandy Melville 的尺码选择与其他零售商不一样，它只有一个尺码，号称只用一个尺码满足所有顾客（one size fits most）。在节目中，颜怡和颜悦调侃说，这算什么特色，这不就断码了吗？

一般来说，零售行业以满足顾客为宗旨，让顾客能够在现场立刻获得购买满足。因此，服装店会将断码视为缺陷。但 Brandy Melville 的独特之处在于，故意只提供一种尺码，将断码作为一项价值主张。在营销方面，它的选择也和其他品牌不一样，排斥广告，完全依赖社交媒体传播，特别是 Instagram。本案例分为两个部分，首先介绍 Brandy Melville 的社交媒体战略，然后谈谈它的整体品牌形象设计。

品牌传播与文化特性

社交媒体营销

青少年服装是一个相当拥挤的市场，从 20 世纪 90 年代开始，已经形成众多品牌参与竞争的格局。知名品牌如 Abercrombie&

Fitch、American Apperal、美国鹰、Urban Outfitters、Pacsun、Forever21 等。作为外来品牌，Brandy Melville 之前在美国几乎没有任何影响力。开业后，它遇到的第一个问题是，在众多竞争对手存在的前提下，如何让自己的品牌容易识别和记忆，如何吸引消费者。

Brandy Melville 在美国开店时，媒体对它有过报道。查看 2009 年美国洛杉矶本地的报纸，可以看到相关报道资料。媒体一般会介绍说，洛杉矶附近开了一家意大利风格的服装店。显然，当时 Brandy Melville 还谈不上有值得记录的特点，只能拿它的出身说事。品牌印象中的主要利益点是异域风情，这和它今天的市场形象几乎没有什么关联。

Brandy Melville 主要的特点是不做广告，这可以解释为什么多数成年人从未听说这一品牌。但在另一方面，美国中学生几乎没有人不知道这一品牌，很多人衣柜里面有它的产品。它能够做到这一点，完全依赖社交媒体，特别是 Instagram，类似于国内的小红书。财经媒体彭博社和英国的《金融时报》都认为 Brandy Melville 是第一家通过 Instagram 获得成功的零售品牌。[1]

Brandy Melville 是第一家通过 Instagram 获得成功的零售品牌。

2010 年，Instagram 上线，成为社交媒体从 PC 端转向移动端的领先应用，它的成功曾经引起 Facebook 的恐慌。另一方面，Instagram 毕竟只是一项基础设施，所有的服装品牌都在 Instagram 上面开设了账号，也都知道需要和粉丝互动。那么，其他时尚品牌为什么没能像 Brandy Melville 一样成功？或者，它的做法和其他人有什么不同，能够产生如此好的效果？

首先，Brandy Melville 全力投入社交媒体营销。其他知名品牌固然知道社交媒体的重要性，但它们是从传统媒体时代发展而来的。即使要做社交媒体，也很难在突然之间放弃传统广告。因此，其营销费用和人力资源只能有一部分用于社交媒体。

[1] https://www.ft.com/content/9979e39e-08a1-11e7-97d1-5e720a26771b.

Brandy Melville 很清楚，利用传统广告是不可能从现有品牌那里抢到市场份额的。唯一的机会是抓住社交媒体这一新型传播工具带来的市场先机。此外，相对于传统广告，社交媒体也是一种投入相对较少的营销工具，符合 Brandy Melville 初到美国市场的需求。而 Instagram 在朋友间激发密切互动的特性，则有利于新品牌对本地消费者产生直接影响。

除了对社交媒体的认识，也需要有具体的策略。2013—2019 年期间，Aprille Balsom 负责 Brandy Melville 在加拿大的社交媒体业务。她在一次访谈中曾经介绍说，Brandy Melville 认为自己的竞争对手是加拿大品牌 Aritzia。Aritzia 是加拿大的一个精品服装品牌，强调设计和实用穿着，价格偏高。

Brandy Melville 分析，Aritzia 与自己的价值主张相近，区别主要是双方顾客的年龄段不同。Aritzia 顾客的年龄段是 18~25 岁，Brandy Melville 正好相当于它的低龄版，面向 13~18 岁的女孩（由于市场接受度提升，这个尺度在今天已经略有放宽，Brandy Melville 顾客年龄上限也提高到 25 岁）。

针对这一年龄段消费者的行为和心理特点，在社交媒体工具选择上，Brandy Melville 的重点是 Instagram 而不是 Facebook。尽管 Instagram 成立时间晚，用户数量与 Facebook 相比少得多。但 Instagram 有好几项明显的优点，最重要的是，它是移动端优先的应用，更适合低龄人群。

Instagram 的第一项优点是以图片传播见长。Brandy Melville 可以借助其图片传播效率高的优点来快速传达品牌所代表的生活方式。Instagram 的另一个优点是用户参与度高，多项研究发现，Instagrma 用户参与几乎是 Facebook 的 10 倍，包括点赞转发评论等。

此外，Instagram 是低年龄段用户喜欢的社交平台，特别是 13~17 岁用户。Brandy Melville 确信，Instagram 上面的中学生用户在时尚展示认可方面的需求没有充分得到满足，传统大品牌对中学生用户的需求照顾不够。

Instagram 还有一项优点是比较强的用户关联，它在中学生群体中表现得更加强烈。中学生的特点是希望获得同龄人或伙伴的认可，通常一名中学生会和她的朋友进行密切的互动，有利于提升品牌传播效率。

Brandy Melville 在 Instagram 上面有多个账号，核心账号是 Brandy Melville 美国官方账号，目前有 380 万粉丝、8800 多张图片。图片风格围绕加州中学女生日常生活，突出阳光海滩。典型的图片形象是白人女孩，长发，往往有闺蜜陪伴。图片以这些女孩为主体，一般不需要露出面孔。照片的场景相对而言比较单调，海滩和卧室各占 10%~15%，其他主要是街道。许多品牌热衷于让模特在网红打卡地留影，但在 Brandy Melville 美国官方账号里，作为图片背景的街道是没有辨识度的。

图片传递的信息不是快乐派对，不是职场休闲，没有夜店场景，没有出格的姿态。甚至算不上富裕生活，而是一种放松和适意，带有岁月静好的幻觉。这类照片能够引发中学生的羡慕和共鸣。

在生活中，美国中学生同样经常感到压力，他们喜欢这类图片所传达的健康自信和宁静的情绪。看似单调的场景符合中学生生活范围狭窄的特点，中性的色彩则适合多样化搭配，让时间紧张的学生可以快速变换形象。

不用滤镜，既是一种差异化设计，也和品牌的价值主张保持了一致，能够强化品牌对目标顾客的吸引。

在 Instagram 上面，品牌成功取决于用户的分享和点赞，但前提是用户愿意参与。Brandy Melville 在这方面下了很大功夫。Aprille Balsom 提到 Brandy Melville 制作图片时的一项重要原则，不用滤镜。据她估计，97% 的品牌在 Instagram 上面使用滤镜。不使用滤镜对于营销团队当然提出了更高的要求，但这很好地贴近了中学阶段学生崇尚自然、拒绝修饰的倾向。

更重要的是，这项大胆的选择与品牌定位是一致的。在做出拒绝滤镜的选择时，不是故意拒绝主流选择，而是因为这项选择与品牌所突出的学生日常实用穿着的特点和要求是一致的。无滤镜的主张对品牌形象可以直接起到支持作用。

许多品牌在 Instagram 上面分享图片，图片中的人物和场景让人有一种距离感。用户很容易注意到图片中人物和生活与自己的差距。Brandy Melville 反其道而行之，它不采用主流品牌对模特进行包装的做法。照片中的模特尽管形象较好，但不是超模，而是在普通学校中可以看到的学生形象。

Brandy Melville 对模特身高的要求是 173cm，高于美国中学女生 170cm 的平均身高，但与职业模特 180cm 的身高相比不算苛刻，每所学校甚至每个班级都有符合条件的人选。Brandy Melville 很擅长从顾客群体中挖掘照片模特，鼓励她们用普通设备如 iPhone 进行拍摄，拉近品牌与消费者的距离。

Instagram 可以在图片上做标记，显示其图片的账号来源。图片模特也拥有自己的 Instagram 账号，公司通过精心设计的标签将这些顾客与官方账号联结起来。不断更新模特，又可以联接更多的消费者。中学生用户互动频繁，传播力强。通过相互关注照片，用户可以进一步发现和自己有相同审美、品味或是个性的 Brandy Girls，从而利用 Instagram 平台的社交属性建立起排他性的消费者社区。

独特文化属性

在 Instagram 上面，许多图片不是来自外部模特，而是源于 Brandy Melville 内部的产品研究部。这个部门的名称听上去颇为正式，实际上就是营销界常用的焦点小组。公司招募这一年龄段具备时尚意识的女孩参加。

招募的方式主要有两种。一种是在店面由店员观察，发现那些在着装搭配方面有特色的女孩，店员同时还承担着类似“星探”的角色。另一种是在 Instagram 上面寻找展示 Brandy Melville 产品的网红，如果她对品牌的认知符合公司理念，并且她的粉丝类型也属于公司目标客户，公司会派出摄影师为她们专门拍摄。

产品研究部人数大约20人，Brandy Melville向她们支付报酬。这些女孩在Santa Monic的店面定期开会，对新的产品概念做头脑风暴，提出建议和反馈。焦点小组成员有机会试穿服装，由专业摄影师拍摄，然后决定哪些照片上传到Instagram，公司通过这些照片获得的反馈理解时尚潮流。

在产品研究部成员工作时，公司经常让她们出街拍照。她们可以自由选择衣服，并且可以免费将这些衣服带回家，公司的收获则是这些女孩在选择和搭配时表现的创意和对时尚的理解。Brandy Melville强调自己是为中学生提供服装的策展服务，所有的装扮经验都来自真实的学生生活。Brandy Melville所做的只是从生活中找到这些要素和方法，将它们呈现为产品的形态。

产品研究部里所有女孩都来自加州马里布，许多营销专家对Brandy Melville的这一设计表示赞赏。马里布有加州最负盛名的海滩，地名代表着适当的品牌联想，将品牌的意大利来源和加州的阳光和海滩联系起来。

马里布是富裕地区、娱乐休闲之都，也是一个白人居民为主的地方。这里紧邻好莱坞，明星和狗仔队聚集，许多娱乐节目会在这里取景，自然也是时尚的引领者。将马里布作为品牌符号提炼出来是马里布女孩承担的一项品牌任务。Brandy Melville巧妙地利用了马里布的知名度，将自身的品牌与这种知名度联系在一起。

其他品牌可以这样做吗？比如，阿迪达斯将洛杉矶列入其全球六大影响力中心城市的名单。但阿迪达斯本身就有很强的品牌形象，如果它决定使用马里布女孩作为形象联想，效果显然比不上Brandy Melville。

从消费者中寻找模特是Brandy Melville特别擅长的一项工作。由店员在购物者中间寻找最能代表品牌形象的女孩，成为Brandy Melville品牌故事的一部分，让模特与顾客、商品与生活的界限变得模糊。

Brandy Melville 和网红间可以相互促进。官方账号转发这些女孩的照片，用户如果喜欢模特，可以跳转到模特本人的页面，帮助网红增加流量。成为 Brandy 女孩在社交媒体上是一件值得炫耀的事，网红通常会主动分享。她们发布大量店内自拍照，鼓励其他女孩模仿，增加了品牌的吸引力。

中学生消费者的特点是不容忍虚伪，他们不接受成人传统广告中对模特的过度美化和修饰。顾客来到 Brandy Melville 消费，更多是受到它独特气质的吸引。作为社交媒体时代的策展人，Brandy Melville 帮助用户寻找让自己满意和激发情感表达的产品。

如果你喜欢 Instagram 上面分享的内容和生活方式，那么你很可能就是它的目标用户。Brandy Melville 在店内不只销售自己的品牌，也会出现瑞典北极狐双肩背这类在青少年中间流行的略为高端的品牌，作为品牌气质的组成要素。

Brandy Melville 形成了一种很强的文化独特性，能够得到目标用户的信任，同时排除其他年龄段的用户。

Brandy Melville 有一种很强的文化独特性，能够排除其他年龄段的用户入店消费，也不要求时尚界的关注和评论。它不光不做广告，管理层也从不接受媒体采访，没有公关部门对接。这些选择可以理解为专注于为中学生策展，而不在乎外界眼光的一种姿态。

有评论说，它所传递的朴素的姐妹情谊令人印象深刻。图片中没有男性，没有家长，没有其他成人形象。许多女孩会结伴来到店面购买，有一种 BFF（best friends forever）的氛围。在 Instagram 官方账号上面，10%~15% 的照片是两个以上女孩在一起亲密相处的主题。这些照片符合消费者寻求同辈认同的心理需求，引发观者的羡慕。就这样，消费者和社交媒体上网红的测试、分享、体验之间产生了更和谐的效果。[1]

[1] https://www.ft.com/content/9979e39e-08a1-11e7-97d1-5e720a26771b.

顾客排斥、规则与吸引力

小码服装的店内体验

Brandy Melville 店面陈列简朴低调，衣服以相当随意的方式挂起来或堆起来。大部分服装为低饱和色调，似乎有一种褪色感。服装款式不多，上装多为短 T 恤、背心、吊带等，下装多为直筒短裙、高腰牛仔和工装裤。以纯色风格为主，除格纹、小碎花、条纹外，很少能看到其他的装饰性图案。面料往往轻薄柔软，可拉伸性强。

与大部分青少年潮流品牌相比，Brandy Melville 没有将公司 LOGO 作为品牌的主要识别标志，而是用区分度高的设计体现独特的产品风格。这是一个相对大胆的选择，因为在青少年服装市场上，款式差别本来就不大。如果去除标志，不同品牌的产品往往难以区分。

从店面外观察，人们会认为 Brandy Melville 只是一家普通的少女服装店。但只要进入店内，有了试穿体验，多数人会立刻意识到这家店的特殊性，用尺码来挑选顾客。店里服装只有一个尺码，小码。

Brandy Melville 的口号是“一个尺码适合所有人”，强制对顾客进行分类并排除部分顾客，这是一项精心设计的营销战略。单一尺码意味着拒绝，甚至是拒绝多数潜在消费者，并且有冒犯消费者的嫌疑。Brandy Melville 产品的腰围是 25 英寸（1 尺九寸），而美国 13~19 岁女孩平均腰围是 32.6 英寸。[1] 在竞争对手 Forever 21 的店面中，比较瘦型的服装通常提供从 24 英寸到 30 英寸的尺码，

[1] https://www.healthline.com/health/average-waist-size-for-women#teen-girls.

Brandy Melville 的尺寸显然偏小。

> 尺码本来只是一项基本的产品属性。Brandy Melville 利用尺码进行顾客筛选，在青少年心理上引发强烈触动。

小码的起源是中学生在成人服装店里很难买到合适的衣服。在这个意义上，小码是对市场主流的一种反叛。中学生服装曾经只是成人市场的附属，随着学生消费市场的成熟，这个市场开始独立出来。学生不喜欢在成人店里购物的体验，市场上逐渐出现专门为学生服务的小码女装和小码内衣品牌。在 13~25 岁的消费者中间，控制体重是一种时尚行为。Brandy Melville 将尺码作为一项价值主张，加上时尚的设计，对这一年龄群体特别有说服力。当然，这样的主张也面临着舆论谴责的风险。

从商业角度看，围绕单一尺码建立起来的商业模式有其合理性。首先，单一尺码可以简化设计，加快设计流程和新品上市。在生产阶段，单一尺码带来效率提升和成本下降。在物流阶段，单一尺码可以减少调度复杂性。

复杂的服装尺寸和海量 SKU 一直是服装行业的管理难题，库存会直接造成利润损失。在这个意义上，单一尺码战略帮助 Brandy Melville 控制成本，将价格保持在相对合理的水平，可以做到比 Abercrombie&Fitch 和 American Apparel 便宜。

单一尺码对店面和零售管理也产生了影响。中学生经常在超市和麦当劳打工，但一般不会在精品服装店里打工。因为服装店对店员的零售技能要求比较高，学生难以胜任。单一尺码在很大程度上降低了店内服务的技术和培训需求，让学生店员能够承担起店面服务的工作。

学生店员与精品服装店店员的另一项区别是对待品牌的态度。学生对 Brandy Melville 的感情朴素自然，她们即使不在店里工作，还会在生活中继续穿着 Brandy Melville 的服装。每一名店员都是代表品牌的微型策展人，向潜在消费者展示其独特的价值主张。

2014 年前后，媒体注意到中学生对 Brandy Melville 的狂热，以及与品牌相联系的身材焦虑。市场调研机构 Piper Sandler 每半年发布一次美国青少年消费行为调查报告，名为 Taking Stock with Teens。2014 年的调查发现，Brandy Melville 首次成为美国青少年女性服装首选。

在社交媒体上，有关 Brandy Melville 的讨论和搜索数量急剧增加。出现了一些令人不安的信息，例如将 Brandy Melville 作为身材标准，能够穿进它的衣服变成了一件值得恭喜的事情。相反，穿不进去的女孩则会感受到挫折。

英国《金融时报》时尚版编辑 Jo Ellison 有一个高中生女儿。经过多次请求，她决定带女儿去 Brandy Melville 买衣服。尽管身为时尚行业专家，店内只有单一尺码的做法仍然让她感到吃惊。发现自己的女儿能够穿进去，这让她感到高兴。但她也不得不承认，相对于 Brandy Melville 的服装，女儿的身材显然处于危险边缘，而体重变化是很自然的。[1]

单一尺码政策引发了媒体的批评，他们指责公司这样做对身材不够纤细的女性消费者是一种羞辱。公司的反应是保持沉默，没有任何公关表达。在官方网站上，它坚持称自己的尺码是中小码，不承认是小码。但消费者没有放过它，许多人指出它在说谎，因为所谓的中小码实际上是极小码。

油管上有一位学生主播，名叫 Foina Grace。她本人身材偏向丰满，为了避免偏见，她专门请了一位身材瘦小的朋友一起去逛 Brandy Melville 店面，验证“一个尺码适合所有人”的口号。她们在店里尝试了多款服装和搭配，结果发现，这些衣服要么太紧，要么过于肥大（是的，一些身材瘦小的中学生的确抱怨 Brandy Melville 尺码过大）。她们的结论是，一个尺码适合所有人是做不到的。这段视频 2019 年上线，已经有 160 万次播放。

另一位没有找到合适尺码衣服的中学生批评说，尽管我们不会

[1] https://www.ft.com/content/9979e39e-08a1-11e7-97d1-5e720a26771b.

对自己的身材持负面看法，逛了半天却找不到一件能够穿进去的衣服，这实在令人气馁。更糟糕的是，打开 Google，有关 Brandy Melville 最多的提问是，我能穿进去吗？[1]有自媒体博主抱怨店员不允许她在店内试穿某些衣服，对方表示这些衣服尺码不适合，硬穿会导致衣服变形，这是对自己进行肥胖羞辱。[2]

大量的争议性评论引发媒体的关注和调查。2021 年，著名的数字财经媒体《商业内幕》采访了 30 位 Brandy Melville 过去的员工，她们揭露出公司内部不少的黑幕，包括种族主义行为、苛刻对待员工、挑剔员工长相等不道德的做法。这篇报道引发强烈反响，入选《商业内幕》年度最佳报道名单，Brandy Melville 的品牌形象受到严重打击。

其他时尚品牌在遇到这类问题时，往往是立刻道歉，给出改进方案，但 Brandy Melville 似乎非常迟钝。它的做法有点像中学生，对成人世界的批评充耳不闻。当然，在压力之下，它也悄悄做出一些改变。店内增加了尺码选择，从“只有小码”变成了“主要是小码”。店员构成有了明显改变，增加了有色人种店员。不过，在 Instagram 账号上面，有色人种的模特仍然非常少。

当然，衣服的小码属性没有改，也不大可能改。对于 Brandy Melville 而言，小码是品牌基因，就算它愿意提供大码服装也无法改变这一基因。许多人指出，与 Brandy Melville 款式相似的服装可以在 Zara 等品牌店内买到，甚至沃尔玛也有类似的服装。但消费者之所以选择 Brandy Melville，正是因为它在尺码上的独特主张。

保守的价值观与战略组合

为什么 Brandy Melville 在面对批评时敢于不做反应？这很可能

---

[1] https://momculture.com/blogs/mom-culture-blog/brandy-melville-from-a-teen-and-a-mom.

[2] https://www.huffpost.com/entry/brandy-melville_n_5978626.

与它在多项经营选择中所设置的保护性机制有关。Brandy Melville 在尺码上激进，在传播风格上却比较温和。Instagram 上面的图片对模特的要求相对克制，女孩必须是长发，身材条件只是稍好。如果光是看照片，这些女孩并不像人们想象得那样瘦弱。

大小码错位也是一种保护。比如对下装的尺码要求比较严格，特别是短裙。搞笑视频中经常展示顾客将短裙套在一条腿上，以此表示尺寸小到什么程度。但 Brandy Melville 品牌的上装适应性比较强，多数人可以穿，甚至显得尺寸过大。在这个意义上，任何身材的人都可以在店内买到能穿的衣服。

虽然 Brandy Melville 选用模特有一定的要求，但她们毕竟不是高等级的专业模特，只是比普通人身材好一些而已。正如有些评论所指出的，这些女孩肯定不会出现在纽约时装周。可以说，她们的生活与品牌消费者之间是零距离。

有些明星会展示自己穿着 Brandy Melville 的照片，比如说唱明星阿丽亚娜·格兰德、超模 Kaia Gerber、肯达尔·詹娜。这是她们个人的行为，并不代表 Brandy Melville。公司没有聘请代言人，甚至不会在官方账号发布明星照片。

普通人做模特，青春活跃的少女感，温暖的照片形象，Brandy Melville 用了很多方法来弱化单一尺码的排斥感。

运用社交媒体传播品牌信息时，Brandy Melville 对品牌形象管理非常谨慎。模特的姿态和场景传达正面的信息，保持日常少女感。它吸取了 20 世纪 90 年代潮流品牌 Abercrombie & Fitch 的教训，将中学生的市场需求独立出来，并不代表必须用过度的性感和反叛广告来激怒主流市场。

Brandy Melville 设计的基调是青春活泼，因此能够打动许多消费者，即使那些因为尺码问题而无法购买的消费者也会喜欢这种风格。海军蓝保暖长袖 T 恤、灰色针织毛衣、蓝色天鹅绒运动短裤，这些服装是时尚产品，但肯定不属于时装。审美态度绝不偏激，反而让人感觉比较健康。

Brandy Melville 对产品价格精心控制，通常在 20 美元到 30 美元之间。略高于超市服装，仍然属于中学生日常消费的合理范围。在学生心目中算不上炫耀性消费，它是人人买得起的时尚品牌。

在中学生购物选择上，家长拥有重要的决定权。Brandy Melville 服务于小众市场，尺码上激进，品牌形象则相对保守，大致上属于上一代可接受的生活方式。产品以基本款为主，从表面上看，符合一般中产家庭在学校和家居的着装要求，而价格相对平和。综合这些因素，家长和学校不见得赞成学生购买这一品牌，但似乎也没有特别想禁止的动机。

Brandy Melville 没有假装政治正确，这是一种坚持。人们可以指责它的小码政策，但很难指责它有意煽动身材歧视。它只是一个小品牌，即使关闭所有的 Brandy Melville，社会上的身材焦虑也不大可能就此消失。至于媒体或教育界所指责的厌食症与身材羞辱，其他大品牌的责任显然更多一些。

很多评论注意到 Brandy Melville 与美国自由主义哲学家安・兰德（Ayn Rand）之间的联系。安・兰德是美国最具影响力的思想家之一，一般认为，她的政治思想偏向保守。Brandy Melville 有一个子品牌，名为 John Galt，这个名字来自安・兰德小说《阿特拉斯耸耸肩》里面的人物。这本书出版于 1957 年，篇幅长达 1200 页。Brandy Melville T 恤上面也印着安・兰德的语录。

人们也许会觉得奇怪，一家时尚店里，为什么会摆放《阿特斯耸耸肩》小说，还有偏向保守的传统基金会和加图研究所的出版物。它的目标消费者，中学女生显然不像是这类读物的读者。曾经有媒体批评，这些经典自由主义读物所代表的自由选择精神与只有一个尺码别无选择的 Brandy Melville 门店现实是矛盾的。[1]

这样的装饰很可能是有其具体意图的。在美国，Brandy Melville 只有 40 多家店面，很多家庭距离门店相当远。常见的场景是母

[1] https://www.thecut.com/2021/06/brandy-melville-olive-oil.html.

亲带着孩子，往往还有亲戚的孩子一起逛店。作为母亲，她们对 Brandy Melville 并不了解。但和孩子不同的是，她们知道安・兰德是谁。

在进步主义者的心目中，兰德在政治上保守甚至反动，但安・兰德至少有一项优点，特别强调道德标准和自律。孩子们在一家遵循兰德思想的店面里活动是相对安全的，这里绝不会鼓励出格的行为。

尽管进步媒体指责 Brandy Melville 在政治上腐朽落后，但家长可能会有另一种看法。从效果来看，一家政治主张落伍的门店却能够吸引许多不喜欢其立场的顾客，显示 Brandy Melville 对当下美国社会情绪的准确把握。

从积极的方面来看，Brandy Melville 注重设计感，审美情趣鲜明。生活态度上主张轻松适意，是由年轻人自己创造的潮流。有评论说，Brandy Melville 是青少年发起、为青少年服务的品牌。Brandy Melville 所提供的策展服务让青少年能够把握他们与上一代人之间的差别，并以时尚化的外在形式加以肯定。[1]

表面上，Brandy Melville 的战略是只服务市场上一小部分群体。但这只是战略的一半，如果只有这一半，那么 Brandy Melville 不过是一种聚焦战略，满足细分市场的需要。完整的战略还有另一半，那就是让品牌对用户之外的群体产生吸引力和羡慕心，只要条件允许就会愿意加入。在这个意义上，排斥是吸引力的一部分。

一名中学生给 Brandy Melville 写公开信。她说，我所有的朋友都穿着 Brandy Melville，我也想成为其中的一员。能不能生产一批大码的衣服？我相信自己穿上去也会非常好看。在油管视频下面的评论区，经常有人叹气，说 Brandy Melville 不明白，如果它们提供大码服装，可以多赚多少钱。

[1] https://www.businessinsider.com/brandy-melville-store-tour-2016-2.

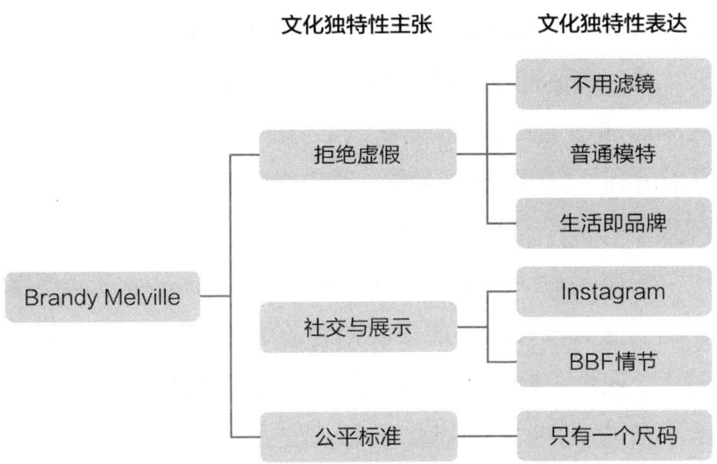

图 12.1 Brandy Melville 创造文化独特性

有的专家将 Brandy Melville 的品牌战略与乡村俱乐部联系起来。乡村俱乐部会员是一种身份象征，由于会员有数量限制，自然形成参与的门槛。与乡村俱乐部不同的地方是，Brandy Melville 的排斥标准不是金钱，而是体型。

这也比较符合这一年龄段消费者的特点，拒绝成人世界规则，排斥金钱标准。她们认为，身材是自然公平的，也许有人可以买得起奢侈品，但仍然无法成为 Brandy Melville 的用户。表面上看，这是很苛刻的要求，不过在中学生群体中，这样的规则可能会受到欢迎。

据市场调查公司 Piper Sandle 数据，美国青少年群体每年人均消费大约 4000 多美元，其中 20% 以上是服装，这已经是一个足够大的市场。Brandy Melville 不公布销量，有分析认为，它的销售额为 3 亿 ~4 亿美元，年增长率在 20% 以上。

通常情况下，指数增长是不可持续的。当产品风格同类化变得严重起来之后，Brandy Melville 可能会停止增长。网络视频上经常会看到主播将 Brandy Melville 的衣服和 SHEIN 同款进行对比。通常她们会赞扬 SHEIN 的低价和低运费，并且 SHEIN 经常打折，而 Brandy Melville 几乎从不打折。像 SHEIN 这样的快时尚生产者有可能影响 Brandy Melville 的风格化，导致它的衰落。

另一个值得观察的现象是 TikTok 带来的新生态。Brandy Melville 在 TikTok 上面也有官方账户，但风格与 Instagram 差别相当大。Instagram 上的图片传达出一种宁静和美好，带有少许思辨性和深沉感。

正如 Aprille Balsom 所说的，发到 Instagram 上面的每一张图片都应当是有意义的。如果翻阅之前的图片，会发现 Brandy Melville 图片之间的一致性保持得相当好。图片背景总是非常简单，却不会给人简陋或重复的感觉。相反，它在 TikTok 上面的表现则显得有些过于活跃。突出生动活泼的一面，却少了一些沉着自信。以往的一些特色也未能保留，比如 TikTok 上面的模特通常会露出正面，多了一点取悦感，失去的则是神秘性。

面对 TikTok 和短视频社交的浪潮，Brandy Melville 面临的问题很可能正是克里斯滕森教授所说的“创新者的窘境”。它在 Instagram 上面发展出来的独特能力无法转用到 TikTok 上面，以往的优势变得不相关，Brandy Melville 恐怕会遇到消费者流失的挑战。

4

PART

第四部分

领导力与组织设计

13.Airbnb 遭遇疫情：收入下降 80% 之后

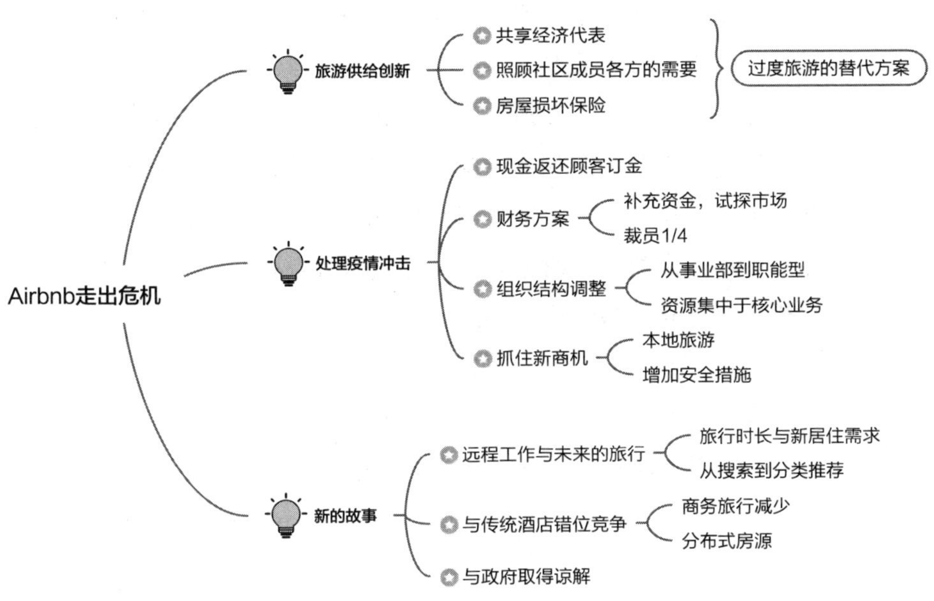

导言：创业过程中，遇到逆风的情况并不少见，投资人和创业者都会有心理准备。不过就算有经验的投资人，恐怕也很难想象 Airbnb 在 2020 年初遇到的那种困难。企业故事受到市场的追捧，各条产品线都在大举扩张，公司正在争取上市。突然之间，疫情封锁来临，市场需求消失了。

作为交易平台，如何平衡房东和房客之间的利益损失？作为企业，如何降低公司的整体风险，如何调整公司组织和业务流程，寻找新的市场机会，并快速将机会转化为收入？环境剧变促使 Aribnb 做出严肃的思考，它所采用的分布式服务供给与传统酒店集中式供给相比究竟有着怎样的优势？

我当时有一种濒临死亡的体验。业务量在八周时间里下降了 80%，而且我不知道还会不会继续下降。[1]

——Brian Chesky，Airbnb 联合创始人、CEO

2020 年新冠疫情暴发，旅游交通行业受到严重的影响。Airbnb 作为民宿和旅游行业的领导者，当然无法幸免，市场一度对 Airbnb 的前景相当悲观。几年时间过去，Airbnb 在行业中率先走出疫情影响，业绩全面恢复，大幅超越 2019 年的水平。公司经受住外部环

[1] https://www.marketplace.org/2022/05/11/airbnbs-brian-chesky-on-repositioning-the-company-for-a-new-era-of-travel/.

境冲击的考验，通过组织变革和业务变革发展出新的企业能力。基于疫情带来的改变，Airbnb 对未来旅行生活市场做出新的预测，以新的产品界面和功能设计作为回应。

从市场创新到市场崩塌

供给侧创新

关于 Airbnb 的创业历程，中信出版社 2019 年出过一本《爱彼迎传》，里面有比较详细的记载，很多故事是创始人在不同场合都讲过的。Airbnb 创立于 2008 年，是一家共享房屋短租交易平台。Airbnb 的房东与经营性民宿不同，他们通常不是旅游或酒店专业服务人员，而只是将自己家里空闲的房屋或房间用于出租，因此 Airbnb 自称为房屋共享服务。它的名字中包含与房东共用早餐的意思，强调一种家庭式的归属感。

房东将房源、价格和其他要求放到 Airbnb App 上面，房客通过搜索或算法推荐获得房源信息，预订房间，向 Airbnb 支付费用。入住后，Airbnb 将房租付给房东。Airbnb 的收入有两个部分：第一部分来自成交后向房东收取的佣金，占租金和费用（如清洁费）合计的 3%~5%；另一部分来自向房客收取的交易费，大约是租金的 14%，Airbnb 的房源属于房东，本身并不持有房产。它是一项完全在线的服务，没有实体店面，所有的客服也都是在线的。

人们经常将 Airbnb 和 Uber 并称为共享经济的代表。它们利用社会上原有的资源如车辆和房屋，通过提高资源使用效率而不是增加投资来创造价值。共享模式为车主和房东增加收入，为顾客提供更便宜和更便捷的服务。

两家企业的另一项共同点是增长速度非常快。Airbnb 2008 年才创立，到 2012 年已经拥有 30 万间房源。其中 10 万间位于欧洲，间夜量 400 万，房客来自 150 个国家，员工数量 500 人。2022 年，Airbnb 房源数量增加到 7000 万间，间夜量 3.9 亿。业务量差不多增加了 100 倍，员工数量 6000 人，只增长了 12 倍，表现出很强的规模效应。联合创始人、CEO Brian Chesky 认为 Airbnb 是一家技术公司。他的理由是，只有技术公司才能同时做到大规模增长和低成本增长，而 Airbnb 正好具备这两项特点。

Airbnb 的服务并不是它首创的，旅游行业中的沙发客也提供类似的服务。只是沙发客主要服务于一个相对小众的背包客群体，而 Airbnb 服务于大众旅游。虽然是一家互联网平台，Airbnb 使用的是成熟技术，它本身没有发明新的技术。关于 Airbnb 为什么能够在很短时间取得巨大成功，有许多种解释。在增长黑客理论流行的时候，Airbnb 是最常用的例子。总体而言，Airbnb 为什么特别成功，并没有出现一个公认的结论。

> 过度旅行造成市场失衡，住宿供给不足，对用户的需求不够关注。Airbnb 在传统酒店服务之外提出了新的价值主张，吸引大量对过度旅行早已感到不满的用户。

用户欢迎 Airbnb 的一项主要理由与过度旅游造成的住宿成本上升有关。Airbnb 最早的服务就是在举办大型会议或活动期间，让订不到酒店或消费不起酒店的顾客获得便宜的住宿安排。这些房屋是房东自有的，分散在市区不同地点，分布式供给成为 Airbnb 在产品设计上的一项独特优势。传统酒店行业在选址时会花费很大力气，以求尽可能满足顾客的需要。由于需要考虑成本收益，通常只能在特定地点提供服务。而 Airbnb 则相反，它的房源呈现高度分布化的供给，因此与酒店形成了完全不同的价值主张。Airbnb 对寻求个性化体验的顾客具备吸引力，这项能力是酒店行业很难竞争的。

Airbnb 提供了市场原来缺乏的一类住宿服务，在旅行市场的供给侧做出了重大创新。它构建了一个超大规模的交易市场，交易的对象极其分散。平台在满足少量需求时，并不要求自己或房东进行大量的投资。当某一特定市场需求减少时，由于房产分布在不同房东手中，也不会像酒店投资那样带来非常高的投资损失。

Airbnb 还发展出其他一些受到用户欢迎的特点，像是重视社区归属感。既包括使用者的身份认同，也包括用户在使用过程中享有一些自由和选择。比如大城市医疗条件好，许多病人选择到这些地方就医，他们的家人会陪着一起来。但是大城市消费水平很高，许多家庭难以负担租房费用。有的房东愿意将自己的住房提供给这些病患家庭，收费很低。

在美国西雅图，一位房东将自己位于医院对面的房子以每天 10 美元一间的价格出租给需要的房客。每天 10 美元是 Airbnb 规定的房屋租金的下限，当地市场价格为每天 100 美元。低价出租是房东的个人选择，Airbnb 平台的价值是帮助有需要的房东和房客方便地找到对方。[1]

谈到选择权时，人们往往不大注意 Airbnb 平台所提供的选择多样性。比如一般认为 Airbnb 强调房东和房客之间的交流，这是旅行时选择民宿的一项额外福利。可是有些房东患有社恐，虽然他们也愿意接待顾客，但要让他们像普通民宿老板那样与顾客打成一片却是不现实的。在 Airbnb 的支持机制下，这类房东同样可以成为很好的接待者，他们甚至可以完全与顾客不见面。反过来也是一样，有些顾客可能看中了价格和地段，但不愿意与房东打交道，也是可以的。

Airbnb 提供了让平台参与各方感到舒服的多样化选择，与标准化的酒店服务相比，这是一项有吸引力的价值主张。在 Airbnb 之前，旅游行业所主张的价值是拍照打卡，而 Airbnb 则强调体验，让房客能够像本地人一样生活。用 Airbnb 的说法，则是帮助顾客从旅行时代进入旅行生活时代。

---

[1] https://thefrugalgene.com/airbnb-popular/.

疫情来袭

2019年9月，Airbnb宣布准备在下一年申请企业上市。为了增加收入、提升市值，公司大力拓展新业务，增加营销投资。2019年的业绩很不错，总订单收入380亿美元，增长31%；营业总收入48亿美元，增长32%。

2020年1月底，Airbnb注意到中国市场订单量出现猛烈下降。CEO Chesky还记得自己当时的反应是，如果疫情蔓延到其他地区，情况会很糟糕。只是他没有想到，情况会糟糕到什么程度。

进入3月之后，美国所有的州都出现了病例。8周时间里，Airbnb的收入相比上年同期下降了80%。许多媒体的报道标题是，"Airbnb能活下来吗？"人们普遍认为，与大型酒店相比，以家庭和小企业为主的民宿受到的打击会更严重。

Chesky回忆说，我只有40岁。但经过这段时期，感觉却像是五六十岁的人。以前听人们谈论濒死经历，现在真的体验到了。业务量下跌了80%，没有人知道这是不是市场的底部。公司早已宣布了2020年上市的计划，现在看来问题已经不光是能否顺利上市，而是能否生存下去。有的投资人抱怨说，Airbnb本来可以早些上市，让Chesky倍感压力。3月15日，Airbnb召开董事会上，公司董事、美国运通前任CEO Kenneth Chenault鼓励Chesky说，现在正是定义你身为CEO的时刻。

这并不是Airbnb第一次遇到比较大的危机，房客破坏房屋事件也曾经对Airbnb的声誉造成严重损害。2011年6月29日，一位房东发推特投诉说，Airbnb介绍来的房客对她的房屋进行了蓄意破坏，要求公司赔偿损失。房客不爱惜甚至毁坏房屋的事件时有所闻，这篇帖子引发了许多房东的共鸣。

当时Airbnb正在准备一轮大额度融资，本来就是媒体关注的重点。毁屋事件是对Airbnb核心商业模式的打击。投资人怀疑，共享模式的短租平台信任成本太高，无法避免这类情况。房客的恶行会带来很高的经营风险，相当于公司的一处软肋。

Chesky 不知道如何处理这一事件，他请公司顾问发表意见，但顾问们提出的意见相互矛盾。股东们担心如果 Airbnb 宣布承担责任，会导致此类情况大量涌现，动摇公司的市场价值。犹豫导致了拖延，直到 7 月 27 日，Chesky 才发布一篇博客作为回应。在博客中，他表示了对受害者的同情，列出了公司的一些改进计划。由于回避了核心问题，受害房东很不满意。

她又发了一篇帖子，揭露公司采取的不道德做法。例如联合创始人柏思齐给她打电话，希望她将帖子撤下来。此时，另一件类似的恶劣行为也在社交媒体上披露出来。负面的反馈让 Chesky 意识到，公司对此必须有一个明确的态度。

8 月 1 日，Chesky 写了一封更加正式的道歉信，承认自己之前发布的帖子有错误，公司应当承担房东的损失。在信中，他宣布向所有房东提供 5 万美元房屋损害保障。这次事件让 Chesky 意识到，危机情况下想依靠顾问取得共识是不可能的。但决策总是需要有所依据，最好的依据就是公司的价值观。向房东提供保障符合 Airbnb 社区为参与各方建立归属感的共识，能够为房东选择 Airbnb 增加激励。

不过，顾问的意见也不是没有帮助的。危机期间，董事会决定实行值班制度，当天晚上值班的董事是网景公司创始人马克 · 安德森。他在审稿之后建议 Chesky 做两处修改，一处是在信中留下个人电子邮箱，另一处是关于房屋保障的。Chesky 原来写的保障金额是 5000 美元，安德森在后面加上一个零，变成 5 万美元。几个月后，Chesky 将这一金额提高到 100 万美元，保持至今。

由于 2019 年的激进扩张，公司出现了比较大的亏损。2018 年，Airbnb 赢利 2 亿美元，而 2019 年却出现 6 亿美元亏损，自由现金流从 2018 年的 5 亿美元减少到 9700 万美元。没有人知道疫情还将持续多长时间，公司必须设法储备足够多的现金。同样迫切的问题还有，如何解决房客由于疫情无法旅行而退订所导致的订金损失？由谁来承担主要的损失？房客、房东，或是平台自己？

3 月 13 日，Airbnb 宣布变更取消预定政策。在 3 月 14 日之前订定，并且入住时间在 4 月 14 日之前（后来进一步延长到 5 月 31 日）的房客可以得到全额现金返还。房东也可以取消预订而信用评级不会受影响，Airbnb 则向房东返还收取的服务费用。

Airbnb 的这项措施受到市场好评。它没有采用部分返还、换成优惠券或抵用券等方法，而是无条件的现金全额返还。这是当时市场上对房客最友好的政策，受到房客社区的赞扬。

另一方面，新政策显然损害了房东的利益。很多预订按双方约定本来是不可退款的。竞争对手如 Expedia 和 Booking.com 的政策是呼吁房东给房客返还 50% 的订金，并且不是强制性的要求。它们希望房客自己与房东交涉返还订金，转化为优惠券和抵用金也是可以的。相比之下，Airbnb 的政策对房东照顾不够，在发布决定前也并未向房东做任何解释和咨询。房东社区批评 Airbnb 利用平台与房东力量不对等的优势损害房东权益，这是大企业的蛮横行为。

3 月 30 日，Chesky 发布致房东的信，对单方面做出返还订金的政策进行道歉。他辩解说，这项政策不是在利益相关人之间做选择题，而是出于公共卫生的考虑。现金返还政策可以鼓励房客取消订单，降低新冠传播的风险，是企业必须承担的社会责任。

Chesky 承认公司对房东伙伴关系不够尊重，这是一项错误。Airbnb 决定建立一个总金额 2.5 亿美元的基金用于补偿房东的损失，这笔钱大概是房东总损失的 25%。不过在 Airbnb 的房东中，有相当一批符合美国政府小企业救助项目的条件，它们还可以从这些项目得到现金支持，减少损失。[1]

[1] https://skift.com/2020/03/30/airbnb-ceo-apologizes-to-hosts-with-a-260-million-relief-package/.

定义 CEO 的时刻：财务、组织和业务重启

增加资本、减少开支

处理了返还订金争议之后，公司的财务负担进一步上升。股权融资看起来不大乐观，Airbnb 采取了负债为主的融资方式。2020 年 4 月 6 日，Airbnb 宣布从银湖资本[1]和第六街获得 10 亿美元融资，以债务和股权混合的方式提供。Airbnb 称这笔融资为战略性投资，其中债务部分是五年期，利率为 11.5%。

银湖资本联合 CEO 埃贡·德班对 Airbnb 并不了解。据《金融时报》报道，在接到 Chesky 的求助电话后，德班只用几天时间就组织起一组投资人，签订了投资承诺，银湖资本承担了这笔融资的一半。据说，银湖资本入股时谈的估值只有 180 亿美元，而一年前 Airbnb 的估值是 310 亿美元，Airbnb 选择做出估值让步以换取财务安全。[2]在 Airbnb 发布的新闻中还提到，这笔融资中将有部分资金用于支持那些出租自用房屋的房东，帮助他们偿付抵押贷款。

经过资本市场试探，Airbnb 了解到，自己的处境虽然很糟糕，但并没有到绝望的时刻。Chesky 利用这一利好消息继续在金融市场寻求资金支持。一周之后，4 月 15 日，Airbnb 再次发布融资消息，从一批投资公司手中获得 10 亿美元贷款。同样是 5 年期，利率则降为 9%，因为这笔债务是优先偿付债务。[3]

为了进一步降低财务风险，Airbnb 决定压缩营销预算，取消奖金，全体高管 6 个月薪资减半。这些政策一共节省了 8 亿美元，也赢得了投资人的信心。但是，这些还不够，Chesky 还需要做出更加

[1] 银湖资本就是本书第 6 章“戴尔并购转型”中帮助戴尔完成杠杆收购的投资公司。

[2] https://www.ft.com/content/cb4f8b5a-07c9-4880-a220-f4f5c56d4735.

[3] https://www.cnbc.com/2020/04/14/airbnb-raises-another-1-billion-in-debt.html.

艰难的选择。

5月5日，星期二，Airbnb宣布大面积裁员。Chesky通过直播向全体员工发布了这一消息。几个小时之后，公司1/4的员工失去了他们的工作，大约有1900人，有些部门整体裁撤。公司给出的补偿条件是优厚的，离开的员工可以获得14周工资，可以带走工作时使用的苹果笔记本。Airbnb废除了工作满一年才能获得股权的规定，每位离开的员工都可以获得股份。员工医保延续一年。在公司层面，Airbnb建立专门的裁员员工档案网站，帮助其他雇主从中招募合适的员工。2020年剩下的时间里，公司招聘团队的主要工作将转为帮助离开的员工。[1]

宣布裁员消息之后，Chesky没有躲起来，仍然与员工保持在线沟通。员工们在公司内部的虚拟会议软件上提出许多问题，像为什么不能采取普遍降薪或放长假这类临时性措施？为什么裁减某些特定部门？为什么公司不可以减少一些花费来保住工作？比如花很多钱租赁办公室里面的绿植。

Chesky不得不做出解释，比如由于不确定性太高，无法采取临时性措施，要避免未来的持续震荡。部门裁减与公司新的聚焦战略有关，公司发言人则披露说景观植物和休闲设施等花费不多。对话不会改变裁员的结果，但透明的姿态多少可以让留下来的员工获得安慰，确认归属感。

在选择裁减部门也会发生错误。由于业务量减少，管理层认为安保部门人员也可以减少，这些员工负责处理出租房屋中一些攻击行为，包括枪击事件。然而两周后，新的安全案件就出现了。Airbnb不得不急忙召回一部分裁减掉的安保部门员工。

到了秋天，一宗发生在加州的派对枪击事件让Airbnb登上全国媒体头条。公司紧急禁止所有未经批准的派对活动，宣布安全是公司第一位的优先事项，加强了安保部门的力量。其他裁减后又被

[1] https://news.airbnb.com/a-message-from-co-founder-and-ceo-brian-chesky/.

迫召回员工的部门包括合规部门和支付部门。

总体来看，市场对 Airbnb 裁员的做法表示认可，Chesky 宣布裁员的博客阅读量超过 100 万次，许多管理顾问认为这是一次可以列入教科书的裁员沟通。不过报道裁员的媒体很快发现了一些新的内幕，Airbnb 还是做了一些小动作。在公开宣布裁员之前，它先裁减了 500 多位合同工。这些合同工当然没有全职员工那样好的待遇。

裁减合同工两周后，Airbnb 宣布了全职员工裁员的消息。全职员工可以获得 14 周的工资，而合同工只有一周，并且这项福利还不是所有合同工都能享受的。这些歧视性政策让之前被裁减的合同工感到不满，而他们因为已经接受了解约条件无法与公司交涉。合同工们觉得自己受愚弄，自然非常气愤。[1]

由于行业特点，Airbnb 需要雇用一些文案合同工，为网站或民宿提供文字描述、摄影之类的服务。这些合同工通常也是自媒体作者，他们在网上发出的声音有相当影响力，《商业内幕》《彭博》《纽约时报》《连线》等知名媒体都做了报道。Airbnb 官方则解释说，合同工的补偿是两周工资，还有其他一些福利。[2]

集权、结构调整和韧性

Airbnb 创业初期采用职能型组织结构，后来业务类型越来越多，组织结构改为事业部制，这也是管理学教科书的建议。疫情暴发前，Airbnb 一共有 10 个事业部，如房东事业部、体验事业部、交通事业部、内容事业部。房东事业部下设核心房东、房东支持、商业旅行、奢侈旅行等部门，结构相当分散。

在硅谷，Airbnb 以鼓励创新、协作和分权决策而知名。人们经常议论说，Airbnb 员工拥有相当大的授权，公司主要通过价值观来

[1] https://www.wired.com/story/airbnb-quietly-fired-hundreds-of-contract-workers-im-one-of-them/.

[2] https://www.nytimes.com/2020/07/17/technology/airbnb-coronavirus-layoffs-.html.

约束员工的行为。当时美国企业界的主流看法是，在服务行业，员工授权可以激发创意，实现超越顾客期望的体验。这一主张的代表企业是谢家华创立的 Zappos，Airbnb 也受这一潮流的影响。

疫情发生后，分权制的弊端暴露出来。各事业部方向不一，资源分散，决策能力受到限制。在外部环境高度不确定性时，内部分权有可能引发意见分歧和资源争夺，反而导致决策效率降低。

Chesky 向其他遭遇过危机的公司学习，特别是苹果。1997 年，苹果采用事业部组织结构，乔布斯回归公司后决定关闭绝大部分事业部，采用职能型结构。在急需削减成本和公司整合的时刻，Chesky 决定仿效乔布斯，放弃事业部制，采用职能型组织结构。

职能型结构的好处是聚焦，所有人可以集中精力于同一个问题。所有人都知道公司当前面临的主要问题，也知道优先事项。在危机时期，职能型结构反而使得会议减少，决策速度加快，这和人们对职能型组织的一般印象并不一致。

Chesky 认为，Airbnb 需要传递出一致的服务体验，这是核心能力。重要的不只是各项服务本身做得好不好，还需要考虑服务间的协同。事业部组织结构对实现这一目标可能并不是最合适的选择。

他也反思了之前急于扩张业务范围的决策。Chesky 回忆说，当企业越出核心业务的边界时，必须特别小心。Airbnb 试图进入航空和交通业务。我们当时觉得自己的品牌很强，流量大。但企业应当知道自己的能力边界，而不能只看自己的资产。我们的资产是品牌和流量，但有没有本领将航班座位填满？这和用房客填满房间完全不是同一种能力。目前，Airbnb 只有一个事业部——房东事业部。

有人问，职能型结构会不会影响授权？ Chesky 强调，无论采用怎样的结构，必须对结果有衡量的指标。职能型结构的好处是 CEO 可以直接管理所有业务，让公司目标的沟通和理解变得简单清楚。

职能型结构的另一项优点是 CEO 与高管密切合作，可以成为高管的合作伙伴。尽管职能型组织中的高管不像事业部那样拥有自治权力，但高管仍然可以与 CEO 经常交流，获得上级参与决策的好处，这比授权更加重要。

高管要实现超越期望的绩效，就必须知道 CEO 的想法。通过交谈了解 CEO 的资源配置优先级，在决策时能够更有把握获得 CEO 和整个公司的资源支持。当然，职能型结构的缺点是 CEO 会特别忙。

采用职能型组织结构之后，Airbnb 的决策进入集权模式。Chesky 终止了原有的交通业务和娱乐业务，减少了在酒店和奢侈旅行上的投资。所有的资源专注于核心业务，关注调动顾客的情绪，鼓励房客下单。他们注意到房客担心疫情期间出租房屋的卫生状况，马上聘请了一位前任美国外科医生将军帮助制订新的清洁规程。Airbnb 提出了增强版卫生流程管理，鼓励房东延长房客入住的间隔。

这项要求不是强制的，如果房东接受劝告，房源介绍上会说明这一点，向房客提供清洁条件的透明化显示。有 100 万家房东接受了加强清洁的规程并获得 Airbnb 的认证，包括如何清洁和清洁哪些地方的详细规定。每间房间要清洁 45 分钟，房客的入住间隔增加到 72 小时以上。

抓住新商机

关闭新业务部门，聚焦于核心的房东业务之后，Airbnb 在市场上发现了新的机会。出境旅行或远方旅行没有了，但本地旅游仍然活跃。增长特别快的是郊区住宿，人们认为离开拥挤的城市到郊区短暂居住是安全的选择。

从疫情开始的 2 月到当年 5 月，200 公里以内的出行占比从过去的 1/3 快速增加到一半。[1] Airbnb 立刻调动整个公司的资源来

[1] https://www.marketplace.org/2022/05/11/airbnbs-brian-chesky-on-repositioning-the-company-for-a-new-era-of-travel/.

抓住这个机会。短途旅行有一些独特的需要，App 服务需要改进。Airbnb 只用几天时间就对网站和 App 进行了优化，以支持本地旅行这一业务方向。例如，短途旅行往往是冲动型决策，Airbnb 针对最后一分钟订单设计了专项促销。在夏季的电子邮件促销和社交媒体促销中，则重点设计周边旅游的主题。

体验事业部整合到房东事业部之后，也有了新的应用。Airbnb 从 2016 年开始运营线下体验项目，本地旅游达人带领游客体验当地风情。比如在广州，旅游达人可以带游客去一些外地人很难了解的当地美食餐厅。Airbnb 的说法是，“体验是独一无二的活动，能让参与者收获旅游指南或网络资源上无法获得的独家体验。”[1]

线下体验的内容可以个性化和定制化，区别于旅行社的线路设计，成为 Airbnb 发展很快的一个项目。和房东共享出租的模式类似，线下体验也是新旅游产品的供给增长。到疫情暴发之前，平台上已经有 1000 座城市的 4 万多个体验项目。万豪酒店也提供类似的本地特色导游服务，称为 Moments。但和 Airbnb 相比，万豪的 Moments 服务仍然带有高档的消费特征，比如以音乐会、美食和体育赛事为主。

疫情让房东失去收入，他们希望找到替代性的方法与用户进行互动并形成收入。2020 年 4 月 9 日，Airbnb 启动在线体验项目。口号是云游世界，实际上就是收费的旅游直播。疫情期间，人们不能出门，但他们仍然有兴趣了解一些有特色的民宿，比如入住披头士成员的故居是什么样的体验。这些直播和公共直播平台的性质有所不同。因为收费，它的观看量通常不高。但由于吸引的是已经对特定民宿有兴趣的用户，转化效果会好得多。

对于 Airbnb，在线体验的尝试带来了新的收益驱动因素。对于房客，在线体验就像是一种试用，他们可以由此了解房东或体验达人。从社区角度来看，这种相互熟悉的过程能够提升平台价值，也

［1］ https://www.traveldaily.cn/article/123801.

符合 Airbnb 在人与人之间建立联接的使命。[1]让过去独立运营的体验事业部的能力与房东事业部的收入直接联系起来，也是职能型组织结构调整的一项收益。

回归核心业务之后，Airbnb 顺应市场需求改变，找到了在逆境中生存下去的方法。尽管失去了几乎一半的业务收入，但市场预期却变得更加明确。无论情况如何严重，Airbnb 社区仍在发挥作用，能够为房东和房客创造价值。

Chesky 则不失时机将公司对市场、对业务的新认知向外界进行宣讲，让利益相关人了解公司业务和前景，增加信心。2020 年一年时间里，Chesky 参加了 100 场新闻发布会。[2]

幸运的是，Chesky 是一位擅长沟通的 CEO。在 Airbnb 创业过程中，他的这项优点就曾经发挥过。我们会听到许多关于 Airbnb 的故事，也会看到网上流传的 Airbnb 第一版商业计划书。这些故事也许都是真的，但从故事素材提升到能够让人记住的叙事，并不是一项简单的任务。

比如在介绍 Airbnb 用户体验设计优势时，他会提到，Airbnb 三位创始人中有两位毕业于罗德岛设计学院。罗德岛设计学院工业设计专业美国排名第一，在互联网企业中，有许多罗德岛毕业生，其中不乏高管。但让一位工业设计专业的年轻人担任公司 CEO 的却只有 Airbnb 一家。

讲故事是 Chesky 的一项主要工作，但 CEO 不能总是讲过去的故事。疫情带来的挑战为 Airbnb 提供了新的故事情节。2020 年下半年，Airbnb 重新启动了上市流程。和其他 CEO 不一样，Chesky 亲自撰写了美国证券交易委员会要求的上市材料 S-1，共有 14000 字。他说，这样做有助于为公司设计出一个企业原型，列出公司经营的第一性原理。

[1] https://www.phocuswire.com/airbnb-ceo-brian-chesky-going-to-be-year-of-focus.

[2] https://www.inc.com/christine-lagorio-chafkin/airbnb-brian-chesky-ipo-travel-pandemic.html.

在创业早期，他们心里想的主要是如何服务好房东和房客。Chesky 发挥设计师的能力，自己租用相机为房东拍摄展示照片，提高房屋吸引力。他们设计出 7 星评价体系，让房东努力创造出超越房客期望的住宿体验。这些都很好，只是他们的确忽视了另一个利益相关人群体——社区。

技术企业对社会发展负有责任，平台上的行为有好的一面，也一定会有不好的一面。Chesky 说，很庆幸公司规模还很小的时候就受到社区的严格监督，比如 2011 年的房客毁坏房屋事件。2016 年，黑人在平台上受到歧视的新闻在网络上传播。Airbnb 为此专门设计了一个按钮，要求使用者同意不会有基于种族、宗教和性取向的歧视行为，拒绝点击的有 100 万人，Airbnb 将他们从平台上撤下。

准备迎接旅游市场的根本性转变

疫情之后的旅行和 Airbnb 的准备

2020 年 12 月 9 日，Airbnb 终于完成了 IPO。市场给出了肯定的反应，当天公司市值曾经达到 1000 亿美元，超过酒店业排名前三位的巨头万豪、希尔顿和君悦加在一起的市值。

Chesky 认为，Airbnb 能够存活下来，主要是商业模式具备灵活性。公司不持有实体物业，却能够提供数百万间可以出租的房屋。Airbnb 是一种分布式的网络，它为房东们搭建了一个社区结构，而社区结构不仅能够快速增长，还天然具备灵活性和适应性。

Airbnb 的社区结构让它领先于传统酒店和旅游业，有利于识别和发现旅游的新趋势。2020 年，Airbnb 营业收入比 2019 年减少了一半。到 2021 年，Airbnb 终于走出疫情的阴影，全年收入达到 60 亿美元，略高于酒店行业第二名希尔顿，比 2019 年增长了 25%。

2020 年 9 月上市时，公司自由现金流下降为 –5 亿美元。到 2021 年底，自由现金流已经增长到 22 亿美元。考虑到总收入只有 60 亿美元，22 亿美元的自由现金流令人印象深刻，也让投资者感到放心。

公司财务状况稳定之后，Chesky 还需要带领团队探究有长期潜力的市场需求。他认为，疫情对人们未来的旅行方式造成了不可逆转的影响。他总结出未来旅行的三大改变：商务旅行减少，休闲旅行增加；热门目的地旅游减少；人们更关注有意义的旅行体验。[1]

国际旅行的确消失了，但是公司普遍采用远程工作的政策救了 Airbnb。人们不再被拘束在办公室，他们不想冒险乘坐飞机，但又有更换环境的需要，近距离旅行和长时间停留成为市场机会。这一趋势带来的另一项结果是减少了中心城市房源订单，增加了过去较少房客的地区如郊区或小镇的房源需要。这种机会是酒店行业难以竞争的，因为它们的模式是集中在机场交通便捷的城市地区，更适合召开全国性的团队会议。

Airbnb 的特点是供给灵活，房源与需求之间存在动态平衡。某一地区的需求增加，价格上涨，房源也会增加。Airbnb 能够对郊区或小镇房源的需求做出反应，反映出 Airbnb 平台模式的韧性。新的工作方式带来分布式房源需求，有助于缓解 Airbnb 与城市政府和酒店行业之间的紧张关系。因为如果需求像过去一样集中在中心城市或热门景点，Airbnb 房源的增加会影响当地的房屋租金和酒店收入。

2022 年 4 月 28 日，Airbnb 发布永久性远程工作政策。从 9 月开始，6000 名员工可以每年有 3 个月时间选择在全球 170 个国家作为工作地点。消息发布后，公司获得了大量关注，求职网页的访问数量超过了 100 万次。新的工作地点政策中包含了一项重要说明，

---

[1] https://fortune.com/2021/05/24/airbnb-post-covid-pandemic-ipo-travel-summer-2021/.

员工的工资会依据他们的工作性质来决定，而不是他们所在地区。当员工从公司总部所在的旧金山搬到其他地方工作，他们仍然可以保持原来的报酬水平。

Airbnb的这项决策与Chesky对未来旅行方式变化的判断有关。他认为，许多人过去习惯于旅行之后回家。现在他们的选择变多了，可以用更多时间享受旅行生活，比如离开自己的住所在外地居住几个月。远程工作和减少到工作场所的时间是员工而不是企业推动的，公司CEO们很难扭转这一趋势。灵活上班已经成为一种吸引人才的选择，而市场竞争的结果会有利于员工。Chesky本人身体力行，带着电脑、行李包和一只名叫Sophie狗在各地漫游，当然他只入住Airbnb的房源。Chesky相信会有越来越多的人选择这种生活化的旅行方式。

远程工作与个性化选择相对应，在新需求环境下，Airbnb的分布式房源供给成为一项战略资源。

远程工作人员的偏好高度分散，他们选择的住处和服务需要也是分散的。Airbnb的服务特色恰好是分布式供给，任何古怪的需求都有可能在平台上得到满足。在过度旅行时代，人们的选择面比较狭窄，Airbnb的优势不明显。进入生活化旅行时代，Airbnb的相对优势得以凸显出来。[1]

Chesky在几年前就已经在宣扬远程工作与旅行相结合的前景。他的判断依据之一是观察创业公司的办公环境设计。20年前，硅谷创业公司引导了开放式办公空间的潮流。企业不再为高管设置独立办公室，所有人在同一个空间里工作。这些办公场所往往配有大量的会议室，但会议室总是不够用。

Chesky认为，开放办公空间的做法已经过时。今天，创业公司流行的是远程办公和灵活办公。Airbnb宣布员工可以在他们当前所

[1] https://www.theglobeandmail.com/life/travel/article-airbnb-ceo-brian-chesky-on-the-travel-industrys-revolution/.

在国家的任何城市工作，不影响他们的薪水。Chesky 说，我们和其他公司一样，意识到优秀的人才可能生活在任何一个地方。他们可以远程办公，但我们仍然要支付旧金山的工资。[1]

国际边界开放之后，越来越多的人会长期住宿在其他国家。这是旅行的革命，彻底重新定义什么是旅行。[2]当然，线下交流仍然是必要的。Chesky 计划让员工每季度在一起工作一周的时间，保证有人际间的联接。公司可以相应缩小办公室空间，减少办公导致的碳排放，省下的钱可以考虑采用旅游聚会的方法实现线下共同办公。[3]

观察用户行为的改变

据 Airbnb 观察，疫情以来，房客们的旅行时长增加了 15%，住宿时间超过 7 天的订单增长到占比 50%。1/5 的订单来自住宿时间超过 1 个月的房客，成为增长最快的一个类别。这些人不只是度假，他们打算在 Airbnb 房屋里面生活一段时间。为此，Airbnb 增加了 AirCover 项目，为房屋提供 100 万美元损害保险，还有 100 万美元的责任保险，包括宠物伤害保护。由于员工到不同国家工作的情况增加，语言服务也需要改进，Airbnb 目前已经能够提供 60 种语言的房源在线自动翻译。

2022 年，Airbnb 将首页搜索改为提供分类选择。房客已经不再热衷于热门地点，他们想要知道附近有什么好的选择。因此，不必像其他在线旅行服务商那样，将目的地搜索作为首页的核心要素。很多人只是期望一项新的独特体验，但他们可能并不知道它是

[1] https://www.marketplace.org/2022/05/11/airbnbs-brian-chesky-on-repositioning-the-company-for-a-new-era-of-travel/.

[2] https://www.theverge.com/22783422/airbnb-pandemic-ceo-brian-chesky-interview-travel-decoder-podcast.

[3] https://www.cnn.com/2022/05/05/success/airbnb-ceo-office-chesky/index.html.

什么。Airbnb 提供 56 种类别选项，帮助房客找出能够激发兴趣的住宿选择。与主动搜索相比，分类推荐能够带来更多的意外和惊喜，这也是体验的含义。其中有一个称为 OMG 类别，用于特殊的住宿选择，比如可以让房客住到一艘黄色潜水艇里面。

另一项新服务称为组合订单 Split Stays，意思是说如果房客在某地停留较长时间，比如 30 天以上，系统会自动推荐同一城市两处房屋供他先后居住，房客可以在有限的时间里在不同的房屋里面体验不同的生活。这项服务能够发挥算法匹配的优势，减少房客选择的时间，提高顾客满意度。

既然房客的消费行为发生改变，住房设施的要求也要随之更新。Airbnb 分析房客搜索数据发现，WiFi 速度是房客最常搜索的关键词。许多房客很在意房屋里面 WiFi 的质量，特别是需要远程工作的房客。

2021 年，Airbnb 开始提供一项名为 WiFi 测速的服务。它告诉房东，如果你的 WiFi 质量好，租金就可以高一些。房东可以用 Airbnb App 自行测速、得出结果，然后在房屋描述中将 App 验证过的 WiFi 速度张贴上去，网速在 50 兆以上可以获得网络质量最佳房源的认证。

Airbnb 的一项主要风险是房客行为和房东行为，酒店也有类似的问题，比如偶尔会发生暴力事件等。酒店是线下垂直管理，处理起来比较快。Airbnb 不在现场，会有比较大的困难。2021 年 1 月 6 日华盛顿冲击国会暴力事件之后，Airbnb 不得不取消总统就职典礼那一周华盛顿特区的所有预约，向房东支付费用作为赔偿。Airbnb 还出台政策禁止房客订房用于举办派对，特别是年轻人会在 Airbnb 出租屋举行狂欢派对，影响邻居以及带来健康隐患。

另一个没有完全解决的问题是与市政当局的争执。世界各大城市，从纽约巴塞罗那到温哥华都在指责 Airbnb 的商业模式破坏了原有的邻里社区。位于蒙特利尔的麦吉尔大学城市规划副教授 David Wachsmuth 说，真正共享房屋的比例非常低，更多的房东是出于商业化利益而加入平台的。

有些不动产专业经理人长期整租，然后再零租给 Airbnb 平台介绍来的房客，从中赚取差价。一些城市政府要求 Airbnb 下线了大量二房东管理的民宿房源或限制房东每年出租的天数。《哈佛商业评论》刊登的一份研究报告发现，Airbnb 上面房源多的城市，房屋租金出现上涨。智库经济政策研究所也发现，凡是 Airbnb 有房源的社区，住房成本就会上升，影响本地居民福利。

不过也有研究者认为，Airbnb 只是在供给侧造成了影响，问题在于过度旅游。Airbnb 为游客提供了省钱的解决方案，对当地社区是有贡献的。至于社区影响和社区公平应当由本地的经济政策来解决，而不是排斥 Airbnb。

疫情之前，Airbnb 与市政管理当局的冲突经常登上媒体新闻，作为技术公司创新如何突破陈旧管制的案例。好在疫情无意间缓和了 Airbnb 与城市当局的关系。热门旅游城市罗马的旅游业突然下降到 20 世纪七八十年代的水平，从过度旅游变成了旅游不足。希腊和意大利的许多城市开始寻求与 Airbnb 的合作。2020 年 6 月，Airbnb 与纽约市政府达成协议，结束了长达 10 年的摩擦。现在，Airbnb 试图表现自己是一家对社区负责任的公司，是秩序的维护者而不是破坏者。

发挥分布式房源的优势

Airbnb 崛起之后，人们经常讨论的一个问题是它对酒店行业的影响。直到疫情暴发之前，Airbnb 对酒店行业没有产生多少实质性的影响。酒店行业的优势主要是服务的标准化和可预期，有些顾客可能喜欢新奇体验，但多数顾客并不愿意接受意外。在商务旅行市场上，Airbnb 相比酒店没有多少竞争力。大型酒店集团还可以利用交叉销售，将商务旅行与个人消费联系起来。

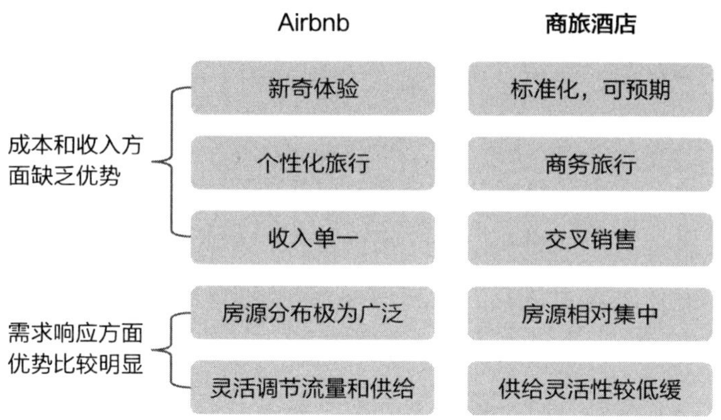

图 13.1　Airbnb 利用分布式房源形成差异化竞争

Airbnb 的一项优势是不持有实体房屋，但大型酒店集团如万豪、希尔顿、君悦和洲际等自营的酒店数量同样非常少。它们已经从不动产管理中退出，变成授权经营的平台模式。酒店行业还注意到 Airbnb 的一项弱点。热门地区 Airbnb 的房屋供给实际上同样也是不足的，因此才会出现不动产经理整租甚至建造新屋的现象。这也意味着，Airbnb 所声称的依靠房东存量房产资源的说法并不确切。至少在这些地区，所谓的共享模式并不是主流，独特的用户体验也大打折扣。

现实是，Airbnb 进入了一个传统的度假房屋出租市场。在这个市场上，竞争要素是地段、价格、产品和服务，而酒店行业并不惧怕这方面的竞争。早期 Airbnb 房东甚至无须交税，但各大城市很快注意到这一漏洞，今天，Aribnb 的房东需要缴纳各种费用，与酒店的价格优势已经显著缩小。

疫情打击了 Airbnb，但也让它有机会检验商业模式的韧性。当市场需求发生改变时，Airbnb 在旅游市场上的供给侧优势体现出来。Airbnb 有效房源 600 万间，美国酒店业前两名希尔顿和万豪加起来是250万间，前五大酒店集团加在一起也没有 Airbnb 多。更重要的是，在房源的分布和灵活供给方面，Airbnb 的优势远远超过酒店行业。

Airbnb 可以决定哪些房源能够获得优先展示。如果郊区需求增加，它就会将流量引向郊区房源，让房客能够在距离一天以内的地方找到安静的度假地。流量变化还会激励热门地区的房东，让他们将更多的房源上传到 App。

而酒店行业在应对需求变化时就比较困难，因为它的实体店面主要服务于集约式旅行市场，特别是商务旅行。过去，酒店服务流程设计的优化方向是与旅行社、航空公司等绑定，建立深度合作。现在，这些能力的市场价值有所下降。

如果说在疫情期间，分布式房源供给和集约式房源供给之间的竞争是短期的，那么，Airbnb 今天所强调的旅行和生活融合的市场前景对酒店业的影响将是长期的。旅行者的需求变得分散，Airbnb 和酒店一样，无法掌握房客的需求。但无论如何，在某个非热门旅游目的地随时找到一间房屋比较容易，而要随时找到一间酒店恐怕就不那么容易。兴建酒店的决策相对复杂，周期也比较长。从判断市场、选址到建造，新酒店往往需要两三年时间才能建成。当出现新的市场趋势时，Airbnb 有能力提供灵活服务，而传统酒店则比较困难。

全球酒店行业的主要市场是商务旅行，占比高达 2/3。商务旅行的减少对于酒店行业是一个威胁，因为交叉销售的机会受到限制。通常酒店行业会采用积分的方法让商务旅行的参与者获得免费或折扣住宿的待遇，相当于用商务旅行对消费旅行进行补贴，吸引旅行者到酒店住宿。考虑到顾客不一定会继续选择同样的商务酒店，酒店集团往往提供多层次酒店业态，形成高效率的促销机制。如果商务旅行市场受到影响，酒店业传统的赢利模式就必须做出改变。

酒店仍然有一些优势，它们同样可以服务于近距离旅行和远程工作。酒店服务设施通常好于 Airbnb 房源，对远程工作者也是一种吸引力。只不过，酒店已经按照过度旅行的模式做了最优化，调整到另一种优化模式需要投资和时间。当然，酒店也可以与 Airbnb 合作，将 Airbnb 作为渠道。现在 Airbnb 上面有一个酒店预订类别，但其中只有精品酒店之类的特殊类型，没有连锁酒店。这是 Airbnb

和 Booking.com 等在线预订平台不同的地方。

相比于连锁酒店，精品酒店更能体现 Airbnb 为房客提供独特体验的价值主张。Chesky 披露说，疫情之后，Airbnb 房东跨平台登记房源的比例有所降低。更多的房东只将房源放在 Airbnb 上面，代表 Airbnb 平台向房东提供了更高价值，房东已经没有必要将房源上传到其他网站。

根据平台战略理论，网站上受欢迎的独特房源越多，对于房东和房客的吸引力越大，可以显著提高平台的价值。Airbnb 很可能继续保持远离连锁酒店行业的做法。

14. 维基百科：词条创建与社区管理

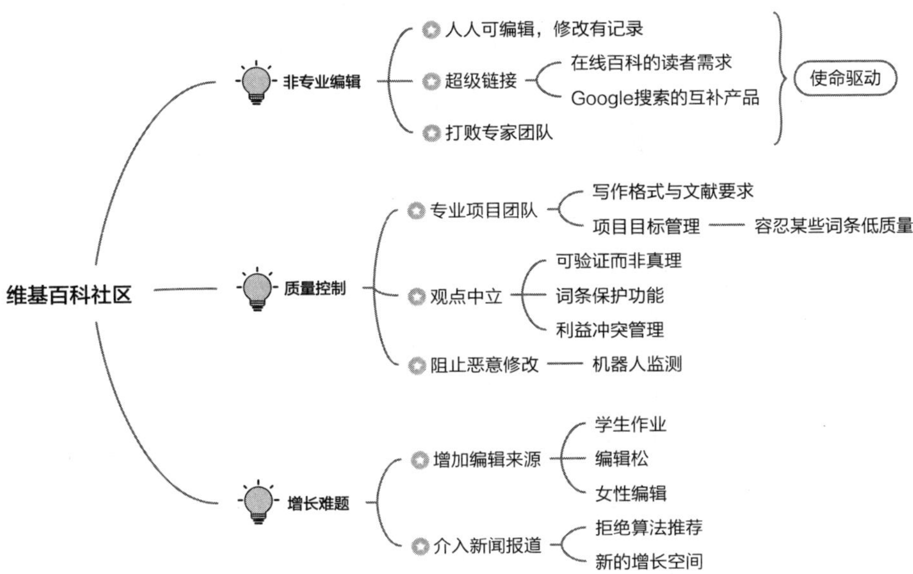

导言：词条的收录与编辑是百科全书的核心价值。从纸质版到CD 版本，再到在线协作版本，这一原则至今未变。在第一代互联网共享和服务精神激励下，维基百科重新定义了百科全书编辑活动的价值链。百科全书编写事业从营利性转向非营利性。以志愿者作为编辑主体，词条的规模和响应速度都发生了革命性的改变。维基百科社区的愿景是超越产品和组织，建立一个现世版本的知识分享乌托邦。

我想人们应当认识到，传统的权威模式并不总是那么高明。[1]

——Jimmy Walse，维基百科联合创始人，2011

现代百科全书起源于 18 世纪，它的宗旨是汇集人类知识成果，以分类词条的方式呈现。百科全书将知识从权贵和精英手中解放出来，进入大众市场。为了方便使用，百科全书内容呈现高度结构化的特点。在数字化时代，这一特点使得百科全书成为最早转化为数字形式的内容产品。

网络协作兴起后，百科全书编写出现了新的可能。维基百科社区充分发挥技术、共识和自律的力量，形成了网络内容创作的一大奇观，将百科全书的知识贡献带到一个新的高度。今天，在线百科全书的一项重要挑战是如何处理新闻事件对词条编辑的影响。通过分析维基百科与社交媒体在信息发布机制上的区别，可以解释这种

[1] https://www.theguardian.com/theguardian/2011/feb/19/interview-jimmy-wales-wikipedia.

区别近年来如何为维基百科赢得声誉。

新型组织模式的尝试

非营利运营

维基百科是 2001 年由 Jimmy Wales 和 Larry Sanger 共同创立的，至今已经运营了 20 多年。维基百科是有史以来规模最大的百科全书项目，光是英语版就有 620 万篇词条。相比之下，大英百科印刷版的词条数量不到 10 万条。维基百科已经发展到 300 种语言，每月有 17 亿用户访问，相当于每秒钟 6000 人访问。

今天，不仅学生、老师和科研人员在日常工作中使用维基百科，许多技术企业也在以不同方式利用维基百科的词条资源。比如在帮助机器学习自然语言识别和处理时，维基百科提供了很好的素材。当你向 Siri 和 Alexa 智能语音机器人提问时，它们给出的回答很可能来自维基百科。

如此高的流量，如此有价值的服务，维基百科却是按非营利的方式来提供服务的。维基百科完全免费，任何人都可以阅读。用户可以随时查阅，不需要注册，没有付费墙。更令人吃惊的是，维基百科页面上没有广告。

网站的维护和技术支持由维基媒体基金会负责。这是一家专门为维基百科而成立的非营利机构，每年向社会募捐，用于运营维基百科，维基媒体基金会近年来的收入为每年 1 亿多美元。据《经济学人》引用的研究报告，维基百科每年为美国社会创造的价值可能高达 420 亿美元。[1]

[1] https://www.economist.com/international/2021/01/09/wikipedia-is-20-and-its-reputation-has-never-been-higher.

与许多依靠烧钱来实现增长的独角兽不同，这样一项有价值的服务，每年的运营成本却非常低。所有撰写和编辑词条的工作都是义务的，提供这项服务的是遍布全球的 20 万名编辑。这些编辑以社区的形式自我组织，负责管理和更新数千万词条。所有的编辑工作由社区发起，质量标准也由社区自行控制。

不理睬风口在哪里，不谈流量思维和互联网运营；没有 KPI，没有 OKR，没有自上而下的科层制；每月服务于十几亿人，只需要很少的管理费用，也不像公共图书馆那样依赖政府拨款。以上这些特征使得维基百科在当代社会中成为带有理想主义色彩而具备又可持续发展前景的稀有案例。

短命的商业项目

Jimmy Wales 是一位互联网创业者，1996 年他和两位伙伴联合创建了 Bomis，它的主要产品之一是提供成人图片搜索服务。维基百科的前身叫作 Nupedia，是 Bomis 公司的内部孵化项目，本意是开发一部在线百科全书，为公司创造利润。

Wales 聘请 Larry Sanger 负责这一项目。Nupedia 采用传统的同行评议编辑方法，要求词条编辑必须是学者，有博士学位。这些限制导致百科全书编写速度非常慢，在第一年里只批准了 21 篇文章。

采用维基协作并非初始设计，单纯是为了加快词条编辑的速度，这是维基百科历史上的关键时刻之一。

2000 年，Larry Sanger 提议设计一款维基，让非专家作者可以创建词条和相互编辑，并将这款产品命名为维基百科全书。最初的想法是用这种方法快速补充 Nupedia 的内容，先写出 10 万个词条，比印刷版百科全书多一点，然后上线赚钱。

开放编辑权限后，维基百科发展速度很快，上线第一个月已经有了 1000 篇词条，第一年完成了 18000 篇，第三年已经有了 20 万篇。此时，为了维持维基百科的运营和开发，Wales 已经通过 Bomis 提供了 10 万美元费用开支。眼看着流量暴涨，赚钱机会到来，Wales 开始考虑如何变现。

在他看来，只要用户能够享受免费查看词条的服务，他们也许愿意接受一些广告。Wales 和 Sanger 在发给编辑们的电子邮件中讨论了在维基百科页面夹入广告的可行性，在当时，这是比较普遍的做法。

维基百科编辑此时已经形成了一个强大的社区，每天有 200 人参加工作。他们赞同 Wales 的初始理想，人人可以编辑，人人可以免费使用。但编辑们拒绝接受商业化的企图。他们威胁说，一旦维基百科商业化，就要全体退出。西班牙版维基编辑甚至直接采取了分裂行动，将内容拷贝到一个外部网站独立运营。

众怒难犯，在强烈的反对下，Wales 不得不放弃这个项目的盈利机会，保证不会让维基百科页面上出现广告。2003 年，Wales 与 Bomis 的其他创始人联合发起维基媒体基金会，用于支持维基百科运营。从此，维基百科正式脱离 Bomis，成为一项非营利事业，网址也从 .com 变成了 .org。

从答案到链接

维基（Wiki）是一种开放的协作性出版工具软件，也称为维基引擎。它的优点是能够在网络浏览器上直接实现编辑、修改、搜索、管理等出版功能。很多企业将维基软件用于内部文件的协同写作，维基百科是维基引擎最著名的应用。

Wiki 的一个基本理念是，在写作时很难一次做对，因此需要经常进行编辑。这些编辑修改都是有记录的，其他同事可以方便地看到所有的记录和历史版本。在日常写作中，人们用不到这样的功能。但如果是分散在不同地方的人在不同时间共同撰写一篇文章，那么维基引擎的功能就变得非常有用了。

维基引擎的编辑功能是维基百科的核心，决定了维基百科的增长速度和边界。百科全书是一项分布式的大型作业。每个词条的写作是独立的，词条间的关联比较单纯。词条通常篇幅不长，创建词条和撰写初步的内容相对而言并不复杂。

另一方面，词条编辑的工作量非常大，需要多位编辑参加审核。他们会反复修改措辞，核对事实，建立文献引用和保证内容合法性。支持这类工作正好是维基软件的特长，它特别适用于分散的、内部需要频繁沟通的小型项目，比如一个又一个词条的编辑。

维基百科的编辑可能不是博士，但维基百科的价值也并不在于编辑的研究能力或写作水平。与传统百科全书相比，维基百科的主要特点是在词条中间和注释里面所提供的大量超级链接。传统百科全书的价值主要是作为参考工具书，词条的内容质量要求很高。从使用流程来看，读者看完某一词条，查询通常也就结束了。

超级链接让维基百科有机会彻底摆脱传统百科的编写方式，可以不再依赖专家编写词条。

在阅读维基百科词条时，读者的使用习惯则完全不同。除了正文，读者更感兴趣的可能是超级链接，只要点击一下就可以前往其他网站直接阅读原始文献。这样的服务让用户可以充分利用网络资源，拥有更多的选择。你可以从维基百科出发迅速前往与词条有关的其他网站或链接，并且这些选择的数量往往非常大。

维基百科将这一服务特色发挥到极致，没有其他任何网站在链接资源的丰富性和可靠性方面比得上它。这一特色还为维基百科带来了商业利用的潜力，Google 是最早认识到这项价值的企业之一。维基百科的创建略晚于 Google。对维基百科的创作原则，也就是“人人可以创建、编辑和发表”，许多平台并不看好。只有 Google 从一开始就认可、尊重维基百科的影响力。

在 Google 之前，搜索引擎根据词条在其他网站上出现的次数决定搜索结果。而 Google 的算法不同，它的依据是链接数量。如果某网站链接到其他网站的次数多，Google 算法会认为它的相关性更高，在返回搜索时将它排在前列。

Google 算法的合理性在于，许多受尊敬的权威网页（比如政府机构网页）只是孤独地活在线上，可能根本没有人访问。而链接则代表着真实的、外部访问的潜力很大，在网上社区更加活跃。

链接不只是维基百科的定义性特点，还让它成为 Google 等搜索工具的互补性产品，获得战略联盟的利益。

2002 年，维基百科联合创始人 Larry Sanger 曾经说过，我们很幸运能够和 Google 形成正反馈循环。Google 将流量导向维基百科，从而激励更多撰稿人加入，并让他们的文章通过 Google 获得更多网络链接。[1] 上线三年后，维基百科可以提供 20 万经过编辑的词条，每月阅读量 10 亿次。当时大英百科印刷版的词条数量是 5.5 万条，每月在线阅读量为 3200 万次。

Google 早期对维基百科的支持非常宝贵，因为当时维基百科正在困难时期，词条质量不佳、形象可疑、口碑很差。但 Google 认为，维基在做一件正确的事，它的出现让互联网看上去不那么糟糕。随着维基百科改进质量，Google 开始更加深度利用维基百科中包含的数以亿万计的事实和数据，从维基百科的信息中获取大量资料用于返回搜索结果。很多时候，Google 搜索返回的第一条结果就是维基百科词条。

2007 年，《华盛顿邮报》报道说，维基百科已经成为 2008 年美国大选的焦点。用 Google 搜索候选人，第一条返回的结果几乎总是指向维基百科，维基百科词条与大选广告的内容同等重要。Google 旗下的视频分享平台 Youtube 也发现了维基百科的商业用途。Youtube 有一个头痛的问题，很多人喜欢将一些阴谋论视频上传到 Youtube 平台。例如登月阴谋论视频，它们主张当年美国宇航员并没有真的登上月球，所有报道都是美国政府伪造的。

2018 年，Youtube 宣布，对于每一条阴谋论视频，都会有一个

[1] https://www.washingtonpost.com/outlook/conspiracy-videos-fake-news-enter-wikipedia-the-good-cop-of-the-internet/2018/04/06/ad1f018a-3835-11e8-8fd2-49fe3c675a89_story.html.

链接指向相关的维基百科条目，让观众可以获得更加真实的参考信息。Facebook 也有类似的设置，发现假新闻，同样会有一个链接指向维基百科，读者可以知道这条新闻是由哪家机构发布的。

编辑制度设计

大英百科和 Encarta

维基百科并不审查编辑的专业资质。过去，人们很难想象有关哲学家黑格尔的词条不是由该领域中享有盛名的专家所撰写的。早期，维基百科的词条质量不高，学校老师们将维基百科看作是抄作业的工具。他们经常警告学生，不准在作业中直接引用维基百科词条。

2005 年，《科学》杂志发起一项调查，由专业科学家审核维基百科的词条。他们从维基百科和大英百科各选取了 42 个词条，结果发现维基的错误为每条四处，而大英百科的错误为每条三处。在科学词条的准确性方面，维基和大英百科不相上下。这份调查报告发布后，维基百科的形象有了很大的改善。

Encarta 是另一家与维基百科存在竞争关系的产品。很多人可能已经不记得有一部名为 Encarta 的百科全书了，它首次出版于 1993 年。当时大英百科拒绝与微软合作电子版百科全书，微软于是通过收购和授权其他百科全书的内容开发了 Encarta 百科全书。

尽管 Encarta 的词条质量落后于大英百科全书，但它是电子出版物。在图片、音效、视频等多媒体技术方面，微软拥有一定的优势。最重要的是，电子版百科全书成本低廉，微软将百科全书的定价从印刷版的 1000 多美元直接拉低到 99 美元，甚至将 Encarta 作为捆绑产品，在出售 Windows 操作系统等高价软件时免费赠送。

Encarta 的出现破坏了大英百科印刷版市场，导致大英百科全书公司不得不解散其负有盛名的推销团队。Encarta 后来有了在线版本，不过需要付费订阅。在维基百科出现后，Encarta 发现了新的市场机会。

曾经有人警告维基百科团队说，微软可能加入竞争。后来微软的确将 Encarta 的编辑工作进行了一定程度的开放，邀请读者参与词条编写。但 Encarta 规定，读者不能直接创建词条或修改，所有的修改都要经过 Encarta 百科全书编辑审核之后才能上线。

丹·平克（Daniel Pink）是美国著名的畅销书作者，他曾经做过一期 TED 演讲，题目叫作“令人吃惊的激励科学”。其中举了维基百科的例子，将维基百科与微软的 Encarta 百科全书进行了对比。

Encarta 聘请专家写作，支付市场标准的费用，由专业的管理团队负责项目管理。而维基百科则招募业余作者写作，没有任何报酬，也没有管理团队。当时，没有人相信维基百科会赢得这场竞争。

Encarta 的开放编辑政策并没有带来微软所期望的活跃社区写作，网站访问量没有起色。2009 年 10 月，微软关闭了 Encarta 的服务。Wales 认为，微软的百科全书项目缺乏明确使命，社区成员无法从自己的工作中获得满足。他说，如果你为一个词条付 1 美元，你得到的服务就只值 1 美元。编辑们需要的是独立和自由，这才是维基百科发展壮大的理由。

无政府主义危机：业余作者如何打败专家

维基百科不限制编辑的学历和专业背景，它的口号是人人可以编辑。这样的编辑政策固然有利于编辑的招募和参与，但也会引发一个疑问：非专家编辑如何保证词条的质量？此外，由于非专家成员加入讨论并且要求发出自己的声音，许多专家感到无法与这些人对话，职业尊严受到贬损，由此产生了早期维基百科社区的无政府主义危机。

创始人之间也出现了分歧。Sanger 无法忍受编辑社区那种狂热的无政府主义。他批评说，他们不能接受哪怕任何人拥有任何一点其他人所没有的权威。（“opposed to the idea that anyone should have any kind of authority that others do not.”）Walse 的态度则比较灵活，更倾向于接受编辑社区的无政府主义状态，他相信编辑团队能够做到建设性的自我管理。

Sanger 认为，不尊重专家的业余创作必然导致词条质量低劣。2002 年，Sanger 退出维基百科，创建了新的百科网站 Citizendium。Citizendium 由专家负责编辑，他认为有可能在专家众包和词条质量之间建立起平衡。这个项目并不成功，至今只有 166 篇词条通过编辑审核。

Sange 并不是唯一对业余编辑持有怀疑态度的人，Google 很可能也同意他的看法。2007 年，Google 宣布发起名为 Knol 的用户生成知识社区，重点是医学和健康领域。与维基百科不同，Knol 试图恢复对作者的激励。作者采用实名制，同一词条可以有不同作者形成的多个版本。词条中间有广告展示，作者能够分享广告收入。

考虑到 Google 的财力和它的导流能力，媒体曾经将 Knol 项目称为维基百科杀手，认为它至少也能成为像 About.com 这样的知识问答网站。但 Knol 以作者为中心，以扶持大 V 为特色的服务没有得到网民的认可。2012 年，Knol 宣布停止服务。

另一家走专家路线的特色在线百科全书项目是 Medpedia，2009 年由创业家 James Currier 创建。它的初衷是帮助病患获得最新和最全面的医疗知识。为了保证知识的权威性，Medpedia 采用作者准入制度，所有作者都有专属页面介绍他们的职业资历。这项服务得到医学界的支持，认为它有助于改进医患关系，减少由于缺乏病情知识而造成的损害。

Medpedia 的作者来自哈佛大学医学院、英国医疗保健署、美国疾病控制中心、斯坦福大学公共医学中心等著名医学机构，与维基百科的匿名作者形成了对比。Medpedia 认为，与维基百科相比，自己在权威和透明方面有优势。

Medpedia 依靠精英撰写百科全书的主张引发了维基百科社区的反弹，著名的维基百科编辑、匈牙利医学媒体创业者 Bertalan Meskó 批评说，精英主义将导致内容的死亡。一些批评意见认为，Medpedia 只是将线下的医学建议放到线上，这仍然是传统的教科书模式，让掌握知识的专家对无知的病患进行教诲。他们没有意识到，病患对医生和医学知识的需求发生了改变，更加平等的和及时更新的信息才是病患所需要的。2013 年，Medpedia 停止了服务。

在短短 10 年时间里，维基百科从零开始一路过关斩将，凭借社区协同的创作机制，不仅成为词条数量最多的百科全书，压倒大英百科全书，让财力雄厚的 Encarta 成为历史，并且以业余作者团队击败了专家团队。

从医学项目组看维基百科的编辑制度

由于竞争对手相继失败，人们开始重新认识维基百科的业余编辑制度。其中，维基项目组编辑制度是保证维基百科词条质量和更新的主体。为了优化资源分配，维基百科很早就建立了专业项目团队，目前大约有 800 支项目团队。

维基医学项目组在活跃程度上排名前 10 位，这支项目团队成立于 2004 年。维基医学项目组大约有 200 名成员，超过一半的成员拥有医学相关专业研究生以上学历，参与项目组的要求是每月至少有一次编辑工作。可以说，医学项目组成员基本上拥有医学相关背景，但绝大多数不是知名医师，其中医学院学生占了相当大的比例。

维基医学项目组负责为医学词条制定写作格式，像是如何命名词条、如何避免行话和同名词的处理、定义词条的标准结构等。另一项重要工作是为寻找和选择高质量的参考文献提供指引，所有医学词条的引用文献必须是可以验证的。[1]

[1] https://www.ncbi.nlm.nih.gov/pmc/articles/PMC3221335/#ref43.

维基医学项目组拥有专门的工作页面，与项目有关的问题都可以在页面上讨论。工作页面是公开的，首页会公布经项目组同意的编辑目标和完成率，例如特别重要主题的词条要全部达到 B 级以上。2020 年 8 月，这一目标完成了 83%，优秀词条数目达到 300 篇的目标则完成了 99%。项目组每月还会设立一个专项协作主题，集中编辑力量来改进相关词条。2021 年 1 月的主题是地塞米松，这是一款在新冠治疗中会用到的药物。

2007 年之后，维基医学项目组的工作重点是提高参考文献的质量。他们强调资料来源应当是可验证的，来自同行评议的、有声誉的出版物。在某些词条上则进一步要求使用二手资源，比如文献综述或教科书，这些文献可以说明词条中的观点或研究得到同行接受的程度。另一个方法是强调对一流学术期刊的引用，比如尽量引用《柳叶刀》《新英格兰医学期刊》《英国医学期刊》上面发表的文章。在维基医学词条中，引用这三家期刊文章的比例达到 50% 以上。

2013 年，维基百科医学项目组与加利福尼亚大学旧金山医学院等合作，开设可以获得学分的维基百科编辑课。医学院四年级学生在教授的指导下对维基百科的词条进行编辑，学习如何引用研究文献和向公众传播专业知识。这些合作受到医学院和学生的欢迎，密切了维基百科与学术界的联系。

质量担忧与社区自治

维基百科的成就，源自它独特的社区自治管理机制和向用户提供富于网络时代特色的知识服务。在此过程中，它形成了一整套内部管理机制，用于支持协同编辑的工作效率和工作质量，解决冲突，排除可能的破坏性行为。维基百科基于创作与治理机制所形成的独特能力甚至迁移到其他领域。今天，人们普遍认为，与 Facebook 和推特相比，维基百科是一个可信任的信息来源。

质量控制与指标

维基百科社区有一个词条质量指标系统，将词条质量分为六个级别：仅有条目、初始内容、C级、B级、优秀和特级。在医学词条中，优秀占0.7%，特级占0.2%。优秀和特级词条的授予要经过类似线下同行评议的流程，每年大约只有200篇词条可以获得这一荣誉。

医学词条的质量高于维基百科平均水平，83%的医学词条达到B级以上，而维基百科全部词条中只有30%达到这一标准。主题也是衡量词条质量的一项标准，在所有特别重要和非常重要的医学主题中，只有1%还处于仅有条目阶段，而整个维基的平均水平为25%。

根据独立研究报告，维基医学词条所提供的事实陈述准确度和参考文献质量都比较高，它的主要缺点是可读性差和遗漏。维基医学词条内容中的遗漏也许反映了编辑队伍来源仍然不够广泛，缺乏研究前沿的领军人物，导致某些专业知识盲点。这可以说是业余编辑制度带来的一部分代价。[1]

维基百科的解决方案之一是寻求与其他医学机构合作来提高词条质量。例如与Cochrane循证医学中心合作核查词条是否准确、更新和基于临床研究证据，Cochrane循证医学中心甚至招募了一位常驻维基百科的专家提供咨询建议。

2008年，维基百科开始为每一个人类基因自动创建词条，总数达到11000条。2013年，维基百科与《基因》期刊合作。作者在发表基因评论文章时提交两份文件，一份给学报，一份给维基百科。这样的双重出版机制可以鼓励专家参与维基百科词条撰写，提供最新的研究动态。

2021年，维基百科有4万英文医学词条、16万条其他语言医学

[1] https://www.ncbi.nlm.nih.gov/pmc/articles/PMC5847101/.

词条，每天的阅读量为1000万次。有50%以上的医生将维基百科医学词条作为参考信息，而在医学院学生中，这一比例达到90%。

维基医学词条的一个特点是当流行病发生时，查询数量会出现激增。2014年埃博拉病毒暴发期间，维基百科医学项目组迅速做出反应，提供了得到医学界普遍认可的专业词条服务。

观点中立原则

维基医学项目组的主题相对专业，行业内也有一些现成的规则。在涉及社会与政治主题时，情况就会比较复杂，容易受外部环境影响，编辑社区内部难保不会出现严重的分歧。为了保证社区共识，维基百科制定了五条编辑原则，称为五大支柱。

- 维基百科是在线的百科全书。
- 维基百科采取观点中立的立场。
- 维基百科是免费的，人人可用、可编辑和传播。
- 维基百科编辑交流时应当相互尊重和礼貌。
- 维基百科没有固定的准则。

其中，在编辑工作中最常提到的一项原则是观点中立。它也是维基百科社区最早确立的编辑原则，2000年由Sanger提出，得到Wales的强烈支持，2001年成为社区的正式政策。

观点中立原则的意思是指词条内容应当平衡，没有偏见。百科全书词条是知识的聚合，词条的目的是反映事实，而不是用来说服读者。因此，个人经验、个人观点和个人的分析判断都不能出现在词条中。同样，维基百科也不是发表一手研究论文的地方。如果在某个主题上存在着重大争议，词条的陈述应当尽可能准确反映出争议的事实，但不能对争议下结论。

为了保证观点中立，维基百科提出将“可验证”作为工具政策。可验证是指所有的陈述都必须是有依据的，不仅要能够在公开出版的资源和同行评议的学术期刊中找到依据，还必须列出原始文献的具体来源。

在洋溢着无政府主义精神的维基社区中，观点中立原则起到非常重要的作用。既然编辑地位平等，那么就不可能允许任何人将自己的观点强加于人。然而有不同意见是天然的，这会导致编辑之间相互删改的无效工作。

将编辑之间的观点争议转化为引用质量争议。“可验证，而非真理”。

在观点中立政策下，解决方案是将编辑之间的观点争议转化为引用质量争议。编辑无权提出自己的判断，而只能审查词条所引用文献是否可验证。根据这一政策，维基百科不认为自己有责任提供真理。社区成员的口号是，“可验证，而非真理”（verifiability,not truth）。

为了保持观点中立，编辑们倾向于避免做出分析和结论，每一句陈述都要给出参考文献作为依据，这也导致维基百科词条阅读体验不佳。许多有关维基百科自身的词条同样需要引用外部文献作为依据，例如“维基百科”这一词条有 366 条参考文献，关于维基百科内部事务的描写也要以可验证的媒体报道为依据。

然而在现实中，即使是同一件事实，不同媒体的报道可能也是不一样的。比如在 2020 年美国黑人弗洛伊德遭警察虐待致死案的词条中，应当用 death、murder 还是 killing，就曾经引发激烈的争议。最后只好由编辑集体投票决定，投票结果是使用 killing，因为它更能反映现场的事实。

一些编辑批评说，维基百科词条一味强调事实核对，却未能指明警察对抗议者镇压的恶劣性质，真相反而在事实中迷失了。他们发起活动，要求增加人权主题词条。也有的编辑主张用平衡替代中立原则，因为新的事件证明，过去的中立并不反映当前的知识需要。平衡是一种更能代表当前要求的立场，反映出进步。[1]

[1] https://slate.com/technology/2020/06/wikipedia-george-floyd-neutrality.html.

社区自治

2005年，创始人Walse对维基百科上有关Bomis公司的词条进行了18次编辑。他删除了Bomis是一家成人网站的说法，还将自己列为维基百科网站唯一创始人。编辑社区很快注意到修改记录，他们并没有对创始人给予特殊照顾。消除的文字恢复了，Sanger仍然是维基百科的联合创始人。事后，Walse对这次修改表示了道歉。美国《时代周刊》将这一事件称为维基百科历史上的10大关键时刻。

所有类似争议都是由社区自己来解决的。维基创作的特点之一是提交即可见，并且所有的修改都有记录。维基百科编辑社区的自我治理就是从这些特点开始的。维基百科创始人Wales很早就表示，他不会参与日常管理。社区自治是维基百科吸引编辑参与的重要因素。与其他专业论坛不同，维基百科的编辑通常是匿名的，他们并不会因为编辑工作而成为网红。那么，参与词条创作和编辑的动力来自哪里?

在面向维基医学项目组编辑的一份调查中，受访者给出的前五项动机中，包括学习、帮助维基百科、专业人员责任感、成就感和支持维基百科的价值观。其中，通过写作和编辑支持一种价值观是相对比较少见的动机，反映出维基百科开放与分享价值主张的号召力。

编辑们最不满意的一点是不同观点争论中表现出来的敌意。在一个匿名的、没有权力等级制度的社区中，参与者很容易无所顾忌表达负面情绪或进行人身攻击。[1]为了控制社区中的无政府主义行为造成的损害，维基百科社区很早就开始制定规章，以奖励社区成员负责任行为。表现优异的编辑通过社区推荐逐步获得更大的志愿

[1] https://www.ncbi.nlm.nih.gov/pmc/articles/PMC4275502/.

者权限，例如获得管理员的头衔。据 2020 年 1 月的数据，维基百科一共有 1113 名管理员。

管理员有权删除不符合社区标准的新词条，阻止捣乱修改，对某篇文章进行保护，阻止某些个人的编辑行为。但他们的权力仅限于编辑方面，如果在编辑之间发生重大争议，由仲裁委员会给出最后的决议。仲裁委员会的功能不是判定内容是非，而是对争议行为的仲裁，目的是鼓励社区成员的积极行为。

2017 年，维基百科编辑在内部讨论通告栏达成一致，将英国《每日邮报》（Daily Mail）归入“基本不可靠消息来源”。《每日邮报》是面向英国中产阶级女性的全国性小报，1896 年创刊，在英国发行量仅次于日报类冠军《太阳报》，影响力很大。

维基百科编辑认为，《每日邮报》存在的问题包括“核查事实不力、耸人听闻和纯粹编造”，今后将不再作为消息来源引用、链接。决定生效后，不仅新词条编辑不能引用《每日邮报》，12000 条已经链接到该报及其网站的词条也要逐条重审，用其他更加可靠的消息来源替换。

这项重大决定由社区直接做出，事先没有经过维基媒体基金会。CEO Katherine Maher 表态支持编辑的决定，重申基金会与编辑社区之间没有干预权力。她只是补充说，如果有一天《每日邮报》达到了维基百科的标准，仍然可以恢复引用。

捣乱与恶意修改

作为一个人人可以编辑的网站，当然会遇到很多不受欢迎的行为，比如捣乱行为，还有灌水或恶意修改词条等。在维基百科早期，编辑们曾经担心发生失控的恶意修改行为。假如全国高中生联合起来捣乱，多少编辑也管不过来。

解决的方法是技术加志愿者人工检查。今天，如果有人想修改某个词条，首先会遇到数百个机器人的检测，这些机器人都是基于神经网络机器学习原理而开发的，能够自动执行重复性和程序性任务。机器人能够识别和消除看上去不属于某个句子或标题的内容，阻止添加恶意词汇的行为，极大地提高了检查效率。

机器人只是第一关，接下来还有专门盯着近期词条改变的巡逻兵编辑，他们来自各个兴趣专业领域，在接到机器人报警后会前往词条页面察看。一些机器人拥有管理权限，例如删除网页、冻结编辑权限。但机器人遇到事先没有规定的情况时往往会犯错误，例如删除了本来正确的修改，这时就需要人工干预。

维基百科也训练机器识别编辑行为背后的意图。有一款由 R. Stuart Geiger 和 Aaron Halfaker 创建的 AI 辅助工具，称为客观修订评估服务。这是一款机器算法，它会自动给编辑行为打分。如果你过去连续得低分，那么机器会认为这很可能是一个捣乱账号。如果以往连续记录很好，之后偶尔出现低分，那么机器就会判断为是好意犯错的贡献者。

一般来说，维基百科上发生的捣乱编辑在 30 分钟内就可以排除。相对而言，比较难处理的是骚扰和霸凌行为。维基百科还发现，许多捣乱发生在学生上课时间，主要表现是使用负面词汇。[1]现在，维基百科甚至欢迎捣乱行为，因为许多编辑正是从捣乱开始认同维基百科并成为编辑的。

维基百科在解决争议和捣乱的过程中形成了一种文化和管理机制。喜欢按规定写词条的人往往同时也是喜欢制定规则、保持词条质量的人。据说维基百科社区有关行为规则的文字量已经达到 4.5 万，其他辅助性文件则有数百万字。外人很难挑战这些文字和规则，而社区则依靠这些积累实现自我管理。

维基百科编辑也有考核指标，主要是编辑次数，这是指成功通过并发布的编辑数量。听上去只是一个非常简单的数量指标，但要积累编辑次数并不容易。维基百科所主张的“人人可以编辑”实

---

[1] https://slate.com/technology/2018/10/wikipedia-wikimedia-katherine-maher-interview.html.

际上还有另外一面，新手所做的编辑几乎马上就会消失。在一大批机器人和巡逻兵的伏击之下，能够幸存下来让自己的修改与读者见面，这让参与维基百科词条编辑工作有了一种游戏闯关的刺激感。

外部环境管理

百科全书不是一个特别让人激动的创业领域。在宣布转型为非营利之后，除了有关词条质量的报道，维基百科慢慢淡出了媒体的视野。社区编辑们还在激烈争论。比如有一个词条是日本海，韩国方面认为应该叫朝鲜海。这种情况应当如何处理？只是这些争论已经不再是社会大众感兴趣的话题了。然而，随着维基百科用量的增加，围绕它的词条编辑开始产生新的利益群体和兴趣方向。

利益冲突的管理

2006 年，维基百科发现几位美国在任参议员的词条有修改，IP 地址显示修改的电脑位于国会山。后来，这几位参议员的助手承认自己做了修改。其中一位参议员词条移除的信息是，这位参议员在 98% 的时间里投票赞成布什总统。另一位参议员拜登的词条内则删除了对他演讲稿抄袭的指证。

由于来自国会的修改非常活跃，维基百科不得不经常中止国会 IP 地址的编辑权限。白宫则是另一个对修改词条特别感兴趣的地方。为了阻止政治性修改，维基百科采用了机器监测。只要发现白宫对某词条有修改，就会自动生成一个关于修改的说明发布到推特上面。

除了政治家之外，还有许多人试图利用维基百科的开放性对词条进行修改。路透社在 2007 年报道说，许多名人以拥有维基百科词条作为名声和地位的象征。学术界也不例外，有人在创建词条时将自己的论文作为参考文献。企业公关部则将维基百科纳入自己的工作对象，由此产生了有偿编辑的行为。

2012年，一家名为Wiki-PR的公司号称自己有“一支包括45名维基百科编辑和管理员的团队”，能帮助客户建立并维护符合维基社区要求的词条。创建一个词条的收费标准是500~1000美元，之后每个月，Wiki-PR还会收取50美元的维护费。作为回报，Wiki-PR承诺，将根据公司动态对词条进行及时更新。如果词条被删除，他们会帮客户重新建立词条。如果一名客户达不到维基百科的“知名度”准入标准，Wiki-PR还会为它生成一些文章。

可以想象，有偿编辑在维基社区是一个受到警惕和排斥的对象。但金钱的力量实在太强大了，消灭有偿编辑是不现实的。2014年，维基百科发布了有偿编辑行为标准，要求有偿编辑公开自己的身份。Wales解释说，有偿编辑或利益冲突人士不应当擅自修改词条，但他们有权向编辑请求修改词条。当然，他们也有权接受客户的请求并收费。[1]

维基百科有许多当代名人的词条，有人不喜欢里面的某些讲法，这些人会试图向维基百科发起挑战。从诉讼记录来看，尽管有一些名誉侵权的案例，但相对于维基百科的覆盖面，它所涉及的法律纠纷几乎可以忽略不计。这也反映出维基百科社区强大的自治能力。

观点中立原则保证所有的陈述都有对应的公开出版的参考文献链接，维基百科只是引用，不承担原始责任。制止捣乱的机制则保证词条不会因为某些编辑的恶意行为而让维基百科陷入官司。

最后，总有一些词条处于风暴中心。对于少数这类词条，维基百科社区管理员有权设置保护，暂时禁止或限制编辑操作。比如在决定发动伊拉克战争后，美国总统小布什的词条受到了猛烈的冲击。Wales回忆说，社区决定将小布什词条保护起来，不准编辑。

[1] https://www.theatlantic.com/business/archive/2015/08/wikipedia-editors-for-pay/393926/.

有的管理员认为这样做违背了人人可编辑的理想，自告奋勇负责监控这一词条。八小时后，这名编辑报告说，我决定将它保护起来，这样做比较好。[1]

为增长而招募编辑

据媒体报道，2005—2007 年是维基百科发展最快的阶段，编辑人数保持快速增长。之后，维基百科遇到了增长瓶颈。

由于编辑社区的无政府主义倾向导致编辑将大量时间用于争论，工作效率不高。为了保证编辑们的时间投入和创作质量，社区经过讨论逐渐设置了一些行为规则和技术规则。大量的规则积累起来，慢慢变成了社区增长的负担。

复杂的规则让新人上手的速度变慢，阻碍了新编辑加入，只有那些最有热情、最认同维基百科理念的编辑才有动力克服这些障碍。随着筛选过程越来越严格，还出现了编辑队伍同质化的问题。

早期，志愿编辑供给充足，问题并不明显，但这毕竟是增长的威胁因素。许多其他社区也曾经遇到这类问题，一旦发生，可能就是危机时刻，因为增长放慢往往意味着社区衰落就在眼前。维基百科社区试图用发展本身对抗衰退。试想，当编辑的准入标准变得严格之后，什么人会转变态度，愿意接受维基百科？什么人更有可能愿意接受这些编辑规则？答案是写作课教师和他们的学生。

2007 年，一批身为大学讲师的编辑开始将编辑维基百科词条作为课程作业布置给学生。这样做是很自然的，维基百科为学生提供了一个真实写作的环境。严格的编辑标准能够帮助学生提高，没有经验也就没有成见，更有可能愿意接受编辑作业的种种规定。

法学院老师给学生布置的任务是写作维基百科专业词条，让他们练习如何写出简洁和清楚的文章，让外行能够看得懂。更多的作

---

[1] https://www.bbc.co.uk/news/technology-55667711.

业任务来自大学普通写作课。学生可以使用维基百科所有的编辑工具，可以在沙盒里面先练习，写得好的词条有机会得到维基百科编辑的支持、指点，有机会发布并保留下来。

大学写作课程的学生来自不同专业，他们在词条主题的丰富性方面有优势。一位教师说，对于绝大多数学生，在维基百科上发布的词条可能是他们一生中影响力最大的作品。一位以蝙蝠为专业对象的生物学研究生发现，维基百科上面有关蝙蝠的词条质量很差，许多只有名称而缺乏内容。她打算自己动手改写，结果发现需要重新编辑的词条足足有1000多条。开始时她不禁有些气馁，但后来她又想到，这不正是我应当做的工作吗？维基百科希望教学活动能够帮助学生从"我可以编辑"的立场转变为"我应当编辑"。

2010年，维基百科创立了维基教育项目，邀请大学师生作为新知识的来源，培训学生成为未来的编辑。基金会开发了专门的教学管理软件Dashboard，让不熟悉维基百科的教师也能充分利用维基的功能，如发布作业、小组评议、作业跟踪和统计分析等。目前，维基教育每年参与的学生达到16000人。在学校和教师的支持下，这些参与很可能将是可持续的。除了课程，维基百科还在学校里面招募校园大使，举办工作坊。

另一种线下活动形式称为编辑松（edit-a-thon），这是维基百科发起的培训编辑和提升特定主题词条质量的活动，类似于短期集中比赛。编辑松源于"编辑"和"马拉松"两个词。编辑松非常适合一些特定主题的活动，比如维基百科曾经与英国非营利机构"人人项目组"合作举办编辑松，提升维基百科中与环境可持续相关的主题词条。编辑松还用来支持弱势群体、发展中国家等编辑主题。

维基百科介入重大新闻报道

一般认为，百科全书用于查询过去创造的、在专家之间已经达成一致的知识。对当前发生的事件进行报道不是百科全书的功能，但维基百科却打破这一成见，让自己成为可靠新闻报道的来源之一。

在印刷时代，百科全书和新闻报道之间没有多少关联。百科全书的卖点是权威性，宁肯时间上慢一些也不能冒险犯错误。财经媒体《连线》曾经举例说，电影词条进入大英百科全书花了 50 年时间。[1]

但这个限制从一开始就不适用于维基百科，因为维基百科是一个随时在修改中的百科全书。与词条错误相比，它更担心的是不能及时更新词条，包括引用的更新。对热门词条的频繁编辑，将维基百科与新闻报道联系起来。

理解维基百科与新闻事件关联的另一个角度，是看维基百科发布的搜索排行。2020 年，维基百科搜索排行上的前两名是新冠和特朗普，分别是 8400 万次和 5300 万次，峰值日期是 3 月 12 日和 11 月 10 日。第一个日期是世卫组织宣布新冠为大流行疫情的次日，第二个日期是特朗普发起选举欺诈诉讼之后。

访问量爆炸性增长揭示了维基百科对新闻事件作出反应的机制。传统新闻媒体提供近期事件的进展，但不会详细交代整个背景和过程。与它们相比，维基百科可以帮助读者全面了解一宗新闻事件的来龙去脉。如果读者对其中某些方面更感兴趣，可以通过超级链接方便地前往查看原始报道。

传统媒体的式微促进了维基百科介入新闻报道。网民更习惯于用 Google 搜索新闻，大大增加了维基百科与公众见面的机会。不过，维基百科社区一开始并不知道应当如何管理新闻相关词条。2001 年，“9 · 11” 事件发生。出于义愤，维基百科的编辑们为每位去世的受害者建立了独立词条，总数将近 3000 人。

他们很快发现，设立这些词条与百科全书的功能间出现了不协调。这样做是否属于编辑资源的合理运用也引发了争议。2002 年 9

[1] https://www.wired.com/story/wikipedia-online-encyclopedia-best-place-internet/.

月，社区达成共识，将“9·11”事件纪念文章和非主页类的页面移到一个称为“纪念维基”的板块里。由于访问量少，而捣乱者很多，2006 年，这个维基板块被放弃了。

在“9·11”纪念板块词条创建、拒绝和消失的过程中，维基社区形成了一个共识，不能对新闻事件做出过度反应。维基百科不是新闻报告，不是词典、人名录、手册和其他种类的参考书。新闻事件可以列入词条，但新闻报道不应当替代百科全书的使命。这也是维基百科五大支柱中第一条的含义，维基百科是一家在线百科全书。

对于突发事件，维基百科不应当提供第一手新闻资料。同时，并不是所有的新闻事件都值得列入百科词条，但是，一旦创建了新闻相关词条，那么就必须和其他词条一样遵守维基百科词条写作的要求。

编辑社区建立起应对突发事件的机制。通常的做法是组建项目团队以应对紧急新闻，而在词条完成后解散，回归自己的专业领域。例如风暴天气形成时，维基百科热带风暴项目组就会开始编辑这类词条，积累有关词条结构、风格、参考文献和多媒体的经验并协调作者们的工作。

普通词条的撰写编辑通常只有 10 名，修订持续期间可能长达数年。而新闻事件发生后，可能会有数百名编辑在几天时间里，甚至在几分钟时间里密集发布编辑。突发新闻条目通常内容质量比较高，一方面是编辑团队的作用，另一方面是因为资料比较丰富，如大量图片和多媒体信息。每当新闻事件周年纪念，相关的报道和关注也会吸引编辑进行更新。

从建立信任到保持信任

维基百科本可以默默运营，但社会上的争议有时也会触及它的词条和编辑原则。因此，每隔一段时间，维基百科就会重新回到聚光灯下。好在多数情况下，维基百科维持了正面的形象，由此展现出编辑社区的独特能力。

与社交媒体的差异化

2020 年新冠疫情期间，维基百科的新闻相关词条得到比较正面的评价。相反，社交媒体平台上传播的信息则受到批评，因为它们对假新闻和拉仇恨的内容缺乏管理能力。

为什么维基百科的新闻相关词条质量较高？主要是因为新闻创作的激励机制不同。社交媒体是广告驱动、用户参与，再加上常识共同生产出来的最优化写作。其特点是无穷无尽的信息流和广告，用算法技术支持个性化推送。平台算法会自动选择新奇、幽默和出格的内容，以吸引用户注意为目标。

不使用算法，这可能是维基百科新闻相关词条较少受偏见影响的原因，人工干预阻碍了病毒式传播的形成。作为新闻报道，修改缓慢和发布难度高本来是缺点。可对于维基百科，这些缺点却意外地成为一项优势。在那些误导信息传播者眼中，上维基百科发布假新闻成本太高，这家媒体缺乏利用价值。

> 没有算法推荐，每位用户看到的词条内容都是一样的。

维基百科没有信息流服务，没有广告。因为不追求个人使用体验，它不需要记录用户的个人信息，或根据用户以往的网络行为进行内容推荐。在内容呈现方面，维基百科采用内部标准，不做 A/B 测试来争取用户增加阅读和停留时间，每位用户看到词条内容都是一样的。

用户行为也是影响因素之一，维基百科用户通常来自主动搜索而不是社交应用推荐。他们在阅读之后要么退出，要么点击超级链接进一步了解，而不是向下拉动，可以减少被动阅读的影响。维基百科社区欢迎用户审核自己的词条，它的口号是：不要相信维基百科，用批判的眼光阅读，检查它所引用的原始文献；发现问题，你可以自己来做出纠正。

由于没有来源就没有合法性的主张，加上监督的权力分散在众多编辑手中，缺乏合格引用的信息在编辑过程中无法通过。维基百科的协作表明，即使是由非专业人员来核查社会新闻。只要看的人足够多，问题总是掩盖不住的。[1]

社交媒体的目标是让用户沉浸在其中不要离开，因此需要学习用户行为数据，运用算法来增加广告机会。相对而言，信息是否真实准确在重要性上居于第二位。维基百科的修改是透明的，而 Facebook 和 Youtube 的算法是不透明的，不透明反映着它们试图控制信息和背后的利润驱动。

维基百科不会替代新闻媒体，它们的功能完全不同。当然，赞赏维基百科也不可能减少社交媒体平台广告收入，改变算法的主导地位。维基百科社区介入新闻的意义主要是证明了协同创作和信息验证对新闻可信度的价值。

维基百科新冠词条是 2020 年 1 月 5 日下午 3:58 创建的，创建者自称是剑桥大学空间物理专业的广东籍学生。很快，医学项目组的编辑开始介入。这个项目组以工作量特别大而知名，因为在医学领域中，往往会有大量捣乱者、狂热的信徒以及伪装的公关。

医学项目组给新冠词条加上标签，“极其重要，有争议”。接下来编辑们要和捣乱者、较真者进行斗争，他们内部也有许多辩论。起初，维基百科将新冠描述为非典型性肺炎，之后不断进行修正。最终，新冠相关词条扩充为一个类目，下面列出了 200 多个词条，包括新冠的经济影响。[2]

3 月 11 日，WHO 宣布新冠为大流行病之后，维基百科新冠词条每天的浏览量超过 100 万次，共有 2100 名编辑参与修改。今天，

---

[1] https://www.wired.com/story/how-wikipedia-prevents-spread-coronavirus-misinformation/.

[2] https://slate.com/technology/2020/03/coronavirus-wikipedia-policies.html.

新冠词条处于半保护状态，非注册用户或注册时间不足四天的用户不能编辑。只要发现有不适当的修改，几分钟内就会被删除。其中，有关病例统计和死亡的数据是不可修改的。

在讨论新冠疫情词条时，编辑们确立了两个原则：不断更新和讲求速度。他们认识到，由于新闻的快速传播，词条不可能非常稳定。一位编辑，前任英国国民保健署咨询顾问 Graham Beards 说，人人都有自己的观点。由于没有可靠的、可供引用的同行评议知识来源，维基百科编辑遇到很大困难。

有的用户将一些不严谨的出版链接加入词条，例如将新冠与蛇联系起来，或者主张新冠病毒是基因改造的产物。这些结论并不可靠，编辑们将其排除在词条之外，这也是医学界的主流看法。另一些用户试图在文章中列入他们参与的研究和发表的成果，这违背了利益冲突原则。即使内容的确重要，也应当由其他编辑加入。还有许多治疗方案和疫苗研发机构试图在词条中添加他们的产品。

编辑社区将 WHO 和美国疾病控制中心作为主要的引用来源。但由于官方的立场也在改变，维基百科不得不快速响应。例如，早期 WHO 认为活性病毒不会停留在物体表面，无症状感染者不会传播。后来发现，这些看法都是错误的。

即使是公开发表的论文也要等到同行评议或复制结果的验证。一位编辑添加了一种草药，声称能够加强自然免疫对抗冠状病毒，但不能提出研究依据。在这个修改发生后 5 分钟，另一位编辑发现并取消了这处修改。[1]

维基百科方面表示，在词条编辑工作中，删除的工作量和撰写的工作量一样大，而推特和 Facebook 缺乏这样快速和大规模的删除机制和决心。因为社交媒体依赖用户创造内容，它们的合理做法是尽量降低用户发布内容的难度。[2]

---

[1] https://www.dailydot.com/debug/wikipedia-coronavirus-page/.

[2] https://www.haaretz.com/us-news/.premium.MAGAZINE-why-wikipedia-is-immune-to-coronavirus-1.8751147.

维基百科词条较少受到批评的原因是它提供了所有来源，人们可以质疑词条的中立性，但至少引用材料是透明和可验证的。在编辑医学词条时，不仅要有一级文献来源，还要求有基于元分析和多项成果的二级文献来源。[1]

维基百科医学项目组编辑 James M. Heilman 举例说，泰国医生曾经宣布他们能够治愈新冠病例。但维基百科认为，还需要有更好的来源才能列入词条。有关病毒来自人工制造的说法虽然出现在一篇文献上，但只是预印论文，还没有经过同行评议，不属于发表文献。

2020 年 10 月，WHO 开始与维基百科合作，授权维基百科免费使用 WHO 的信息、图片和视频，以减少有关新冠病毒的错误信息。WHO 的这项决定基于有关的研究，他们发现维基百科是医生和病人最常用来查询医学信息的网站。

难以克服的编辑人员结构失衡

明尼苏达大学 2012 年的一项调查报告发现，维基百科的编辑队伍以男性为主，表现出极大的性别偏差。五年时间过去，这种偏差没有消失的迹象。

在其他社交媒体网站上，性别差异几乎完全消失。例如，在推特和 Facebook 上面，女性创作者的比例已经高于男性。研究人员认为，如此大的差异会导致维基百科在内容上出现不平衡。比如，男性观众为主的电影词条质量明显高于以女性观众为主的电影。

据维基百科自己的调查数据，有 80%~90% 的编辑为男性，77% 是白人，编辑的来源则集中于欧洲和北美。在词条数量方面，维基百科对女科学家和黑人艺术家介绍比较少，而军事类和游戏类

[1] https://www.vox.com/recode/2020/11/2/21541880/wikipedia-presidential-election-misinformation-social-media.

词条不光数量多，质量也比较高。在人物词条中，女性数量低于1/4。2011 年，维基媒体基金会发起了一项活动，目标是到 2015 年将女性作者的比例提高到 25%。2014 年 8 月，在接受 BBC 采访时，Wales 承认，这一目标没能取得成功。

英国物理学家 Jessica Wade 是维基百科的活跃编辑，创建了 800 篇有关科学家、工程师和数学家的词条，所有词条传主都是女性、有色人种或 LGBT 人群。她抱怨说，维基百科社区中的老派人士不欢迎纠正性别比例失衡的措施。他们擅长批评和删除，却不擅长帮助改进。她还认为，维基百科的缺陷反映的是整体社会缺陷。新闻界对女性报道少，维基百科词条自然也就引用得少。

2018 年，加拿大女性光学物理学家 Donna Strickland 获得诺贝尔奖，之前在维基百科上居然没有她的词条。查询记录发现，有人向维基百科提交过，但编辑社区认为她的重要性不够，这引发了对维基百科的严厉批评。

维基媒体基金会 CEO Katherine Maher 承认，当技术公司使用维基百科词条用于训练机器进行自然语言学习时，维基百科在性别、种族和地区方面的偏差可能导致机器学习带上人类的偏见。

维基百科为改进自身的结构性失衡做出了很多的努力，在线下发起专门面向女性、有色人群和其他少数群体的编辑训练或编辑松等，增加女性编辑数量和改进女性词条。这些努力当然有一些成果，比如女性科学家的条目增加很快。

整体来看，维基百科编辑社区的性别比例失衡并没有多少改进。这可能是因为编辑社区是自发秩序的成果，它很好地支持了维基百科的创作需要，而逐渐形成的规则和沟通方式都会倾向于继续维持或巩固原有编辑群体的偏好。他们愿意为了政治正确而改进词条分布，却很难打破社区对女性作者的壁垒。

维基百科也尝试用技术方法来克服性别偏见。有一款名为 Quicksilver 的自然评议处理软件，在扫描全部维基百科网页后发现，至少有四万名著名科学家应当补录。软件还能够自动生成词条草稿，供人类编辑后续改进。

逆行者的系统性优势

华盛顿大学信息学院教授 Jevin West 认为，借助搜索引擎的力量，维基百科放大了社会影响。它的公信力主要来自透明，所有的事实提供来源，不可靠的来源则被排除。最重要的是，所有的编辑历史都是可见的。[1]

维基百科将枯燥而缓慢的百科全书编写工作变成了一场带有狂欢色彩的游戏任务。它实际上是一个经过人工判断的信息聚合网站，以结构化方式提供现有知识并给出来源。这些知识是由其他机构，比如政府、大学、企业已经支付过价格的。[2]

维基百科最突出的价值主张是可验证和方便链接。由此也可以理解为什么维基百科并不在意文字优美，因为这不是读者的主要利益。相反，编辑个人的判断和解释反而会破坏百科全书的价值主张。

维基百科不限制作者身份的政策还激励了大批的小众爱好者加入编辑队伍。许多词条是由狂热爱好者撰写的，比如火车迷，他们的观点和立场自然不同于工程师和历史学家，能够拉近词条与大众的距离。

过去，爱好者们只能在专业论坛中发表见解，维基百科为他们提供了展示知识的场所。在行业内部活动中，专家们的发言或写作往往会获得报酬，他们不习惯也不愿意免费创作。通过将狂热爱好者的力量发挥出来，维基百科获得了一支富于热情的创作队伍。

社区化协同创作的另一项优点是资源配置更加合理。传统百科全书对收入的所有词条都按照相同的严格标准来要求，维基百科并不遵守这样的原则。在维基百科中，所有词条是天然不平等的。

---

[1] https://www.washingtonpost.com/technology/2020/08/07/wikipedia-covid-coronavirus/.

[2] https://www.newyorker.com/magazine/2020/11/23/wikipedia-jeopardy-and-the-fate-of-the-fact.

我们在前面介绍过，医学项目组会根据重要程度列出不同级别的词条并给予相应的资源配置。维基百科社区知道有些词条质量很差，但如果用户访问量很少，他们有可能放任这种情况，除非项目组将它们列入重要或非常重要的词条目录。

用户的访问和关注影响词条编辑的优先级，社区动员支持自动实现资源的配置。正是这样的机制将维基百科带入了新闻时代，向热点词条优先提供编辑资源，建立公信力。由于这种灵活性，维基百科在新闻主题的词条上获得了相对于传统媒体和社交媒体的优势。

舆论曾经认为，维基百科只有词条增长一个维度。当词条数量达到一定程度，增长速度变慢，它必然会走向边缘化。近年来，由于不满硅谷大企业控制信息和数据，利用人性弱点，人们又开始发现维基百科的社会价值，赞赏 Wales 的远见。

维基百科不用向股东报告收益数据，人人可以参与，是唯一保留 21 世纪初黑客伦理的创业社区。Wales 说，我们肯定不像他们说得那么差，但也不像他们说的那么好。维基媒体基金会 CEO Katherine Maher 认为，维基百科近期受到的赞赏反映了它所代表的社会核心价值观的回归。

2013 年，《纽约时报》在一篇有关维基百科的报道中提到，Wales 是知名互联网创业者中唯一一位没能当上亿万富翁的人，当时他的资产大约只有 100 万美元。Wales 曾经开玩笑说，将维基百科变成非营利项目要么是最好的决定，要么是最糟的决定。